教育部人文社会科学研究青年项目（15YJC630174）
2017 年浙江省生态文明研究中心出版基金
浙江理工大学教材建设项目的资助

人口学理论与方法

张 蕾 单小波 编著

中国财经出版传媒集团
经济科学出版社
Economic Science Press

图书在版编目（CIP）数据

人口学理论与方法/张蕾，单小波编著 . —北京：

经济科学出版社，2018.7（2022.1 重印）

ISBN 978 - 7 - 5141 - 9619 - 1

Ⅰ. ①人… Ⅱ. ①张…②单… Ⅲ. ①人口学 - 研究

Ⅳ. ①C92

中国版本图书馆 CIP 数据核字（2018）第 183107 号

责任编辑：李　雪

责任校对：靳玉环

责任印制：邱　天

人口学理论与方法

张　蕾　单小波　编著

经济科学出版社出版、发行　新华书店经销

社址：北京市海淀区阜成路甲 28 号　邮编：100142

总编部电话：010 - 88191217　发行部电话：010 - 88191522

网址：www. esp. com. cn

电子邮件：esp@ esp. com. cn

天猫网店：经济科学出版社旗舰店

网址：http://jjkxcbs. tmall. com

北京季蜂印刷有限公司印装

710 × 1000　16 开　15 印张　180000 字

2018 年 7 月第 1 版　2022 年 1 月第 2 次印刷

ISBN 978 - 7 - 5141 - 9619 - 1　定价：58.00 元

（图书出现印装问题，本社负责调换。电话：010 - 88191510）

（版权所有　侵权必究　打击盗版　举报热线：010 - 88191661

QQ：2242791300　营销中心电话：010 - 88191537

电子邮箱：dbts@ esp. com. cn）

目录

第一章

人口学思想发展历史

人口学的形成和发展是一个漫长的历史过程，在这个过程中，古今中外，有许多先进的思想家为了揭示人口问题进行了深入的探索，形成了丰富的人口理论和学说。人口思想作为人口理论的早期形态，它的产生是先于人口理论的，可以说，人口思想史是人口理论的发展脉络，人口理论是人口思想发展的必然产物。

第一节　西方人口思想史

一、人口思想的萌芽

古希腊（Greece）是西方文明的主要源头之一，古希腊文明持续了约 650 年（公元前 800 年~公元前 146 年），和哲学、艺术、文学、自然科学一样，古希腊的人口研究有很高的成就，是西方人口思想的萌芽。该时期人口思想的典型代表，主要包括色诺芬、柏拉图和亚里士多德。

（一）色诺芬的人口思想

色诺芬（Xenophon，公元前 430 ~ 公元前 354），古希腊历史学家、作家，雅典人。

1. 人口规模

色诺芬主张国家应努力增加人口。他同意苏格拉底的看法，认为去远征敌人必须有人，而耕种土地也需要人的助力。关于如何增加人口规模和数量他也提出了诸多观点。其一，在国家管理上，把是否能提高平均人口密度和促使人口增长，确定为评价地方官吏政绩的重要标准之一，这一点与其在管辖地域内能否把农业做好，占据同等重要的地位。其二，为增加国家收入，扩大人口容量，需要促进工商业的发展。建议政府在便利买卖的场所建造房屋，建造一些公共招待所，在城市中心区为零售商人建造一些房屋和店铺，由此获得大量的收入。其三，仅靠本国人口的自然增加远不能适应增进国家利益的迫切需要，国家应采取多种措施吸引境外移民。他试图建立起一种保护外国人的制度，如允许外国人在他们的侨居国建筑房屋并长期定居，奖励那些给他们的侨居国招来众多人口的人等。

2. 婚姻的目的

色诺芬把人口变化和婚姻及其目的联系在一起进行思考。在他看来，男女婚姻的首要目的是人种的繁衍与延续，也就是传宗接代；其次才是经济上的考虑，即解除男女婚姻双方对其年老后在生活支持上的顾虑。这种认识在以农业经营为主的当代发展中国家仍普遍存在。

3. 劳动力人口与其他生产要素的配置

色诺芬认为，劳动人口与其他生产要素之间需要形成适当的比例。他认为"一切拥有农田的人都能说出他们的土地需要多少对牦牛和多少人手。如果送到田里的牛和人手多于需要，他们会被认为是一种损失"。[①]

---

① ［古希腊］色诺芬. 经济论·雅典的收入［M］. 北京：商务印书馆，1981：71.

色诺芬的人口思想主要基于奴隶主阶级的利益，是在试图解决奴隶制国家所面临的社会经济问题中提出的，他还建议国家通过购买奴隶和出租奴隶来开拓国库财源的思想，体现了其人口思想的消极一面。

（二）柏拉图的人口思想

柏拉图（Plato，公元前 427 年～公元前 347 年），古希腊著名的哲学家和思想家。柏拉图、苏格拉底和亚里士多德三人共同奠定了西方文化的哲学基础。在其著作《理想国》《法律篇》中，阐述了颇有见地的人口思想。

1. 人口规模

柏拉图具有适度人口的思想。他认为，最理想的人口状态是城邦国家的人口潜能能够得到充分发挥的状态，理想的城邦国家有必要设计最令人满意的、适度的市民人数。适度的人口数量必须受到国家的调节，而在生产力水平较低的古希腊，人口数量的调节必然通过调控人们的婚配数量来进行。他说："结婚人数的多寡要考虑到战争、疾病及其他因素，由治理者们斟酌决定；要保持适当的公民人口，尽量使城邦不至于过大或过小。"① 综合考虑了诸多因素之后，基于"执政者可用多种方式管理市民"的要求，柏拉图最后找到了一个能被 59 种除数除尽的被除数，最适度的人口数量是 5040 人。

2. 人口优生

在男女婚配选择上，不能以当事人的意愿为转移，必须基于城邦国家的最高利益，柏拉图认为"最好的男人必须与最好的女人尽多结合在一起；反之，最坏的与最坏的要尽少结合在一起。最好者的下一代必须培养成长，最坏者的下一代则不予养育"②。对于战争中勇敢或在其他某一点上表现突出的青年们，在给他们名誉和奖励的同时，也应该给予更广泛的传种自由，只有这样做，才能生育出尽可能多的孩子。他认为，

① ［古希腊］柏拉图. 理想国 ［M］. 北京：商务印书馆，1995：194.
② ［古希腊］柏拉图. 理想国 ［M］. 北京：商务印书馆，1995：193.

"女人应该在 20 岁到 24 岁为国家抚养儿女,男人应当从过了跑步速度最快的年龄到 55 岁"。

3. 倡导男女平等的强制教育

对于那些已选定为培养对象的婴幼儿,柏拉图认为应该给他们开办公开的学校和体育馆,并实行强制教育,即近现代意义上的义务教育。他写道:"孩子们必须前来就学,家长们自愿的固好,即使不自愿也得要来。如果有忽视教育的,我们要尽量对一切儿童施以所谓的强迫教育。学生们与其被认为属于他的父母,不如认为属于城邦国家。我所说的法律适用于男女,他们应当经过相同的训练。"① 在距今有 2300 多年前的古希腊,就提出了对未成年男女实行平等的强迫教育思想。

柏拉图关注的核心问题是如何建立理想的城邦国家,因为他生活的年代正好是希腊各城邦普遍经历危机的时期,此起彼伏的战争迫使他不是从经济角度,而是从防御、管理的角度提出了"小国寡民"的城邦政策。对理想国的设想使得柏拉图成为最早把社会、城邦发展与人口规模和数量联系起来思考的思想家之一。

(三) 亚里士多德的人口思想

亚里士多德(Aristotle,公元前 384 年 ~ 公元前 322 年),古希腊人,世界古代史上最伟大的哲学家、科学家和教育家之一。在《政治学》《伦理学》中阐述了人口思想。

1. 人口规模

亚里士多德具有控制人口数量的思想。他首次把人口与政治的关系提到了治国的高度,他认为政治家应该把人口规模作为治理国家的第一手资料,评价政府好坏的标准是一个国家是否规定了人口发展的规模。他强调,"一个城邦国家最适当的人口限度,是观察所能周遍而又足以达成优良生活的自给的数额。"② "最完善最美丽的国家,即是能够维持

---

① 郑晓沧译. 柏拉图论教育 [M]. 北京:人民教育出版社,1958:71.
② 亚里士多德. 政治学 [M]. 北京:商务印书馆,1983:355 – 356.

人口数目使之不超过一定限度的国家"。① 根据他的见解，一个城邦国家的公民人数最好不超过万人；其居民都远近相望，互知门望、贫富、能力和行为习惯；平时集会可以朝至夕归，战时征召可以朝令夕合。从人口数目看，这大致相当于近代国家的一个小城市或一个普通乡镇的人口数。他提出了相应的人口政策：国家应干预人们的婚姻和生育，借助法律手段来限制人口。谈到对人口繁殖的限制问题，亚里士多德认为，计算出婴儿死亡比率和男女婚后不育的概率之后，就可以得到防止或避免出生人口超过城邦国家必需数目的限量规模。

2. 城邦国家人口职业结构

亚里士多德提出了"二体系七业务"的人口职业结构的思想框架。城邦国家的人口，应按七种业务分工，从而形成如下的职业结构：（1）城邦国家必需的经济配备体系，即农业与工艺。从事农业与工艺的人，终身勤劳而无暇从政，应由非公民来担负粮食与日用必需品的生产。（2）国家赖以运行的军政体系。它包括防卫、田产管理、祭祀、议事及审判等方面。这些是公民的业务，最恰当的安排是：青壮年公民担任防卫，中壮年转为议事及审判，年老资深者则专司神职。②

3. 优生优育和优教

亚里士多德关于婚姻应该由国家监督的观点与柏拉图是一致的。他认为，要生出优质后代必须调整两性能力。两者年龄的搭配要以健全发育的生理状态为根据。男子的年龄大体上较女子年长 20 岁，男 37 岁而女 17 岁才能结婚，不满这个年龄不能结合。除了生理年龄外，还要考虑知识的年龄。生殖的限度必须是他们知识最旺盛的年龄，这样才能把人生中最完美的知识传给下一代。他还认为，基于优生和限制人口规模的立场，城邦国家应当充分考虑到暴弃畸形婴孩和堕胎节育一类问题的可选择性。

---

① 亚里士多德. 政治学 ［M］. 北京：商务印书馆，1983：455 – 456.
② 亚里士多德. 政治学 ［M］. 北京：商务印书馆，1983：458 – 459.

亚里士多德认为，发展教育是提高人口素质的重要途径之一。在他看来，要使人们去恶从善，与其以法制维持其财产定额，即平均地产等，毋宁以教育普及来提高其道德标准与素养。为了全面发展教育，使全体城邦国家公民的素质迅速提高，亚氏主张全城邦公民接受统一的标准化教育。亚氏对于如何培养高素质的后代也进行了有益的探索。他以为，育婴要注重婴孩食料的合理性；3 岁以下的儿童教育要以游戏和聆听故事为主；5~7 岁可让其旁听和观察少年们的作业，以增加早年的行为规范感染；少年（7~14 岁）和青年（15~21 岁）两个时期，则要仔细观察其生理心理发展，精心审慎地安排所有教育规程。

从这些论述看，亚里士多德不仅与柏拉图一样主张优生和限制人口规模的扩大，而且在优育后代上有许多见解。这些优育方面的观点，与现代的儿童心理学和教育学的基本原则是相吻合的。

4. 财产分配与人口增长的关系

亚里士多德在批评了柏拉图关于财产公有的观点之后，提出了自己的见解。他认为，如果人口增长不受严格控制，财产公有制度即使实现了，也难以持久。与其致力于限制产业份数，还不如首先设法限制人口增长。因为人口数量在很少受到或不受控制条件下的增长，必将使理想国家的社会秩序难以在人口规模日益扩大的压力下维持下去。所以，亚氏得出结论说，在追求优良生活和财产尽可能平均分配的社会经济体系中，对于人口数量增长和人口规模扩大的限制是必不可少的。

二、人口思想的雏形

工业革命前后，社会经济发生了巨大变化，整个资本主义社会的思想随着社会经济的发展不断活跃。在人口思想方面，各位学者开始探讨人口与财富的关系，其中重商主义、重农主义等人口思想已开始具备某些系统人口理论的雏形。亚当·斯密是这一时期最著名的代表人物，他的人口思想对以后的学者，如马尔萨斯、李嘉图、西斯蒙第等人产生了广泛的影响。

（一）重商主义和重农主义人口思想

重商主义萌芽于 14 世纪末的英国，是欧洲资本主义原始积累时期代表商业资产阶级利益的一种经济学说和政策体系，是对资本主义生产方式最早的理论探讨。16 世纪～18 世纪重商主义（mercantilism）的经济哲学家开始更多地谈论人口，并主张通过增加人口来达到国家经济和军事的富强。重商主义的代表人物有意大利的乔万尼·鲍太罗（Giovanni Botero，1540～1607）、法国的柯尔培尔（Jean–Baptiste Colbert，1619～1683）和英国托马斯·曼（Thomas Mun，1571～1641）与斯图亚特（James Steuart，1712～1780）。这些思想家们普遍认为，国家富强是十分重要的，由于国家建设和军备扩张必须通过征收国民税金和对外贸易实现财富的积累，人口增长成为增加财富和强化军事力量的基础。由此，重商主义强调人口增长是一种用丰富的廉价劳动力降低生产成本、增强国际竞争力、增加国家财富的手段，主张提高结婚率，奖励人口出生。在人口流动方面，他们主张限制人口外流，但欢迎国外移民，尤其欢迎有技能的工人移入本国，因为他们带来了劳动力、资本、新事业和先进的生产方法等。另外，重商主义者还探讨了人口与生活资料的关系问题。意大利的乔万尼·鲍太明确提出人口增殖受制于生活资料的增长。

重商主义政策的实施加速了国家和工商业者的致富，但广大工人和农民却成为牺牲品，这种情况在法国尤为突出。18 世纪中叶以后，以魁奈为代表的重农主义（physiocrat）理论产生，认为农业的发展在国家建设中最具有战略意义，经济增长应以农业生产的增长为依据，只有农业发展才能增加国家的财富。他们认为人口过度增长会引起生活资料不足，导致生活水平下降。魁奈指出，人口超过生活资料（也就是财富）时，国民就会陷入贫困状态。他指出："一切意欲使农村人口增加的经济管理机构，应当以增加粮食产品作为自己的任务，但必须对这些工作所需要的财富给予关怀和爱护，在农业工作上作适当的预付。"① 他进一步指出，只有扩大农业收入，才能进一步扩大农业和非农业部门的人口规模和福利。重农主义并非单纯的反对人口增加，而是强调扩大农业生产，如果不扩大农业生产，人口就不可能增长。

（二）人口与工资理论结合

亚当·斯密（Adam Smith，1723～1790 年）是英国经济学家，资产阶级古典政治经济学的主要代表之一。1776 年，他的《国民财富的性质和原因的研究》问世，成为经济学的经典之作。在这部巨著中，他力图将经济学和人口学统一起来。斯密的人口思想是以把工资理论与人口理论相结合为特征的，其人口思想阐述如下：

第一，社会经济发展水平和状况对人口的需求决定着人口的生产。他说："如果劳动需求继续增加，劳动报酬必然鼓励劳动者结婚和增殖，使他们能够不断增加人口，来供给不断增加的劳动需求。什么时候，要是劳动报酬不能鼓励人口增殖，劳动者的缺乏不久就会抬高劳动的报酬。什么时候，要是劳动报酬过分鼓励人口增殖，劳动者的过多不久就会使劳动的报酬减到其应有的程度。……因此，像对其他商品需求必然支配其他商品的生产一样，对人口的需求也必然支配人口的生产。"②

社会对人口的需求是通过对劳动力人口的需求和劳动报酬水平的高低而间接地支配人口生产的。在斯密看来，商品一般的供给和需求由那只"看不见的手"——价值规律来调节，人口的供给与需求则要通过所谓的工资规律来发挥作用。他认为：某国国民财富的不断增加，就意味着该国社会生产能力在继续扩大，社会资本也在不断增长，从而社会对劳动力人口的需求持续扩张，此时全社会的工资水准就会连续上演，这自然会有利于增加人口。这是因为："充足的劳动报酬，鼓励普通人民

---

① 魁奈. 经济著作选集［M］. 北京：商务印书馆，1979：148.
② 亚当·斯密. 国民财富的性质和原因的研究［M］. 北京：商务印书馆，1979：73－75.

增殖，因而鼓励他们勤勉。"① 相反地，如果一国社会财富没有增加或者逐步减少，这时国内的生产能力至少不会扩大，从而资本对劳动力人口的需要只能是不增加或者减缩，于是人口总量也就不会再增加。由此可见，斯密从朴素的唯物主义观点出发，认识到了一国物质资料再生产的规模和速度通过劳动力就业时初始的工资水平的高低来调节人口再生产的规模和速度这一道理。

第二，人口增长与专业分工之间相互促进式发展。人口增长不仅能扩大市场规模，还会带来收入的增长，收入的增长有可能增加储蓄，这就扩大了劳动基金。市场和资本积累的增长会产生劳动分工和劳动生产率的提高。也就是说，人口增长最终会刺激劳动的专业化和技术的发展，而劳动分工和技术的发展会进一步提高劳动生产率，带来收入的提高。因此，人口增长既是经济进步的结果，又是经济进步的原因。

第三，贫穷的后果影响人口的繁庶。斯密认为，贫穷似乎有利于生育，但不利于养育幼童。"贫穷并不能永远阻止结婚……而且贫穷似乎更利于种族之繁衍。苏格兰高地处于半饥饿状态的妇女，却常常为国家生产 20 个孩子；而一些丰衣足食享用优厚的妇女，一般只生两三个，有些甚至一次母亲也未曾做过。女性的奢侈纵欲，常常会破坏生育能力。"但是，贫乏虽不能阻碍生殖，至少也不利于儿童的教养，斯密以高原妇女为例指出，她们生子 20 多个，尚不能保存 2 个，其原因在于生活的艰苦造成死亡率的增高，子女的存活率大幅下降，有的婴幼儿在 4 岁前死去一半，有的在 7 岁前死去一半。

第四，发展并非是无止境的。资本家为了增加积累所导致的竞争会使利润率下降，使国家经济陷入停滞状态，而人口增长到资本所能允许的程度便不再增长。因此，人口增长并非取决于社会的富裕程度，而是取决于经济发展，他注意到北美地区的经济并没有发展，但人口却成倍增长，这导致经济发展的停滞和人民生活水平的下降，人们只能过着节

---

① 亚当·斯密. 国民财富的性质和原因的研究 [M]. 北京：商务印书馆，1972：72.

衣缩食的生活。

第五，在经济自由思想的指导下，斯密认为在人口迁移流动上也应该是完全自由的。在《国富论》的第四篇谈到欧洲殖民历史时，他对人口的自由迁移带有一种赞美的口吻。与此同时，斯密也反对人为地制造一些障碍去限制和束缚人口自由迁移。这是因为资本主义自由竞争，将会引起资本在经营行业和场所上的自由转移，它要求劳动人口自由迁移与之相适应；否则，劳动力人口过剩的地区不能去补充劳动力人口不足的地区，这必将给资本自由移动和赚取利润带来巨大的困难。正因为这样，斯密站在资产阶级和资本主义企业利益的立场上，反对当时英格兰关于限制劳动者外迁的法规及其对过剩劳动人口实行救济的做法。

第六，欧洲中世纪的人口城镇化问题。他在"罗马帝国崩溃后都市的勃兴与进步"一章中指出："都市居民的情况，无论当初是怎样卑贱，但与乡村耕作者比较，他们取得了自由与独立，在时间上总要早得多。"① 在中世纪的欧洲，正因为都市较早取得了自由和独立，所以在都市周围大小庄园中的封建农民，只要有机会就力图从庄园移居到城市。事实上在绝大多数情况下，是伺机潜逃进入城市。封建制度下欧洲庄园农民这种迁移到城市的方式可以被看成是其该时期人口城镇化的一大特点。对此，斯密做了如下描述："在贱奴状态下受领主钳制的贫穷农民，稍有储蓄，也掩藏唯谨，免得领主看见，搜为己有，而且一有机会，即逃往城市。加之，当时法律对市民既如此宽纵，同时又如此热望削减领主对农民的权力，所以农民只要逃往都市，一年不为领主所获，即可自由。因此，乡村勤劳居民，一有蓄积，自然会逃到都市，把都市看作他们唯一安全的避难所。"② 这里，从谈论这一情况的语词和态度上，我们也能感觉到作为资产阶级代言人的斯密，对于封建领主权力的削弱和都市自由力量的增强所表示的赞许和肯定。

---

① 亚当·斯密. 国民财富的性质和原因的研究［M］. 北京：商务印书馆，1979：362.
② 亚当·斯密. 国民财富的性质和原因的研究［M］. 北京：商务印书馆，1979：366.

亚当·斯密的人口思想把人口增减与社会经济发展联系在一起,虽然带有较强的经济决定论色彩,但他看到了人口与劳动分工和经济发展的多重关系。作为英国古典经济学的创始人,他的思想对后来者具有无法估计的影响,马尔萨斯和马克思都声称深受亚当·斯密的影响。

三、人口思想的初步形成

(一) 马尔萨斯人口理论

马尔萨斯 (Thomas Robert Malthus, 1766~1834 年) 生活在 18 世纪下半叶和 19 世纪上半期的英国社会。1789 年,马尔萨斯出版了《人口原理》一书,这是人口学史上第一部系统完整的人口学专著,具有划时代意义。

马尔萨斯生活在资本主义经济飞速发展的时代。从 18 世纪中叶开始,英国进行了产业革命,并逐渐完成了工场手工业向机器大工业的过渡。生产工具和生产方式的变革,极大地促进了生产力的发展,迅速地改变着社会面貌。但是,经济的飞速增长也带来了巨大的社会问题。一方面,随着资本主义商品经济的发展,广大的小生产者特别是农民破产加速,不断流入城市。1821 年,由于大规模"田地运动",英国农村人口减少到总人口的 33%。城市人口激增使就业困难增加,且因卫生、居住条件恶劣导致瘟疫流行,工人阶级处于贫困与疾病的包围之中。另一方面,随着技术的进步和机器的不断投入使用,机器排挤人的现象日益严重,职工人员大量失业,形成资本主义相对过剩人口。这两个方面的问题可归结为一点,从表象上看,似乎是英国的人口太多了,现有的生活资料不符合人口所需才引致了社会矛盾。也有一些思想家透过现象,从制度上揭示了社会矛盾的根源。

当时英国小资产阶级革命家、空想社会主义者威廉·高德文 (William Godwin, 1756~1836 年) 发表了《关于政治正义的探策》(1793) 一书,他从抽象的人类理性出发,认为普遍幸福的原则是人类活动的最高原则，而财产私有制违反了正义的原则，是人类贫困和罪恶的根源。为了消除贫困，他主张重组社会，建立乌托邦社会。马尔萨斯的父亲是高德文的追随者，而马尔萨斯却有不同的看法，并常常与父亲进行争论。正是在与父亲进行争论的基础上结晶出五万字的《人口原理》（1798年）一书，第一版的《人口原理》全名叫《论影响未来进步的人口原理——兼评高德文、康多塞及其他著作者的理论》。初版的《人口原理》带有强烈的论战色彩。这篇文章一经问世即在英国掀起了轩然大波，引发了广泛的争论。马尔萨斯为了解决这本小册子中存在的粗糙缺陷，1799～1802年在欧洲大陆进行了为期3年的旅行，广泛搜集能证明他的人口论的历史资料。1802年，马尔萨斯返回英国开始重新整理他那本匿名发表的小册子。1803年，他这篇5万字的论文再版时扩充为20万字的书籍——《论人口原理及其人类幸福的过去和现在的考察，附我们预测将来关于除去或缓和由人口原理所生的弊害之研究》，即现在所称的《人口原理》一书。马尔萨斯在第二版人口论中冲淡了第一版政治观点评论的性质，并且缓和了某些较为苛酷的结论。第二版《人口原理》比第一版的篇幅多了三倍。由于马尔萨斯对人口自然法则的论证得到当时英国统治阶级的赏识，人口论更加名声显赫。此后，该书先后于1806年、1807年、1817年、1826年共出了六个版本。

1. 人口原理的主要内容

马尔萨斯是第一个把人口问题当作专著来讨论和著述的人。他把人口问题突出出来，使之成为一个专门领域，尽管他的思想是在总结和归纳前人多种人口思想的基础上产生的。他的人口思想以专门著作的形式出现，在他生前共有六个版本。马尔萨斯的人口思想可以归纳为两个"前提（公理）"、两个"级数"、三个"命题"、四个"结论"和两种"抑制"。其中心思想是人口的增长将快于可能提供给人类的食物的增长。

第一，两个前提（公理）。马尔萨斯认为建构人口理论必须明确两个前提：一是食物是人类生存所必需的；二是两性间的性欲是必然的，且几乎保持恒状，这两个前提也可称为建构人口理论的"两个公理"成"自然法则"。马尔萨斯人口理论皆是建立在这两个前提基础上的，人口增殖是人类的一种"本能"（instinct），在没有制约的情况下人口必然会无限制的增长下去。

第二，两个级数。马尔萨斯在他定下了"两个公理"之后，开始进行推论。于是，他说："我的公理一经确定，我且假定，人口增殖力比土地生产人类生活资料力，是无限地较为巨大。人口，在无所妨碍时，以几何级数率增加。生活资料，只以算术级数率增加，略有数学知识的人，就会知道，与后一种力比较，前一种力是怎样巨大。"[①] 后来他又补充了"土壤肥力递减规律"的命题。指出人类不可能改变人口增长快于生活资料增长的状况，因为一切生物的增殖都有不断超过它所需要的营养物的趋势，因此人口过剩和食物匮乏便成为必然。在产业革命正在进行，整个生产方式正在发生剧变的马尔萨斯生活的时代，"土地肥力递减规律"显然不适用于英国。无论怎么说，两个"级数"的结论大体上是难以成立的。

第三，三个命题。马尔萨斯通过对亚当·斯密关于"工资水平决定工人人口增减"的观点进行了所谓的"继承"之后，提出了三个"命题"。他说："（1）人口必然地为生活资料所限制；（2）只要生活资料增长，人口一定会坚定不移地增长，除非受到某种非常有力而又显著地抑制的阻止；（3）这些抑制和那些遏止人口的力量并使其结果与生活资料保持同一水平的抑制，全部可以归纳为道德的节制，罪恶和贫困。"[②] 这三个命题构成马尔萨斯的人口波动规律的理论：当人口增长到接近食物供给的极限时，所有的预防性和积极性抑制自然就会以更大的力量发挥作用……直到人口降到食物所能维持的水平以下；然后，食物再度丰富起来，于是又产生了更多的人口；经过一定时期，更多的人口又因同

---

① 马尔萨斯．人口论［M］．朱泱等译，北京：商务印书馆，1992：5.

② 马尔萨斯．人口论［M］．朱泱等译，北京：商务印书馆，1992：12.

样的原因受到抑制。这种循环往复的人口发展与倒退运动被称作"人口波动理论",是"大自然的规律",它构成了《人口原理》的核心。

第四,四个结论。四个结论散见在他的人口论当中。具体是:(1)人口增殖必须同人类生活所必需的生活资料的增加保持平衡;(2)工人阶级劳动报酬的高低取决于工人人数的多寡;(3)英国的济贫法是一个"供养贫民以创造贫民"的法律,所以从人类总体幸福考虑应当予以废除;(4)人口原理这种"自然规律"经常发生作用,就必然使一切形式的社会改造归于失败。

第五,两种抑制。两种抑制是指减少人口的两种途径,当人口出现过剩时,由于自然规律的作用,就会出现抑制人口的力量。有两种抑制的力量:一种是"积极性抑制"(positive checks),它是通过增加人口死亡率,减少现存人口,其手段包括战争、瘟疫、饥荒和各种疾病;另一种是"预防性抑制"(preventive checks),它是通过限制出生人数而控制人口增长,其手段包括晚婚、避孕、流产、杀婴和节欲。他在第二版的《人口原理》中又提出"道德的抑制",主张从道德考虑那些无力抚养子女的人应过独身生活,但他更偏爱预防性抑制,提倡晚婚。

马尔萨斯在观察人口问题时,一方面,从地主资产阶级的角度出发来看待一切人口现象,另一方面,他又用形而上学的方法作出了许多片面的绝对的结论。而且,马尔萨斯人口思想的主要内容基本上是此前的许多思想家先后提出过的,马尔萨斯的贡献主要在于把这些已为前人提出过的思想加以总结与归纳,甚至在某种意义上讲是对前人各种独创思想的汇集。

2. 《人口原理》在人口思想发展史中的意义

马尔萨斯为我们描绘的未来是正确的吗?一方面,发达国家的发展表明马尔萨斯是错了,因为历史表明,发达国家的人口随着食物供应的增长并没有一个循环式的增长,反而人口出生率下降了;另一方面,在发展中国家,虽然一直存在着饥荒、各种流行病和贫困,而早婚和高生育率现象仍然普遍存在。可以说，马尔萨斯的《人口原理》出版 200 多年来，对其评价是毁誉参半。虽然如此，但其巨大的影响却经久不息。

第一，人口论成为人口思想研究的新起点。在人口论问世之前，人口思想的研究是附属在各门学科里的，这个研究阶段可称为人口思想的附属阶段。人口论出世之前，人口统计学已经问世，但其内容简单，仅仅是出生和死亡的分析。只有 1798 年的马尔萨斯人口论的诞生，概述了前人的思想，提出了自己的主张，使人口论成为集大成之著，开拓性之著。从那时起人口理论分为三个部分：人口经济学、人口社会学、人口生物学，以后又发展为形式人口学和实体人口学，直到今天人口学已成为一门综合性、交叉性、边缘性的新的人口科学体系。

第二，人口论介绍了研究人口理论的新方法。在人口论第一版中，马尔萨斯论证三点结论时存在唯心主观臆造的方法，第二版以后他十分注意社会追踪性调查和典型调查。据初步统计，仅两版后的调查国家有十五六个之多，遍及五大洲。他亲自到德意志、瑞典、挪威、芬兰和俄国进行调查。在人口论之前，人口统计的方法已开始应用。在《人口原理》中，马尔萨斯指出："这一部门的统计知识近年来在若干国家已经被注意到了……可是这门科学可以说还是在它的摇篮时期，而所要知道的许多东西不是被遗漏了，便是没有被十分确切地记载下来。"下列各项也许可以计算在内：成年人数与结婚数的比例；由对结婚的阻止而引起的坏风俗的流行程度；社会中最困苦部分的儿童和小康者的儿童两者的比较死亡率；劳动的实际价格的变动；在某一时期内的各不同时间，在社会的各下层阶级的生活景况方面所能观察出来的差别，以及很精确的关于出生、死亡和结婚的登记。

第三，人口论引起了各国政府新注意。过去从政府角度，以政策和立法形式干预人口增长一事是为数不少的。但从人口原理的角度制定人口政策，采取具体行动，应该源于马尔萨斯人口论的出世。人口史上最早的古罗马奥古斯都——屋大维大帝，他制定的 4 个人口法律，也只是针对罗马的经济衰落、生殖力减退的现实而实行的人口立法。但是，人口原理出现后，英国政府首先进行了人口调查，第一次是 1801 年，第二次是 1811 年，第三次是 1821 年。并且英国政府于 1834 年对旧的济贫法进行了修改，取消金钱和食物救济贫民，把收容院改为习艺所。各国政府也注意从预防性的抑制中直接制定晚婚、晚育等政策，有人称为是第一类政策。同时，又制定第二类适合整个国家经济社会发展的政策，如适度人口政策等。

第四，人口论增强了我们对社会改革必要性的新认识。恩格斯在彻底批判马尔萨斯之后，曾对他作出了这样的肯定：可是，马尔萨斯的理论是一个不停地推动我们前进的、绝对必要的转折点。由于他的理论，总的来说是由于政治经济学，我们才注意到土地和人类的生产力，而且只要我们战胜了这种绝望的经济制度，我们就能保证永远不再因人口过剩而恐惧不安。我们从马尔萨斯的理论中为社会改革取得了最有力的经济论据，因为即使马尔萨斯原本是完全正确的，也必须立刻进行这种改革，原因是只有这种改革，只有通过这种改革来教育群众，才能够从道德上限制生殖的本能，而马尔萨斯本人也认为这种限制是对付人口过剩的最容易和最有效的办法。① 显然，恩格斯这段话给我们提出这样几个问题：人口论是我们前进的绝对必要的转折点；要进行革命才能解决人口过剩；人口论是改革的经济论据；道德限制生殖本能是最容易、最有效的办法。可见，当我们把人口论视为社会改革的"经济论据"的时候，对人口原理作用的认识上，应该统一到经典作家的理解上。

总之，马尔萨斯首次系统论述了人口发展的核心问题，并将其理论化。无论是反对他的人，还是追随他的人，都是以他的理论作为分析的起点。1985 年在法国巴黎召开的联合国人口统计学大会上，来自全球 60 多个国家的 300 多名代表，99.8% 的赞成票，通过了再版马尔萨斯的《人口原理》，说明越来越多的学者认识到马尔萨斯人口理论的指导

---

① 恩格斯．国民经济学批判大纲．参见马克思恩格斯全集（第 1 卷）［M］．北京：人民出版社，2012：43.

意义。

（二）马克思和恩格斯的人口思想

19世纪40年代以来，马克思、恩格斯创立了马克思主义。他们论述了许多关于人口与社会关系的观点。在马克思起初的研究计划中，要建立"人口论"卷，最终没有实现。但是，他同恩格斯留下了大量人口方面的观点和主张，系统、完整、科学地将其人口思想展示出来。他们并没有专门的人口学著作，其人口社会思想主要体现在他们的众多著作中，如《政治经济学批判》《资本论》《家庭、私有制和国家的起源》《英国工人阶级状况》《反杜林论》《德意志意识形态》等。他们的人口社会思想主要通过分析资本主义发展规律揭示资本主义社会的人口发展规律。主要包括：人及其本质的理论、"两种生产"的原理、人口与社会生产方式关系的理论、人口与经济相互关系的理论等。

1. 人及其本质的理论

人是人口理论研究的对象，是人口理论中的核心范畴。马克思认为，人是生活在一定地域、一定社会生产方式中的社会群体，"是一切社会关系的总和"，[①] 它是马克思主义全部人口思想的出发点。

马克思、恩格斯从人的自然属性和社会属性的关系问题上揭示了人的本质。所以，人是自然的人和社会的人的统一，人的自然属性主要是指人的生物方面的属性，包括人的肉体和精神方面的本能；人的社会属性，主要是指人的社会关系方面的属性。在人的自然属性和社会属性的对立统一中，社会属性居于主导的、支配的地位，是人的本质属性，即人的本质。马克思还十分重视人口的阶级性，指出在阶级存在的条件下，如果抛开构成人口的阶级，人口就是一个抽象。

2. 关于"两种生产"的原理

"两种生产"的原理，是马克思主义人口思想的基石，它揭示了人

---

① 马克思. 关于费尔巴哈的提纲. 参见马克思恩格斯选集（第1卷）[M]. 北京：人民出版社，2012：139.

类自身生产和物质资料生产的历史作用及其相互关系的规律性，揭示了经济发展和人口发展的内在关系。正如恩格斯在《家庭、私有制和国家的起源》的序言中指出的"根据唯物主义观点，历史中的决定性因素，归根结底是直接生活的生产和再生产。但是生产本身又有两种：一方面是生活资料，即食物、衣服、住房及为此所必需的工具的生产；另一方面是人自身的生产，即种的繁衍。"① 人类社会历史的前提，就是生产为维持生存所必需的生活资料。人类自身的生产正是通过劳动和物质资料生产联系在一起的。

两种生产是人类生活所必不可少的，两种生产的相互作用推动着社会的发展。两种生产都是社会存在和发展的基本条件，也都是社会发展的结果。人类在物质资料的生产过程中，使人的本质力量对象化，人类在自身的繁衍中，使人这个自然之物越来越人性化。物质资料的生产和人类自身的生产是矛盾的对立统一体。物质资料的生产为人类生存、繁衍和发展提供必要的物质条件，人类的生存、繁衍又是物质资料生产的前提。没有物质资料的生产，人类自身就无法生存，更谈不上繁衍；而没有人类的繁衍，也就不可能有物质资料的生产。二者既互相对立，又互相依存，互为条件。

3. 人口与社会生产方式关系的理论

物质生活的生产方式制约着社会生活、政治生活和精神生活的整个过程，这是历史唯物主义的基本原理之一。马克思、恩格斯把历史唯物主义关于社会生产方式制约着整个社会生活的原理运用于人口研究，把人口放在生产力与生产关系、经济基础与上层建筑的矛盾运动中考察。把人口和社会生产方式联系起来，从而揭示了人口发展与社会生产方式运动之间的关系。他们认为"生命的生产——无论是自己生命的生产（通过劳动）或他人生命的生产（通过生育）——表现为双重关系：一

---

① 恩格斯. 家庭私有制和国家的起源. 参见马克思恩格斯选集（第4卷）［M］. 北京：人民出版社，2012：12.

方面是自然关系，另一方面是社会关系"①。马克思主义关于人口与社会
生产方式之间相互关系的理论，一方面，承认社会生产方式对人口发展
的决定性作用；另一方面，又承认人口对社会生产力、对社会生产方式
的反作用。马克思、恩格斯的人口思想是从研究资本主义社会出发的，
认为资本主义的生产方式决定了资本主义社会的人口状况。他们驳斥了
马尔萨斯的人口压力假说，认为根本没有普遍存在的人口规律，过剩人
口的根源是资本主义的生产方式，资本主义的机器大生产方式，势必产
生机器排挤工人的现象，从而产生大量的失业。但是，他们进一步指
出，资本主义社会的人口过剩是一种"相对过剩"。相对过剩人口是指
经济与人口不相适应，劳动力不能与物质资料的生产条件完全结合，从
而人口相对于物质资料的不足而出现过剩的现象，这是资本主义生产方
式特有的人口规律。他们认为，资本主义社会人口相对过剩的根源是资
本主义的生产方式，要解决人口相对过剩的问题，必须采用新的社会生
产方式，即社会主义的生产方式。

4. 人口与经济相互关系的理论

马克思、恩格斯在研究人的社会属性时，十分重视人的经济属性。
他们认为，人既是生产者又是消费者，是两者的统一体。人正是通过其
经济属性的二重性与经济活动发生密切的关系。

人类的实践活动既包括生产活动，又包括消费活动，这两种活动是不
可分割的。马克思认为：劳动者从事物质生产也就是进行生产消费，进行
自己生命的生产就是个人消费。"这种与消费同一的生产是第二种生产，
是靠消灭第一种生产的产品引起的。在第一种生产中，生产者物化，在
第二种生产中，生产者所创造的物人化。因此这种消费的生产——虽然
它是生产与消费的直接统一——是与原来意义上的生产根本不同的。"②

---

① 马克思，恩格斯. 德意志意识形态. 参见马克思恩格斯选集（第1卷）[M]. 北京：
人民出版社，2012：160.

② 马克思. 经济学手稿. 参见马克思恩格斯全集第46卷（上）[M]. 北京：人民出版
社，1979：28.

　　马克思和恩格斯在阐述人是生产者和消费者的统一这个原理时，特别强调两个方面：其一，人首先是生产者，其次才是消费者。这主要表现在人能够提供"剩余劳动"和"剩余产品"。其二，马克思、恩格斯认为人作为生产者是有条件的，作为消费者是无条件的。人作为生产者不仅人自身要具备一定的条件，而且还必须要有相应的生产资料。

　　总的来说，马克思和恩格斯的人口思想将人口与社会直接联系起来考虑，推动了人口社会学的发展，为后来人口社会学理论体系的形成和完善奠定了基础。

第二节　东方人口思想史

　　人口问题如同人类的历史一样久远，中国这个拥有五千多年历史的国家，更是拥有丰富的人口思想宝藏。东方人口思想史以中国为典型展开，中国的人口思想贯穿于各种哲学、政治和文化思想中，既有主张人口增殖的孔子、墨子，提出适度人口增长的商鞅、韩非，也有主张限制人口增长的洪亮吉及提出新人口论的马寅初，从古至今各种思想极其丰富。但儒家增殖人口的思想一直是社会的主流，并深入人心。

一、传统人口思想

（一）人口增殖观

　　人口增殖观是中国古代人口思想的主流思想，在中国古代长期占据支配地位。在殷商甲骨文关于祭祀的记述中，就有浓厚的祖先崇拜和生殖崇拜的思想。在《诗经》里也有许多诗篇歌颂了多子多福、子孙绵绵的思想。春秋时代，许多思想家都曾鼓吹富国强兵必先增加人口的思想，如管仲在辅助齐桓公建立霸业时就曾极力推行鼓励人口增加的政策，下令"丈夫二十而室，妇人十五而嫁"（《国语·齐语》），驱使青年男女早婚早育。这一思想的主要代表人物是古代哲学家和思想家孔子、孟子和墨子。

孔子（公元前551～公元前479年）是中国先秦时期的大思想家和大教育家，儒家学派的创始人。孔子生活的年代正是春秋战国时期，诸侯割据、列国战争不断，人口死亡率迅速上升，出生率不断下降，人口增长十分缓慢。各国统治者为了征集兵力、收纳贡奉和摊派徭役，增加军事和经济实力，纷纷要求增殖人口，以赢得战争的胜利。孔子及其儒家学派的"增殖人口"思想体现在：第一，以体现血亲关系的"孝"为本，重视夫妇关系，把繁衍后代看作婚姻和家庭的基本任务；第二，把人口众多、人民能安居乐业视为统治者治理国家好坏的重要标准；第三，提出增殖人口应采取各种社会经济措施，包括重视男婚女配，规定男子20岁应娶妻，女子15岁即可嫁人。他还建议君主招徕"远人"尤其是"百工"，以增加劳动人口。

孟子（公元前372～公元前289年）是战国时期伟大的思想家、教育家，儒家学派的代表人物，与孔子并称"孔孟"。他继承了孔子的人口思想，并进一步发展了孔子的人口思想。主张"广土众民"（《孟子·尽心上》），进一步提出了众所周知的"不孝有三，无后为大"（《孟子·离娄上》）的说法。强调繁衍后代是人生使命，这种宣扬传宗接代的思想，在中国长期支配着人们的生育观。

墨子（公元前468～公元前390年）是墨家学派的创始人，他是最早详细论述人口问题的思想家。他积极主张增加人口，对影响人口增长的因素进行分析，并提出了相应的措施增殖人口，主要包括：第一，鼓励早婚，主张男人20岁应娶妻，女子15岁可嫁人；第二，反对蓄妾，应让更多的男人有妻，女人有夫；第三，反对战争，以避免人口大批死亡，增加成年夫妇生育子女的数量；第四，反对久丧，应实行薄葬短丧，以免大量王公贵族死后"杀人陪殉"；第五，减轻赋税徭役，以减少人口死亡率。

（二） 适度人口的思想

这一思想的代表人物是古代思想家商鞅和韩非。孔子虽然主张人口增殖，但他其实已经开始注意人口和土地在量上要适应的问题。

商鞅（约公元前390~公元前338年）是战国时期著名政治家和法家的代表人物。他最先明确提出人口和土地要相适应的思想，他认为国家富强在于农业，而要搞好农业，就应当使人口和土地的数量相适应。"地狭而民众者，民胜其地；地广而民少者，地胜其民"（《算地》），为了确定人口和土地如何达到平衡，商鞅具体计算出了"先王制土分民之律"，即要容纳五万生产人口需要方圆百里的土地。他认为人口的增长要快于财货的增长，人口可以在短短几十年里增长几倍甚至几十倍。

韩非（约公元前280~公元前233年）是战国末期著名思想家、法家代表人物。当时出于长期推行增殖人口的政策，人口数量有所增加，社会财富不足，人民生活贫困。他在人口与土地关系的基础上，提出人口与财货的关系也要相适应。他认为，上古时代人民少而财有余，故民不争，而他所处的时代则不然，人口增长过多而财货不足。他提出"人民众而财货寡，事力劳而供养薄，故民争"（《韩非子·五蠹》）的思想，把人多财寡看作是"民争"的根源。特别是韩非所在的国家已出现地少人多的矛盾。为了解决人口多、财货少的矛盾，韩非提出了发展生产，增加财富，减少人口，甚至可溺杀女婴的"适度人口"思想。韩非的"适度人口"思想主要特点是他并不单纯主张消极地减少人口，而是要求尽可能地减少一切非生产人口，同时还主张积极发展农业。

（三） 限制人口的思想

随着历史的推移，中国人口逐渐增多，限制人口的思想逐渐兴盛。它是对"人口增殖"思想的一个大胆否定。主要代表人物是有唐朝的杜佑、宋朝的苏轼和清朝的洪亮吉。

唐朝的杜佑（公元735~公元812年）根据汇总的历代人口资料，写了《户口人丁论》，力劝朝廷吸取晋隋的经验，不可盲目增加人口，在他看来"版图可增其倍，征缮自减其半，赋既均一，人知税轻，免流离之患，益农桑之业。"还特别指出统治者的行为影响人口的多寡，开明的统治者应该扶植人民的经济实力，不可横征暴敛。

两宋时期，由于土地兼并日益严重，大量农民或失去土地，或耕地不足，加之人口增多，人口过剩问题日益突出。北宋思想家李觏（公元1009～公元1059年）指出，当时社会上存在着大量"冗民"，是社会贫困的重要原因之一。李觏所说的"冗民"，是指社会上剩余的人口。他主张要富国，就必须解决"冗民"问题。北宋诗人苏轼（公元1036～公元1101年）在《国学秋试策问》中提出，就宋代而言，人口增长，只意味着服徭役的人多，而不意味着生产者的增加。从富国的角度来看，人多"非徒无益于富，又且以多为患"，反倒是"以多为息"，使民众更加贫困。

清代中期的洪亮吉（公元1746～公元1809年）是第一个明确提出要注意人口增殖的学者。洪亮吉生活的时代正是清朝人口飞速增长的时代，他清醒地注意到人口增殖太快对土地、粮食造成的紧缺状态。他的人口思想主要集中在《治平篇》和《生计篇》中。主要人口思想表现在：第一，人口增长快于生产和生活资料的增长。"人未有不乐为治平之民者也，人未有不乐为治平既久之民者也，治平至百余年可谓久矣，然其户口，则视三十年以前增五倍焉，视六十年以前增十倍焉，视百年百数十年以前，不啻增二十倍焉"（《治平篇》）。太平盛世，人口按三十年五倍、六十年十倍、一百年二十倍的速度增长，而耕地与住宅在同期只能按一倍、三倍、五倍的速度增长。第二，人口过剩会产生一系列严重的社会问题。如社会财富越来越少，人民生活水平急剧下降，物价上涨、通货膨胀、民生困难造成大批人口失业，社会动乱不安。他提出解决人口问题的两种方法：一种是"天地调剂之法"，是指水旱灾害和疾疫流行等自然灾害会造成人口的死亡，从而减少过剩人口；另一种是"君相调剂之法"，是指政府采取的种种调控人口的方法，主要包括"使野无闲田""使民无剩力""疆土之新辟者，移种民以居之""赋税之繁重者，酌今昔而减之""禁其浮靡""抑其兼并""遇有水旱疾疫，则开仓廪，悉府库赈以之"七个方面。洪亮吉所提出的人口增长快于土地增长的思想比马尔萨斯早五年。总的来讲，中国传统人口思想与政治有着密切的联系，具有浓厚的政治色彩。强调人口为立国之本，人口众寡是君主德政和国家繁荣的标志。

二、近代人口思想

1840 年鸦片战争后，西方列强不断入侵，中国的封建经济结构逐步瓦解，中国沦为半殖民地半封建社会。这一时期，随着帝国主义的不断入侵，资产阶级思想逐渐渗透。许多具有资产阶级维新思想的学者，比如梁启超、严复主张效仿西方，走工业化救中国之路。因此，近代人口思想主要表现为中西方人口思想的不断融合。

（一）梁启超的人口思想

梁启超（公元 1873 ~ 公元 1929 年），曾追随其师康有为倡导变法维新，是中国近代的一个风云人物。他的不少著作中都有对人口问题的独到见解。他的主要人口思想表现在：第一，将中国的人口问题与帝国主义的殖民侵略联系起来。他认为帝国主义之所以跳出自己的国土，侵略其他国家，是因为本国的人口过多，本国的资源已经不能满足国民的发展。第二，中国人口还未达到"人满为患"的程度。他认为，中国人口密度低、尚有许多荒地未开垦和已有耕地没有充分利用。甚至认为，只要充分利用土地，发展生产，中国人口再增加几倍，也不会有饥寒之虞，应迅速发展农业，并吸收西方农业的新法；第三，提出"禁早婚"论。梁启超是第一个明确提出晚婚的人。他认为，一个民族人口的多寡、人口质量的高低与婚姻迟早有密切的关系。他从五个方面对早婚的害处进行了分析："害于养生"，早婚有害于青年男女的身体健康；"害于传种"，早婚不利于繁衍最优秀的人种；"害于养蒙"，早婚父母因学识、经验不足、缺乏教育子女的本领，不足以为后辈之模范；"害于修学"，早婚不仅贻误子女教育，还会耽误父母自身受教育；"害于国计"，早婚不利于国计民生。

（二）严复的人口思想

严复（公元 1854～公元 1921 年）是中国最早的留英学生之一，也是最早把社会学思想引入中国的思想家。他翻译了大量的西方著作，在传播达尔文进化论的同时，也传播了马尔萨斯的人口思想。近代中国严重的人口问题和社会问题，引起了严复的深刻思考。严复思考的深刻，不仅仅在于他有着坚实的"中学"基础和深厚的"西学"素养，还在于他往往是用"中西会通、交融、互释"的思维和方法来观察、分析这些问题，这就使得严复的人口思想，超越了前者，成为时代"同仁"中的佼佼者。他的人口思想主要体现在：第一，重申了马尔萨斯的"两个级数"的观点，并且引申出一个重大的社会问题，"且地产之进有限，而民物之蓄无穷，故地之养人，其势必屈。而没有新地可以移民，则兵饥疾疫之祸，殆无可逃"（《原富·论外属》）。第二，提出了"反比例"说。所谓"反比例"说，就是人们生活水平和生活质量的高低与人口增长成反比。第三，提出了"人口增长与物质资料生产相互促进"的观点。第四，提出了"教育妨生说"。所谓"教育妨生说"，就是通过发展教育，提高民众的科学文化水平可以阻碍人口的过快增长。第五，提出了"晚婚"的观点。严复认为，应该扭转早婚习俗，开发民智，提高人口素质。

（三）孙中山的人口思想

孙中山（1866～1925 年）是我国民主革命的先行者，其思想体系十分庞大。其中，他的人口思想占有重要的地位，他历来重视中国的人口问题，在长期的民主革命和建设生涯中，曾多次专门论述了中国的人口问题。孙中山的人口思想在辛亥革命前后存在鲜明的不同。辛亥革命前，孙中山坚持资产阶级改良思想，他提出的人口思想是"人满为患"论，认为人口过多会产生一系列的社会问题，当时中国社会的众多问题就是由于人口过剩引起的。辛亥革命后，孙中山的人口思想发生重大改变，提出了民族主义的人口思想，认为中国的人口不是过多，而是需要增殖。他提出人口的多寡关系着国家的盛衰，一个国家民族的兴衰、往往与人口的多少有着密切关系。在人口较少时，国家民族就可能会衰败；人口较多时，则会兴盛。他主张人口增加除了与奖励生育和医疗条件的改善有密切关系外，最重要的是大力发展农业，解决人们的吃饭、穿衣问题。针对马尔萨斯的人口论，他认为中国的土地只要利用得法，完全可以养活更多的人，强调人口的多少必须与农业的发展、吃饭穿衣问题的解决相适应。他主张应该合理分布人口，因此要"移民实荒"。这样既可以充分利用人力和地力，又可使应裁之兵和众多的人口得到妥善安置。为了做好"移民实荒"，孙中山除了主张从经济上、政治上给予移民各种优待外，最重要的是大量兴建铁路、港口、进行物质建设，以便移民。此外，他还重视人口质量的提高，主张提高人们的道德风尚、知识和才能。

三、现代人口思想

现代人口思想以社会学和经济学的人口思想为主，马寅初先生的《新人口论》是最为重要的代表。马寅初（1882～1982年），浙江绍兴嵊州人，著名人口学家、经济学家、教育家。他在人口问题上的主要论著有：《新人口论》《中国人口问题与发展生产力的关系》《为什么强调人口质量？》《失业问题》等。《新人口论》的主要思想观点如下：

（一）掌握人口数据是制定政策的关键

《新人口论》的出发点和立足点是要求客观估计中国人口的增长情况。1953年第一次全国人口普查表明，中国总人口达到60193万人以上，自然增长率达到20‰。马寅初认为，"这是一个静态的记录"，缺少"动态的人口记录"，"拿20‰来解释以后四年的情况（1953～1957年），恐怕有出入"。多种原因使得"近四年来人口增值率很可能在

20‰以上。"① 实际情况正如马寅初所料，1953～1957 年四年平均人口自然增长率达到 22.2‰。

（二）中华人民共和国成立以来人口增长过快的原因

《新人口论》在分析我国人口增长的多方面因素时，既看到了中华人民共和国成立后由于内战结束和匪患平息，国内秩序空前安定，以及经济的恢复和发展，使人民生活得到很大改善，加之国家对老人和鳏寡孤独的照顾和安置，对妇幼保健事业的重视，造成了人口增殖率迅速提高和死亡率大幅度下降的情况；又进一步指出了存在于人们头脑中一些落后封建意识，"五世其昌，子孙满堂""不孝有三，无后为大"等旧传统和旧习惯，以及政府对多子女家庭给予经济补贴的政策，也助长了生育率的增高。

（三）人口增长与社会发展之间存在矛盾

对于一个人口数量超过 6 亿的国家来说，人口增长率超过 20‰会带来各种问题，将导致一系列的人口与国民经济发展之间的矛盾。马寅初主要从五个方面对其进行了论述：第一，人口增殖与加速资金积累的矛盾。他认为，人口增长过快而资金积累过慢是中国最大的矛盾。因为中国人口多，消费大，所以积累少，只有把人口控制起来，使消费比例降低，才能多积累资金。第二，人口增殖与提高劳动生产率的矛盾。提高劳动生产率，有赖于工农业劳动生产率的提高。在工业方面，要进行技术装备方面的改造，而技术装备方面的改造需要大量的资金积累，人多不利于资金的积累。所以人口增殖过快不利于提高劳动生产率。其次，人口增殖过快，社会就业问题同采用先进技术装备就会发生矛盾。在农业方面，我国地少人多，由于人口的增长，人均耕地正在减少，这意味着将出现农业生产的"内卷化"。第三，人口增殖与工业原料的矛盾。他认为人口增殖意味着粮食的增加，而经济作物的面积就要缩小，直接影响轻工业。因为，轻工业的原料大多来自农业，要保证粮食满足日益

---

① 马寅初. 新人口论［M］. 吉林：吉林人民出版社，1997：2－3.

增长的人口，就腾不出多少地种诸如棉花、蚕桑、大豆、花生等经济作物。第四，人口增殖与提高人民生活水平的矛盾。他指出，现在"粮食紧张，布匹紧张，肉食紧张"，增殖的人口拖住了大幅度提高人民生活水平的后腿。第五，人口增殖与促进科学技术事业发展的矛盾。他指出，一方面科学研究要求有雄厚的物质基础，另一方面要求有受过相当教育的人，人口过多，普及教育的机会就会降低。

（四）解决中国人口问题的建议

针对中华人民共和国成立后存在的人口问题，马寅初提出要"提高人口质量，控制人口数量"。具体的建议如下[①]：第一，要求政府进行新的人口普查，以了解在 5 年或 10 年中人口增长的实际情况，政府在大量统计数据的基础上，掌握人口动态统计，认真制定人口政策。第二，大力宣传节制生育的好处，破除"不孝有三，无后为大"和"五世其昌"等传统观念；等到宣传工作收到一定效果后，再行修改婚姻法，实行晚婚，大概男子 25 岁、女子 23 岁结婚比较适当。第三，主张用行政力量节制生育。采取经济措施，奖罚相结合。少生孩子有奖，多生征税即罚款。第四，在节育的具体办法上，主张避孕，反对人工流产。

第三节　人口学学科及框架

一、人口学的产生

人类社会自产生以来，人们便一直从各个不同的角度、侧面和领域研究人口、自然、社会相互之间的联系。经过长期的积累和研究，对人

---

① 马寅初. 新人口论［M］. 吉林：吉林人民出版社，1997：20 – 22.

口的认识不断深入，人们以科学的态度和方法来认识和研究人口，把人口研究作为一门独立科学。

人口学（demography）是拉丁语 demos（人民）和 graphein（描述）两字复合而成的，在 1882 年日内瓦国际卫生学和人口学大会上被正式认可。20 世纪以来，"人口学"一词在英国以及西欧大陆各国为学术界所接受，到 20 世纪 30 年代后，人口学被广泛使用于教科书中，到 20 世纪中期，该词已广泛运用于国际社会。这说明，人口学已经被国际社会认同，人口学的研究也更加广泛和深入。

17 世纪开始，一些学者开始对人口现象展开专门研究。其中最著名的有英国的 J. 格兰特、威廉·配第、法国的魁奈、德国的苏斯米尔希。J. 格兰特，英国经济学家，人口统计学的创始人之一，被誉为"人口学之父"，格兰特研究人口发展的规律，观察到出生婴儿中男婴比女婴多十三分之一。但是在现实生活中，出生的男子即使多于女子，由于男子遭遇奇祸或死于航海居多，在婚姻年龄上男女数量大致相同。他在比较了出生人数和死亡人数后得出结论：伦敦市区的人口出生数超过死亡数，而伦敦郊区农村的情况则相反，死亡数超过出生数。他还探讨了造成这种现象的原因，观察到在引起死亡的原因中，如慢性病、事故、自杀等占全部死亡数具有一定的比率。而像传染病瘟疫和恶性病的死因，则不一定具有稳定的比率。在其 1662 年出版的代表作《关于死亡表的自然和政治的观察》中，他编制了世界上第一个死亡表（即现在生命表的基础）。根据对出生率和死亡率的分析，他还对当时服兵役年龄的男子数、育龄妇女人数、伦敦居民家庭数和伦敦市总人口数进行了估计。他探讨了人口现象数量变化的内在联系，使人口统计学成为一门相对独立的学科。威廉·配第，英国古典政治经济学创始人，统计学家。其代表作有《赋税论》《政治算术》《爱尔兰的政治解剖》《货币略论》。在人口理论方面，他把人口、土地、货币、就业作为社会主要要素进行研究，考察它们之间的相互关系，以此来揭示社会发展的规律性，并检验国家的有关政策。他认为土地是财富之母，劳动是财富之父或能动要素。他十分强调人口增加对于财富增加的意义，认为人口众多是一国富强的标志。在重视人口数量的同时，他还强调人口素质对于国家实力的重要性。他认为一个国家人口的价值，不在于这个国家所有人口的自然数量（即人口的单纯数目），而在于它的社会数量（即创造财富的能力）。而人口创造财富的能力与社会文化技术水平有关，这就要求国家应采取好的政策来提高人口的文化技术水平，调整人口的经济结构，增强国家的财富和力量。在人口统计学方面，他十分重视人口统计，他的《爱尔兰的政治解剖》奠定了人口统计学的基础。德国的苏斯米尔希是人口学的另一位先驱。他于 1704 年出版的《由人类的出生、死亡及繁殖证明在人类变动中所存在的神的秩序》进一步发展了 J. 格兰特和威廉·配第的观点。通过对人口现象的专门研究，他揭示了几种人口统计规律：男女出生率基本平衡；城市的犯罪率高使城市死亡率高于乡村；不同年龄的死亡率是不同的；人们的平均寿命是不变的。他根据自己发现的人口统计规律向国家提出有关政治、经济政策的建议，他主张禁止一夫多妻制，国家应该干预国民的婚姻，以维持"神的秩序"。他还是大量观察的倡导者，并为如何使概率论应用于人类生活提供了一个样本。

　　进入 18 世纪以后，资本主义经济的发展提出许多与人口相关的问题，人口与财富、人口增长与生活资料的关系等继续有所发展。但狭义人口学进展不大，主要是广义人口学有了新的进展。一般认为，广义人口学起始于马尔萨斯 1798 年《人口原理》的发表。这不仅因为该书提出了人口增长与生活资料增长相互关系的理论框架，提出了一个被称之为"总人口理论"的分析模型，而且还因为他提出的解决过剩人口的主张，引起世人的广泛关注和激烈的争论，使更多的人士看到人口学是一门其他学科所不能取代的学科。马克思及其《资本论》关于人口和资本主义人口规律的论述，也占有重要地位。马克思把人口理论分析放在辩证唯物主义和历史唯物主义的基础上，揭示每一种生产方式都有其特有的人口规律，剖析了资本主义人口规律的实质：即随着资本有机构成的提高，劳动者被排斥在生产过程之外，成为相对过剩人口的规律。马克思将人口生产纳入物质生产过程的分析，给人口科学提供了新的方法论，推动了人口经济学的发展。

进入 19 世纪中叶，西方工业化进程加快，人口城市化的步伐加快，人口转变过程开始显现，人口研究活跃起来，出现了不同学派的人口观点。有社会学派、生物学派、数理学派以及人口转变、适度人口等理论。

进入 20 世纪中叶，特别是第二次世界大战后，随着世界经济的复苏与发展，首先迎来一次带有全球性的"婴儿高潮"。不过，发达国家经历的"婴儿高潮"时间不长，其后则是生育率的长期持续的下降。这使得人口问题复杂化：一方面是发达国家人口转变加速进行，长期低生育水平下的老龄化问题突出；另一方面是发展中国家人口增长方兴未艾，人口同经济、社会发展的矛盾变得尖锐起来。无论哪方面的情况，人口问题在社会生活中的地位和作用，受到政府和各界越来越多的关注，人口学在这种关注中获得比较快的发展。不仅人口转变理论、适度人口论等建立了更为成熟的模型，而且出现了一些新的理论和方法。

综上所述，第一，人口学的诞生是基于人口自身变动和发展的需要，人口学有其特有的研究对象和方法，有自己特定的范畴，非其他学科所能替代。第二，人口学诞生后，沿着两条途径发展：一条是沿着原本具有统计意义的人口学方向发展，主要是微观人口学即关于人口自身再生产的研究，使人口学日趋完善；另一条是结合实践进行研究，特别是与经济、社会、资源、环境交叉研究中发展，形成诸多分支学科，沿着宏观人口学方向发展。第三，由于人口直接同劳动力、兵源、学校入学人口供给相联系，同税收、失业、贫困、社会稳定相关联，因而受到普遍重视。第四，随着经济的发展和社会的进步，不同时期面临的人口问题有所不同，人们观察问题的思想方法不同，对人口问题所持的态度和观点有很大差别，人口学在不同观点的争论中获得发展，丰富的社会实践推动着人口研究的发展，也推动着人口科学不断向前发展。

二、人口学学科体系的内容和框架

随着人们对人口问题研究的关注，人口学这一学科获得了长足的发展，并最终成为一门拥有多门学科的复杂体系。所谓人口科学体系，是指人口学及其分支学科的总和。人口学为母学科，还包括一系列分支学科为子学科，形成了一个庞大的人口学科群。这个学科群以人口为对象，从不同的角度、不同的层次、不同的方面，使用不同的方法，对人口现象和人口过程进行研究。人口学学科体系主要形成于第二次世界大战后，世界经济得到了迅速发展，同时科学技术事业突飞猛进地发展，人口的增长产生了一系列全球性问题，如贫困、环境污染、能源危机等。这些问题引起了自然科学家和社会科学家的重视，他们纷纷从各自的领域出发研究问题产生的原因，并提出解决措施，使人口科学成为最活跃的研究领域之一。

（一）人口学学科体系的内容

关于人口学学科体系的内容，学者们有一系列的论述。法国的兰德里最先对人口学学科体系的内容进行分类。他将人口学分为历史（事实的认识）、理论（事实的说明）、政策（以人口事实的价值判断为基础来设定原理）三类。此后，索维将人口学分为经济学意义和社会学意义上的两类，即人口经济学和人口社会学。日本的学者南亮三郎和安川正彬从经济学、社会学、地理学、生态学、生物学的角度对人口问题进行了综合研究。对人口学学科体系较为全面地进行论述的是苏联的瓦连捷伊，他在其主编的《人口学体系》中指出："人口学体系是一种比过去任何体系都更完备的科学知识集合体，兼备解释、预言和实际生产的职能。它是在关于人口学体系综合学科假说的基础上发展起来的，是经过综合各门学科而最后发展成的完备科学体系。"① 按照瓦连捷伊的观点，人口原理、人口经济学、人口社会学、人口地理学、理论人口学、人口学说史、历史人口学、经济人口学、地区人口学、应用人口学、人口统计学、人口预测、人口政策等都应包括在人口学学科体系中。

综上所述，人口学学科体系的内容包括：理论人口学、应用人口学和交叉人口学科。理论人口学包括人口理论、人口学原理、人口学说史、人口思想史、人口理论史等。应用人口学主要包括两类：一是在反映特定领域和地域的人口过程中所表现出来的人口学规律的学科，如经济人口学、社会人口学、民族人口学和地区人口学等；二是从人口过程的某一部分或侧面分离出来的学科，如家庭人口学、结构人口学、生育率人口学、迁移人口学、静态人口学和动态人口学等。交叉人口学科是指人口学同其他学科交叉形成的学科，如人口社会学、人口经济学、人口地理学、人口统计学、人口生态学等。

（二）人口学学科体系的基本框架

根据上述人口学学科体系内容，形成了人口学学科体系的基本框架，如图 1 - 1 所示。

（三）人口学学科体系的特点

根据人口学学科体系的内容，可以归纳出人口学学科体系具有综合性、实践性、交叉性的特点。首先，人口学学科体系的形成意味着人口学不再是单一的学科，而是一个多学科组成的学科群。随着人口学本身不断地分化和专门化，人口学本身的某一部分分离出来，独立成为人口学的一些分支学科；在科学研究过程中，出现了人口学和其他社会科学或自然科学互相渗透、互相结合的现象，形成了人口学和其他学科的交叉。其次，应用人口学预示着人口学学科体系的实践性增强。人口学不再是单一地研究理论、研究人口发展规律，而是具体到人口过程的某一

---

① ［苏］瓦连捷伊. 人口学体系［M］. 北京：中国人民大学出版社，1981：3.

方面，与实际的社会需要相联系，有助于更深刻的认识人口问题，并直接为社会发展服务。

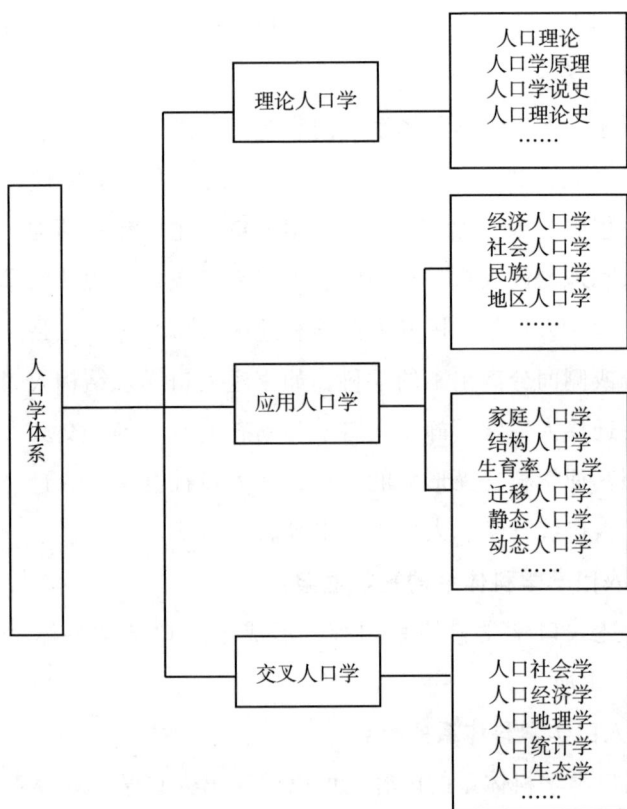

图 1-1　人口学学科体系的基本框架

总之，人口学学科体系的形成，是人口学发展的必然要求，也是人口学发展史上的一次巨大飞跃。随着社会不断变迁，人口现象和社会问题不断变化，人口学学科体系不应是一成不变的，而应该与时俱进，不断完善。

第四节　人口统计历史

一、人口统计的产生与发展

人口统计从奴隶社会就已经开始了，它是人类社会产生最早、历史最悠久的统计。由于生产力的发展，物质产品出现了剩余，同时出现了私有制。奴隶主不仅占有社会的剩余产品，而且占有奴隶本身。为了对财富和奴隶人数进行计量和管理，同时也由于国家收缴赋税、摊派徭役、征集兵丁都需要掌握所辖区域的人口数，于是产生了最初的人口统计。

古巴比伦是世界四大文明古国之一，也是出现人口统计数最早的国家之一。早在公元前4500年，巴比伦国王举办了全国地籍调查，按族进行了人口、农具、牲畜、物资等财产统计。公元前3050年，埃及国王为了筹建金字塔，也曾调查过全国的人口与财富。在公元前6世纪，罗马帝国为了税收和军事目的，各级地方官吏进行了长达500年之久的定期人口登记。罗马帝国明文规定：各户之人口、土地、牲畜与家奴，五年内调查一次，以调查所得的财产总额作为划分贫富六级之标准。这是人口统计史上最早提出的人口定期调查制度，这一制度为后来各国奉行的定期人口调查制度产生了很大影响。

我国是世界上最著名的文明古国之一，同时也是在世界历史悠久的各国中唯一不间断人口资料记录的国家。目前现存的最早的我国人口统计数字是记载在西晋皇甫谧《帝王世纪》书中，数字引自《禹贡》所记载的公元前2200年左右的夏禹时代，"禹乎水土，还为九州"，九州之地的人口为13553923人。西周前期正是奴隶制的繁荣时期，据《通典·食货七》记载，周公相成王，致理刑措，总人口是13714923人。

西周时，已经有全国范围的人口调查，宣王料民就是例证。《国语·周语上》记载，"宣王既丧南国之师，乃科民于太原"。"科民"就是查点平民人数，用人口学术语说就是统计人口。公元前789年，周宣王被羌戎氏打败，丧失了江汉之间的全部军队，周宣王统计人口的目的是补充兵员。春秋时期的管仲，十分重视人口，积极主张增加人口。他认为：人民是国家和君王的根本，"百姓，公之本也"（《管子·霸形》）。因此，要争夺天下就要先争夺人，"夫争天下者，必先争人"（《管子·霸言》），且认为能得到天下全体人口的就可为王，得到一半，便可称霸，"得天下之众者王，得其半者霸"（《管子·霸言》）。管仲就此提出一系列人口政策，管仲的"九惠之教""六兴之法"，在赈济缺衣少食的贫困人口，安定人民生活、人口繁衍，劳动力的再生产及增殖人口方面起了重要的作用。在人口管理方面，为防止本国人口外流，管子采取了许多办法，严密居民基层组织，使之层层监督制约，使得"奔亡者无所臣，迁徙者无所容"（《管子·禁藏》）。并根据当时社会分工的发展，按照人们的职业不同，把人口分成士、农、工、商四类进行管理。管子尤其注重人口的调查统计，在《管子·问》，他提出要了解："邑之贫人，债而食者几何家""少壮而胜甲兵者几何人""男女有巧技，能利备用者几何人""死事之孤而未有田宅者，有乎"……还要调查了解每个农民一年能够提供多少人的口粮，不从事农耕而开口仰食的有多少人，农村青年中努力从事劳动为人表率的有多少人，城市青年中不务正业而寻欢取乐的有多少人，贫士向大夫借债的有多少人，鳏夫寡妇、孤儿、穷人、病人各有多少，适龄青年中未服兵役的有多少，开垦荒地进行耕种的有多少户等共计六十多个问题，这实际上是详列了一份人口调查提纲，反映了春秋时期人口统计实践的丰富内容。《通典》记载，周庄王十三年（公元前684年），全国的人口统计数目为11841923人。战国时期已经有了十分严密的户籍管理制度。商鞅提出"四境之内，丈夫女子皆有名于上，生者著，死者削"，五家为伍，十家为什，居民以十家为一个单位进行管理。当时人们不仅有户口，而且为了掌握人口的自然变动趋势，还进行出生和死亡登记。为了治理国家，商鞅提出了必须调查统计的十三个项目，这十三个项目中有九个是人口，"壮男壮女之数、老弱之数、官士之数、以言说取食者之数、利民之数"。商鞅的人口登记和人口调查统计，比管仲要详细得多，比周宣王的料民，更是有了很大的发展。秦统一中国后，建立了郡县制度，户籍管理更为完善，为了派使徭役和兵役，为了收缴地租、口赋，也就是人头税，人口统计有了新的发展，人口管理也日趋严格。西汉平帝元始二年（公元 2 年），全国共计有总人口 59594978 人（《汉书：地理志》）。至此有了全国分地区的人口数字，表明当时的人口统计和调查有了比较完善的形式。"计口授田"的"均田制"是利用人口统计资料制定政策的典型表现。唐代的"手实法"，宋神宗起实行的"保甲法"也是加强人口统计管理的方法制度。而且"保甲法"在明清两朝一直沿用下来，直到民国时代。在明代，朱元璋曾下令在全国编撰"黄册"，即户籍簿册，每十年重造一次，是人口登记的新发展。

由此可见，人口统计远在古代既有之，中外皆如此。由于对人口问题的极度重视，从奴隶社会到封建社会，随着生产力水平的提高，人口统计的内容也不断丰富，方法不断完善，它已成为认识社会、管理社会的重要工具。

到了资本主义社会，生产力有了空前的大发展。蒸汽机的发明，石油工业的建立和电能的应用，标志着工业革命的兴起，生产社会化的程度越来越高，工业的发展所导致的都市化进一步扩大，使大量的农村人口流入城市。具有现代水平的各行各业的建立和发展，使得社会分工越来越细，商品经济日益强大，自由竞争日趋尖锐突出。商品交换关系的确立与调整，迫切要求了解人口的基本状况，准确、及时、全面、系统地提供人口规模、人口变动的基本数据。社会生产力的发展对人口统计提出了新的要求，给人口统计的发展提供了前所未有的机遇。在资本主义生产方式下，劳动力的供应和需求，直接关系到每个资本家的前途和利益，任何一种产品的生产、销售情况都与他们的切身利益相关联，而每个国家或地区的人口数量、人口构成、人口变动状况，是决定这些需求的基本因素。所以，人们不仅对人口总量极为关注，而且对人口的分布、人口的各种特征、人口的变动情况，以及未来的发展趋势也都十分重视。由于生产的社会化和商品化，为了追求利润的最大化，争夺市场和获取廉价劳动力，资本家必须进行人口调查，对人口进行预测，研究人口的变动规律。可以说资本主义的产生和发展，在客观上对人口统计的内容、方法、指标均提出了新的要求，大大推动了人口统计的发展，拓展了人口统计的范围，丰富了统计内容，统计方法也有了长足的进步。如逐步建立、健全和发展了科学的人口普查制度；抽样调查方法也得到了广泛的运用；各国都普遍建立了专门的人口统计机构和人口统计制度；逐渐形成了完善的人口信息渠道和人口信息网络系统；各种先进的计算手段和现代分析技术、现代分析方法也逐步应用到人口统计的实际工作中。使得人口统计资料的收集、整理、分析日趋科学化，使得现代人口统计不仅能够准确、及时、全面、系统地提供人口现状的各种统计数据，而且能够进行科学的人口预测，提供未来人口发展趋势的预测结果。人口统计逐渐发展成为一门专门的科学。

二、人口普查

1949 年以后，我国分别在 1953 年、1964 年、1982 年、1990 年、2000 年、2010 年进行过六次全国性人口普查。这六次人口普查最突出的特点之一就是每次人口普查都进行了广泛的社会动员，由各级人民政府负责实施，有广大的群众参与。特点之二是严格的质量控制，1982 年第三次人口普查和事后质量抽查的净误差率为 0.15‰[①]，1990 年第四次

---

① 国家统计局. 第三次全国人口普查公报［EB/OL］. http：//www. stats. gov. cn/tjsj/tjgb/rkpcgb/qgrkpcgb/200204/20020404_30318. html.

人口普查和事后质量抽查的净误差率为 0.6‰[①]，2010 年第六次人口普查和事后质量抽查的净误差率为 0.12%[②]，这么低的误差在世界范围内实属少见。

1953 年，中国进行了有史以来第一次全国人口普查，普查结果显示全国人口总数为 601938035 人[③]，其中：直接调查登记的人口为 574205940 人；用其他办法调查的人口为 27732095 人。内有：没有进行基层选举和交通不便的边远地区 8397477 人（根据各地方政府的资料）；台湾地区 7591298 人（根据 1951 年台湾公布的数字）；国外华侨和留学生等 11743320 人（根据华侨事务委员会等机关的资料）。这个数字刷新了多年来沿用的四万万七千五百万这个估算的数字。当时我国着手进行大规模的经济建设，开始执行发展国民经济的第一个五年计划（1953～1957 年），迫切需要翔实的人口资料。按照近代人口普查的要求，国家制定了切实可行的普查方案，发布了进行全国人口调查的指示和《全国人口登记办法》。规定：普查登记的标准时间为 1953 年 6 月 30 日 24 时，凡中华人民共和国国民均进行登记。参加普查工作的人员共 250 多万人。每个人应在其常住地登记为常住人口。普查项目有：与户主关系、姓名、性别、年龄、民族，以及本户住址 6 项。这次普查已具备了现代人口普查的基本特征：①包括所有国民；②按人个别进行填报；③由政府发布命令统一进行，从中央到地方都设立了专门机构，各省市县区都设立了调查登记站；④以一个特定时间为标准；⑤系统处理，资料编制成统一的统计表格。第一次人口普查，中国首次采用全面的、比较科学的调查方法取得了完整的、准确的人口统计数据，这是中国历史上第一次查清了全国人口底数。这次人口普查对世界的贡献是巨大的，

---

① 国家统计局. 第四次全国人口普查公报 [EB/OL]. http：//www. stats. gov. cn/tjsj/tjgb/rkpcgb/qgrkpcgb/200204/t20020404_30320. html.

② 国家统计局. 第六次全国人口普查公报 [EB/OL]. http：//www. stats. gov. cn/tjsj/tjgb/rkpcgb/qgrkpcgb/201104/t20110428_30327. html.

③ 国家统计局. 第一次全国人口普查公报 [EB/OL]. http：//www. stats. gov. cn/tjsj/tjgb/rkpcgb/qgrkpcgb/200204/t20020404_30316. html.

因为在此以前人们只了解世界上约 60% 的人口增长、分布和结构状况，经过这次普查，世界上被普查过的人口比例增加到 85%。遗憾的是，当时没有对与社会和经济状况相关的职业、迁移等变量进行普查。

1964 年 6 月 30 日 0 时中国进行了第二次全国人口普查。其目的是制订第三个五年计划（1966～1970 年）和长远规划提供依据，并有利于建立和健全地方户口管理制度。参加普查工作的人员共 535 万人。普查项目除保留第一次普查的 6 个项目外，新增了文化程度、本人成分、职业 3 项，后两项不作汇总。同时，要求对 1964 年上半年出生、死亡、迁出、迁入进行核对和登记。此次调查没有举行大规模的宣传，调查结果也没有及时公布。普查结果：1964 年 6 月 30 日 24 时，全国人口为 720370269 人。28 个省、市、自治区（按天津市当时隶属河北省）和现役军人的人口为 694581759 人。台湾地区、港澳同胞和国外华侨等人口为 28488510 人[①]。这次人口普查存在诸多遗憾。第一，虽然调查了人口的职业，但却没有职业分类标准，使得资料无法汇总；第二，能够用来进行社会经济分析和计划的内容过少；第三，由于此次人口普查进行时遇上"文化大革命"，加之多年社会动荡，原始普查资料遗失，无法重新汇总，普查的结果难以得到利用。

1982 年 7 月 1 日 0 时我国进行了第三次全国人口普查。普查结果显示全国人口总数为 1031882511 人。大陆 29 个省、市、自治区（不包括福建省的金门、马祖等岛屿）人口和现役军人共 1008175288 人，台湾地区人口和福建省金门、马祖等岛屿的人口，是按台湾当局公布的数字计算的，为 18270749 人，香港和澳门地区人口是按香港当局和澳门当局公布的数字推算的，为 5378624 人[②]。普查项目共 19 项，按人填报的项目有姓名、与户主关系、性别、年龄、民族、常住人口的户口登记状

---

① 国家统计局. 第二次全国人口普查数据［EB/OL］. http：//www. stats. gov. cn/tjsj/tjgb/rkpcgb/qgrkpcgb/200204/t20020404_30317. html.

② 国家统计局. 第三次全国人口普查公报［EB/OL］. http：//www. stats. gov. cn/tjsj/tjgb/rkpcgb/qgrkpcgb/200204/t20020404_30318. html.

况、文化程度、职业、不在业人口状况、婚姻状况、生育子女数和存活子女总数、1981 年生育胎次 13 项，按户填写的有户的类别（家庭户或集体户）、本户住址、本户人数、本户 1981 年出生人数、本户 1981 年死亡人数和有常住户口已外出一年以上的人数 6 项。参加普查工作的人员共 600 多万人。此次人口普查的特点表现为：①规模大，宣传广。②联合国人口基金会给予 1560 万美元的援助，还派了两位人口学家来中国指导工作。③首次采用计算机处理人口普查数据。④普查结果公布迅速。第三次人口普查取得了很大成功，精确度之高举世震惊，普查的结果也为接下来的改革开放建设提供了重要的国情资料。

　　1990 年 7 月 1 日 0 时我国进行了第四次全国人口普查。普查结果显示全国人口总数为 1160017381 人。大陆 30 个省、自治区、直辖市（不包括福建省的金门、马祖等岛屿）和现役军人的人口共 1133682501 人。台湾地区和福建省的金门、马祖等岛屿人口为 20204880 人，香港、澳门地区中国同胞的人口为 6130000 人[①]。登记项目增加到 21 项，新增常住地状况和迁移原因，用以了解人口迁移和流动的状况。在户口状况项目中，增加了户口性质的调查内容，即分清农业户口或非农业户口，以便为研究农转非人口比重及其与经济发展水平是否适应的问题提供依据。参加普查工作的人员约 700 万人。此次人口普查的特点表现为：①改变前三次以设站登记为主的方法，采取以入户访问为主的普查登记方法；②分散式的数据处理，使人口普查结果能够及时汇总出来。采取了地区、省、中央"三级四步"的分散式微机录入和分级汇总制表的方案。即统计汇总时第一级为两步，第一步以乡为单位的原始数据录入、复核、编辑和查错，第二步是产生县级为单位的原始数据文件；第二级是省级，完成数据处理的第三步；第三级是国家级，完成第四步工作，对全国各省级报送的所有县级综合数据文件进行验收，并直接汇总出国

---

　　① 国家统计局．第四次全国人口普查公报第 1 号［EB/OL］. http：//www. stats. gov. cn/tjsj/tjgb/rkpcgb/qgrkpcgb/200204/t20020404_30320. html.

41

家级综合数据。

2000 年 11 月 1 日 0 时我国进行了第五次全国人口普查。普查结果显示全国总人口为 129533 万人。其中：祖国大陆 31 个省、自治区、直辖市（不包括福建省的金门、马祖等岛屿）和现役军人的人口共 126583 万人。香港特别行政区人口为 678 万人。澳门特别行政区人口为 44 万人。台湾地区和福建省的金门、马祖等岛屿人口为 2228 万人[①]。普查表有 49 项，其中：按人填报项目为 26 项，比上次普查增加了 11 项。按人填报的项目一是增加了人口迁移的内容，如出生地、何时从何地来本乡镇街道等，主要反映近年来我国人口迁移流动的情况；二是增加了人口经济活动的内容，如上周是否在工作、未工作者的生活来源等，主要反映人们的就业和社会抚养状况；三是增加了受教育的内容，如学业完成情况，是否接受成人教育等；按户填报的有 23 项，比上次普查增加了 17 项。按户填报的项目主要增加了住房状况的内容，在人口普查中了解人们的住房情况是世界各国普遍采取的做法，我国在人口普查中增加住房项目还是第一次，调查项目主要包括住房间数、面积、墙体材料、房屋来源、购建费用，月房租，以及住房内厨房、厕所、炊事燃料、饮用水、洗浴设施等情况。此次人口普查的特点表现为：①改变了普查的标准时间，我国前四次普查都是以 7 月 1 日 0 时为标准时间，这次人口普查的标准时间改为 11 月 1 日 0 时。②采用了长短表技术，前四次人口普查均使用一种普查表式，调查对象需回答相同的问题。由于这次普查的调查项目比以前增加了一倍多，如果对全部人口问及所有问题，必然要增加普查员的工作量，同时带来财力和物力的较多投入。所以在人口普查中设计了两种普查表式：一种表适宜调查人口最基本的且不适于进行抽样调查的项目，由所有人填报，称作短表；另一种表式调查项目较多，采取抽样的方法确定一部分人填报，称作长表。

---

① 国家统计局. 第五次全国人口普查公报第 1 号 ［EB/OL］. http：//www. stats. gov. cn/tjsj/tjgb/rkpcgb/qgrkpcgb/200203/t20020331_30314. html.

长短表技术已被世界各国在人口普查中广泛采用。这次普查抽选出 10%
的户填报长表，另外 90% 的户填报短表。③增设了"暂住人口调查
表"，专门用于对申报离开户口登记地不满半年的人口进行登记。

　　2010 年 11 月 1 日 0 时我国进行了第六次全国人口普查。普查结果
显示全国总人口为 1370536875 人，其中：普查登记的大陆 31 个省、自
治区、直辖市和现役军人的人口共 1339724852 人。香港特别行政区人
口为 7097600 人。澳门特别行政区人口为 552300 人。台湾地区人口为
23162123 人①。从普查数据分析可知，人口特点如下：①人口增长处于
低生育水平，全国内地总人口与 2000 年第五次全国人口普查相比，10
年增加 7390 万人，增长 5.84%，年平均增长 0.57%，比 1990 年到
2000 年的年平均增长率 1.07% 下降了 0.5 个百分点；②城镇人口比重
大幅上升。这次人口普查显示，居住在城镇的人口为 66557 万人，占总
人口的 49.68%，居住在乡村的人口为 67415 万人，占 50.32%。同
2000 年相比，城镇人口比重上升 13.46 个百分点；③老龄化进程在加
快，0~14 岁人口占 16.60%，比 2000 年人口普查下降 6.29 个百分点；
60 岁及以上人口占 13.26%，比 2000 年人口普查上升 2.93 个百分点，
其中 65 岁及以上人口占 8.87%，比 2000 年人口普查上升 1.91 个百分
点；④流动人口在增加，同 2000 年人口普查相比，本次普查居住地与
户口登记地所在的乡镇街道不一致且离开户口登记地半年以上的人口增
加 11700 万人，增长 81.03%。

思　考　题

1. 简述近代以来西方人口理论重要流派的代表人物和主要观点。

2. 试述马尔萨斯《人口原理》的主要观点及其重要意义。

---

　　① 国家统计局. 第六次全国人口普查公报第 1 号［EB/OL］. http：//www. stats. gov. cn/
tjsj/tjgb/rkpcgb/qgrkpcgb/201104/t20110428_30327. html.

3. 试述马寅初《新人口论》的主要观点及其在当代中国的重要意义。

4. 谈谈你对人口学学科体系的理解。

参 考 文 献

［1］ De Jong，G，F，ed，. Social Demography ［M］. New York，1970.

［2］ Cannan，E.. Wealth：A Brief Explanation of the causes of Economic Welfare ［M］. 2nded.，London，1920.

［3］［美］威廉·彼得逊. 人口学基础 ［M］. 兰州大学人口研究室译，兰州：甘肃人民出版社，1984.

［4］［美］朱利安·西蒙. 人口增长经济学 ［M］. 彭松建等译，北京：北京大学出版社，1984.

［5］［古希腊］色诺芬. 经济论——雅典的收入 ［M］. 北京：商务印书馆，1983.

［6］［古希腊］柏拉图. 理想国 ［M］. 北京：商务印书馆，1995.

［7］郑晓沧译. 柏拉图论教育 ［M］. 北京：人民教育出版社，1958.

［8］亚里士多德. 政治学 ［M］. 北京：商务印书馆，1981.

［9］魁奈. 经济著作选集 ［M］. 北京：商务印书馆，1979.

［10］亚当·斯密. 国民财富的性质和原因的研究 ［M］. 商务印书馆，1979.

［11］马尔萨斯. 人口论 ［M］. 朱泱等译，北京：商务印书馆，1992.

［12］卡·马克思. 资本论 ［M］. 北京：人民出版社，1972（第1卷）.

［13］南亮三郎. 人口论史 ［M］. 中译本，张毓宝译，中国人民大学出版社，1983.

［14］南亮三郎. 人口论史——通向人口学的道路 ［M］. 北京：中国人民大学出版社，1984.

［15］马寅初．新人口论［M］.吉林：吉林人民出版社，1997.

［16］陈达．人口问题［M］.北京：商务印书馆，1934.

［17］瓦连捷伊．人口学体系［M］.北京：中国人民大学出版社，1981.

［18］王栻、严复．严复集（第四册）［M］.北京：中华书局，1986.

［19］倪跃峰．西方人口思想史纲要［M］.北京：中国人民大学出版社，1995.

［20］杨中新．西方人口思想史［M］.广州：暨南大学出版社，1996.

［21］佟新．人口社会学［M］.北京：北京大学出版社，2000.

［22］李竞能．现代西方人口理论［M］.上海：复旦大学出版社，2004.

［23］刘铮，李竞能．人口理论教程［M］.北京：中国人民大学出版社，1985.

［24］陈玉光，张泽厚．中国人口结构研究［M］.北京：中国社会科学出版社，1986.

［25］曾毅．中国人口分析［M］.北京：北京大学出版社，2004.

［26］张敏如．中国人口思想简史［M］.北京：中国人民大学出版社，1982.

［27］国务院人口普查办公室．转型期的中国人口——2000 年人口普查国家级重点课题［M］.北京：中国统计出版社，2005.

［28］国家统计局人口和社会科技统计司．2005 年中国人口［M］.北京：中国统计出版社，2007.

第二章

生育理论与方法

20 世纪 50 年代以来，随着世界人口，特别是发展中国家人口的急剧增长，人们不仅认识到控制人口增长的必要性，而且认识到在一个封闭人口里，在死亡率已经稳定在低水平的条件下，对人口自然增长起决定作用的因素已非死亡率，而是生育率变动。由此，西方人口学者对于发达国家和发展中国家的人口生育行为及生育率变动，从多个角度进行了广泛而又深入的研究，发表了大量著述，形成了多种理论、学说乃至学派。

从研究的理论视角来看，特别是对影响生育率变动的决定因素的分析立论来看，西方生育率理论大体上可以分为以下四种类型[①]。第一种类型着重于经济因素对生育抉择及生育率变动的影响，对生育率问题进行经济学分析，简称生育经济学理论。第二种类型，着重于非经济的社会因素对生育率变动的影响，对生育率问题进行社会学、人口社会学分析，简称生育社会学理论。第三种类型，着重于人口学本身因素对生育率变动的影响，主要是中介因素理论，或称为"最直接决定因素理论"，认为最接近于决定生育行为及生育率变动的因素是：交配（婚姻）、怀

---

① 李竞能. 现代西方人口理论 [M]. 上海：复旦大学出版社，2004：28.

孕、分娩、避孕、流产及绝育和不孕，生育间隔和生育次数等。根据这个理论，不论是经济因素还是非经济社会因素，它们都要通过上述中介因素，才能影响生育行为和生育变动。第四种类型，着重于生物学因素或者"生物—社会因素"对生育行为和生育率变动的影响，对生育率问题进行人口生物学的理论分析。

第一节　经济学角度的生育理论

根据马克思主义的观点，生育作为一种重要的人口过程绝不是一种孤立的现象，而是整个社会现象的一个有机组成部分，因而它必然服从于整个社会的客观发展规律。这就是说，一定社会中的生育格局是由这个社会的物质生产方式决定的，其变动趋势取决于这一物质生产方式的内部矛盾——生产力与生产关系的矛盾、经济基础与上层建筑的矛盾的运动。马克思说："不同的社会生产方式，有不同的人口增长规律和过剩人口增长规律。"[①] 因此，在所有影响生育率变化的因素中，经济因素的影响尤为重要。本节主要从宏观和微观两个方面来阐述经济学角度的生育理论。生育率变动的宏观经济分析，主要研究经济增长、经济周期、经济长波和生育率变动、生育率水平的关系；生育率变动的微观经济分析，或者说家庭经济学、家庭人口经济学的生育率研究，如孩子生产的成本——效益分析，边际孩子合理选择理论，孩子数量质量替代理论等。

一、生育率变动的宏观经济分析

现代西方人口理论对生育率的宏观分析，主要是指对社会总体的生

---

① 马克思. 马克思恩格斯全集. 第46卷（下）[M]. 北京：人民出版社，1979：104.

育率水平的长期动态研究，主要从长期效应、现代化、生育政策等对生育率变动的影响展开。

（一）生育率的长期效应

在长期效应宏观分析方面，比较有影响的是 S. 库兹涅茨和 R. 伊斯特林。他们提出的人口与经济增长长波理论，都论述了生育率变动的"长期效应"问题。[①] 所谓生育率变动的"长期效应"，是指这样一种特性的效应：那些与生育率变动相关的因素或变量，从开始对生育率产生影响到生育率发生明显变化，在一个相当长的周期里起到影响生育率变动的作用。

S. 库兹涅茨认为，20 世纪 20 年代以前，美国经济增长波动的启动机制是外国向美国的移民，由移民引发的人口增长是那个时期美国经济增长的动因。由于人口净迁入引发非农业建筑和铁路建设的巨大需求，这些需求又引致巨大的生产性和消费性投资，从而使美国经济开始日益繁荣。有关部门对劳动力需求的扩大，大量劳动力涌入，导致这些部门劳动生产率下降和货币紧缩，生产扩展结束，经济由高涨转为下降。这个波动周期约为 20 年，所以生育率波动被认为具有"长期效应"。

R. 伊斯特林认为，20 世纪 20 年代以后，上述由大量移民引发的启动机制被生育率所代替。他认为，收入水平、消费期望水平与生育率之间具有较强的相关关系；在收入水平既定时，消费期望水平与生育率呈现负相关关系，而消费期望水平一般又会在代与代之间呈现很强的传递或影响关系。据此，他认为，20 世纪 40、50 年代美国处于战后经济恢复与发展时期，工资率高，使这个时期进入劳动力市场的劳动力人口获得较多的收益，在现实收益水平刺激下，他们一方面提高了期望消费水平，另一方面又提高了生育率水平，这是当时美国出现婴儿热的原因之一。到 20 世纪 60 年代以后，绝大多数美国家庭的相对收入呈现下降趋

---

① S. 库兹涅茨. 人口增长和有关经济变量的长期波动［C］. 美国哲学学会论文集，1958，102：25－52.

势，可是 20 世纪 40 年代形成的父母消费期望水平已经被其子女所接
受，为了不降低其现实消费水平，或者为了缩小现实消费水平和期望消
费水平之间的差距，20 世纪 60 年代以后美国生育率开始明显下降。从
20 世纪 40 年代的生育波峰到 20 世纪 60 年代的生育波谷，这期间恰恰
相隔了 20 年。

（二）现代化与生育率变动

西方学者在进行生育率变动的宏观分析时，非常注意城市化和现代
化所起到的重要作用。伊斯特林认为，生育率转变理论的核心是现代化
要素在生育率转变过程中的作用问题。根据发达国家经验，现代化过程
至少意味着如下三个转变：①农业经济向工业经济转变，即工业化；
②农村向城市的转变，即城市化；③东方式家庭向现代核心家庭、传统
社会向现代个性化社会的转变，它又包括家庭模式和人格走向两个方
面。上述现代化过程所包含的三个转变，最终都或多或少地影响到生育
率相关因素或变量，并且不是等所有的转变都完成后生育率才下降。即
使在不同国家和地区，只要某些甚至某个关键变量发生变化，生育率就
会有明显的反映；如果这种变化是符合现代化趋势的变化，必然是现代
型的生育率转变。

M. 奈格（M. Nag）在《面向现代的生育率》（1984）一文里，将
现代化要素分为有利于降低和有助于提高生育率的两类进行分析，从而
更具体地揭示了现代化和生育率的关系，他列举的促使生育率下降的变
量有：①在孩子需求方面是孩子的劳动价值，孩子作为养老和风险保障
的价值，孩子的经济成本及婴儿、儿童死亡率等；②在孩子供给方面是
初婚年龄，独身率；③家庭计划的普及。社会现代化使孩子劳动参与率
大幅度下降而入学率提高，孩子作为家庭成员而受父母直接控制时，孩
子劳动力所得就已不足以补偿父母为其消费所做的投资。随着现代化进
程，父母从孩子身上获得的补偿价值与父母对孩子回报的期望价值之间
的差距更是越来越大，这些都导致生育率下降。现代化过程中生育控制
成本的下降，家庭计划、避孕技术的普及使得生育控制成本大幅度降

低，也导致生育率的下降。奈格列举的使生育率上升的变量有：由于哺乳、营养不良和疾病等原因导致的不生育、产后性禁忌等。他认为，现代化使生育率上升的假设，前提是产后哺乳期缩短；其直接因素有用牛奶代替母乳喂养婴儿，将婴儿送到有关社会机构照料等，其间接原因很多，比如教育、城市化、妇女就业、现代健康机构等。妇女就业、教育水平提高和哺乳替代品是受现代化影响较大的最重要的缩短哺乳期的原因，而哺乳期缩短则为提高怀孕与生育频率提供了可能。此外，营养条件改善，再婚率上升也是现代化的产物，也有利于提高生育率。

在联合国《生育率与家庭》（1984）一书可以看到，根据蒙尼（Moni）的研究，随着现代化进程，社会保障、保险机制和机构日趋完善，无疑会降低孩子作为老年保障、风险和各类灾害的预防价值。但是，孩子成本却不断提高，主要原因是：教育投资增大，妇女超前储蓄、消费和工作的机会成本增大。此外，现代化过程一般都包含医疗卫生条件改善，妇幼保健事业获得长足发展，从而使婴儿、儿童死亡率大幅度下降，这样既会降低婴儿死亡率与高生育率间的替代效应与生物效应，又会消除其间的心理效应，从而使生育率下降。

西方学者对现代化过程和生育率变动关系的研究，常常把城市化放到关键的地位，一般认为城市化程度的提高有利于降低生育率。早在19世纪40年代就已经有比较系统地论述城市化和生育率下降关系的著作，如杰夫（D. M. Jaffe）的《城市化与生育率》，论证了西欧、北美的城市生育率早就低于乡村生育率。戴维斯（Kingsley Davis）的《人类社会》也指明这种现象是工业化促成城市化发展的结果。他们所持有的理由主要是：城市化促进传统农业社会向工业社会转变，从而冲击传统婚育观念，同时，就业竞争和生活不安定会使进城人口推迟婚育年龄，人们脱离乡村转变到城市生活比较容易接受生育控制，等等。

此外，西方学者认为，生育政策是一个从宏观到微观都影响生育变动的客观因素。生育政策一定要与社会、经济发展政策联系起来，因为人口问题是与社会、经济问题联系在一起的。一般来说，生育政策是和人口目标、家庭计划联系在一起的。以往家庭生育计划的经验表明：①只要一个国家在现代化进程中建立了明确的人口目标与政策，其生育率就会迅速下降；②政府和政党不应当将家庭生育计划用于政治利益，或者为不同目的操纵家庭计划机构；③在实行家庭生育计划时，个人利益、作用不容忽视。凡是生育率明显下降、家庭计划收效很大的国家，绝大部分是在上述三个方面做得比较好的国家。

二、生育率变动的微观经济理论

（一）边际孩子合理选择理论

"边际孩子合理选择理论"的创立者是美国人口经济学教授 H. 莱宾斯坦（Harvey Leibensitein）。20 世纪 50 年代，他最早运用西方微观经济学的理论观点，考察家庭生育决策，进行孩子生产的成本—收益分析，建立了生育率研究的微观人口经济学理论模型，为西方人口理论研究开拓了新途径、新领域。

1. 理论模型的基本含义

莱宾斯坦把孩子生产的成本分为两个部分：直接成本和间接成本。直接成本是指从怀孕一个孩子到该孩子生活自立时为止，此期间父母所花费的种种抚养费用，包括衣、食、住、行的生活费用支出、教育费用、医疗费用及其他支出；间接成本是指父母为抚育一个新增孩子所损失的受教育和带来收入的机会，又称为机会成本。抚育孩子存在成本的同时，孩子也给父母带来了相应的效用（收益），分为三类：第一，父母在抚养孩子的过程中得到了亲情和精神上的满足，可以说是"消费效用"；第二，孩子会带来经济上的收入效益，表现在孩子作为劳动力参与到创造经济效益的过程中；第三，孩子的养老保障效用，尤其在发展中国家，"养儿防老"更是盛行。在进一步的分析中，他还指出新增孩子的其他效用：经济风险效用；维持家庭地位的效用；对家庭扩大与发展做出贡献的效用。在上述六类效用里，除第一和第六外，其他效用都会呈现一种趋势：较高胎次新增孩子的效用将随着家庭经济地位的上升而递减。

莱宾斯坦 1976 年出版《超经济人》一书，其中运用了"合理选择理论"，也就是后来的"X—效率"理论。这个理论的核心是：人们的行为并非必须通过效用最大化模型来实现，亦即并非必须通过付出最小成本以获取最大限度效用这样一种经济人的行为方式来实现，而可以通过合理选择来实现。他将合理选择理论用于分析家庭生育决策，建立了"边际孩子合理选择模型"。这个理论模型的基本含义是：不同家庭由于社会、经济、文化等因素作用，对孩子数量的期望各不相同，通过对第 n 个孩子所带来的效用（收益）与负效用（成本）的比较、均衡，来决定生育家庭中第 n 个孩子是否可取。这个模型有以下几层意思：第一，进行的是家庭微观分析；第二，家庭规模可以通过父母对孩子选择来决定；第三，父母通过对孩子的成本—收益分析比较，决定对孩子的取舍；第四，父母对孩子的取舍，只是对于家庭可要可不要的边际孩子而言，只需要对边际孩子做出合理选择；第五，遵循边际效用递减规律，第 n 个孩子的效用小于第 $n-1$ 个孩子的效用。[①]

2. 生育选择决策

莱宾斯坦认为，人们对边际孩子进行选择的决策，主要通过以下两种途径：

（1）通过对边际孩子生产的成本—收益分析做出取舍。

随着经济发展，家庭人均收入增加，孩子的生产成本随之增加，而孩子的边际效用却随之下降，这种随收入增加而来的孩子成本上升与孩子效用下降，必然导致家庭期望的孩子数量减少，而且收入提高的家庭其高位孩子数减少。为什么只会导致高位孩子数减少？这是因为一方面收入增加尽管会使孩子的劳动—经济、安全保障等效用下降，但是孩子的消费效用不降，因为父母对孩子仍然有一种强烈的偏好和需求，家庭

---

① 转引自李竞能. 现代西方人口理论［M］. 上海：复旦大学出版社，2004：35.

需要有最低限度的一定数量的孩子；另一方面，孩子的效用是依次递减的，位次越高，孩子的效用越低，父母必然先减少高位孩子的需求。莱宾斯坦认为，对边际孩子的取舍，不仅直接影响家庭抚养孩子费用支出及其效用的获得，而且不同位次的边际孩子效用给家庭带来的相应的收入也不同，对此他用图 2 - 1 来表示。

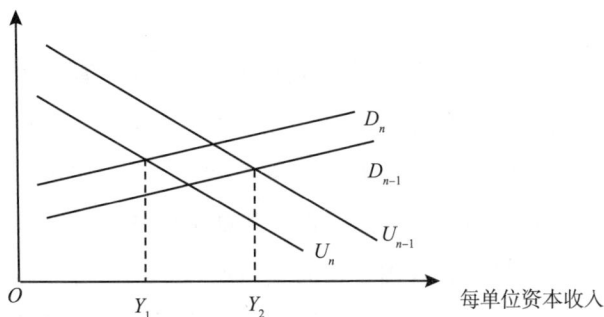

图 2 - 1　不同位次的边际孩子效用与家庭收入

图 2 - 1 中，U_n 表示第 n 个孩子的效用；

D_n 表示第 n 个孩子的成本；

Y_1 表示不要第 n 个孩子给家庭带来的相应收入；

Y_2 表示不要第 $n-1$ 个孩子给家庭带来的相应收入。

（2）从判断可否维持家庭社会经济地位来决定边际孩子的取舍。

一般来说，社会经济地位是与家庭收入紧密相连的，家庭收入多就可以维持较高的社会经济地位；反之，收入少则家庭社会地位相对较低。同时，维持家庭地位必须花费一定的费用。莱宾斯坦把一个家庭的费用支出分为三类：第一类是购买维持家庭地位的商品的支出，例如用于购买家用电器、汽车、住宅等高档耐用消费品或高级礼品的支出；第二类是用于抚养孩子的支出；第三类是用于家庭日常生活的开支。在收入不变的情况下，用来购买这三类商品是互相制约，此长彼消的，而家庭日常生活必需品的支出是绝对需要的，可以做出选择的只能是其他两类支出。

莱宾斯坦认为，在抚养孩子和维持家庭地位支出之间，不同社会地位的人会有各自不同的选择与决策。在市场经济条件下，社会地位的主要标志一般是其经济地位，较高社会地位的群体其收入水平较高，为了保持已有的社会地位，通常偏向维持社会地位的费用支出，而相对较少偏向抚养孩子的费用支出，因此收入高的家庭总比收入低的家庭偏向少要孩子。

他还指出，处于同一社会地位群体中的人，在生育行为上是互相影响的，这就是人际互动变量的作用。同一社会地位群体存在一个代表这一次层次的平均消费水平，称为"一般消费水平"。在达到一般消费水平之前的家庭，人们购买物品得到物质和精神上的满足，以及"出人头地"等心理上的满足，收入用于物品支出所带来的边际收益递增。人们对于物品的偏好自然大于孩子的偏好。一旦达到该社会地位群体的平均消费水平，其社会地位已被认可时，对孩子数量的需求有可能高于那些尚未达到目标消费水平的家庭。

莱宾斯坦的边际孩子合理选择理论，从一个超越西方传统微观经济学的全新的角度，来考察家庭生育决策问题，特别是在合理选择模型上运用孩子生产的成本—收益分析来探讨家庭生育抉择问题，符合市场经济条件下选择孩子数量的心理考虑和实际情况。尽管他当时的分析主要针对发达国家的情况，但是就其基本内容而言，也适合绝大多数发展中国家。

（二）孩子数量质量替代理论

孩子数量质量替代理论的创立者是美国芝加哥大学教授 G. S. 贝克尔（G. S. Becker）。他是继莱宾斯坦后，最先运用西方经济学关于消费行为理论来分析家庭人口的生育行为，是西方新家庭经济学的首创者、美国芝加哥学派的重要代表人物。除贝克尔外，明瑟尔（J. Mincer）、威利斯（R. J. Willis）也被称为新家庭经济学代表人物，深入探讨了有关生育研究的理论依据。

孩子数量质量替代关系模型是贝克尔所建立的最著名的理论模型。他最先提出并论述了孩子"质量"概念，他说，"我把花费昂贵的孩子称为高质量的孩子"；父母之所以在孩子身上自愿支出更多费用，"是因为父母可以从追加支付的费用中得到追加的效用，我们称这种追加的效用为更高'质量'。"① 可见，在他看来，所谓高质量孩子也就是效用更大的孩子。孩子数量质量替代关系理论的基本观点是：育龄夫妇以提高孩子质量替代增加孩子数量。家庭做出这样的替代选择是基于如下准则：

1. 家庭效用最大化是家庭行为的基本准则

如果说，莱宾斯坦关注边际孩子的效用，那么贝克尔主要关注家庭效用最大化。贝克尔关于家庭效用最大化的研究，被威利斯加以深化，提出了具有独创性的家庭效用函数。

$$家庭效用函数\ U = U(N,\ Q,\ S)$$

其中，N 表示孩子数量；Q 表示孩子质量；S 表示其他物品给家庭带来的满足。

按照上述模型，家庭效用最大化依赖于 N、Q、S 三者在家庭中的分配，而妇女生育率直接和 N、Q、S 相关。现代社会，在家庭可支配时间有限、家庭收入既定的条件下，按照获取家庭效用最大化的基本原则，人们往往倾向于求质而不是求量，因此在生育行为上，家庭更多地注重孩子质量而不是数量，以求获得效用最大化。

2. 孩子数量质量替代的相互关系存在，使家庭对生育行为做出有利选择

孩子数量质量的相互作用首先表现为孩子数量和质量之间的替代作用，一种相对的替代性。孩子既然被看作是一种耐用消费品，随着收入增加花费在孩子数量和质量上的支出也会增加，但是其数量弹性小于质

---

① G. S. 贝克尔. 生育率的经济分析控制人口与发展经济 ［M］. 北京：北京大学出版社，1985：171.

量弹性，而且在一定条件下，这种相对替代关系可以转变为绝对替代关系，其转变机制主要是避孕知识变量的加入。

威利斯对贝克尔的替代理论加以补偿主要有以下三点：①更强调父母本身生活水平对孩子数量的替代关系，认为质量需求收入弹性（Y_q）和数量需求的收入弹性（Y_n）的正负，取决于 N 和 Q 的关系。如果 N 和 Q 是互补关系，$Y_n < 0$，$Y_q < 0$，$Y_n + Y_q < 0$，则表示收入提高，对孩子数量和质量需求都下降，市场商品 S 对孩子总效应 C 发生替代，这时父母将倾向于提高自身生活水平而不是多抚育孩子。此外，如果 N 和 Q 是替代关系，$Y_n < 0$，$Y_q > 0$，$Y_n + Y_q > 0$，则表示收入提高以后对孩子数量需求绝对下降，而对质量需求相对稳定，市场商品 S 只对孩子数量 N 发生替代。②在家庭中有些商品是"时间密集型商品"，如果孩子比其他精神商品所费时间更密集，那么随着收入提高，对生育孩子的替代肯定发生。③在丈夫收入提高的条件下，妻子是否进入劳动力市场，对生育孩子产生的替代效应不同：如果妻子不参加工作，对生育孩子的替代效应将会发生；如果妻子参加工作，但边际工资率固定，对生育孩子的替代效应将不会发生；如果妻子参加工作，并有上升的工资率，对生育孩子的替代效应和财富效应都将增加。

孩子数量和质量之间除互相替代关系外，还会呈现一种负相关关系。在家庭收入一定和父母时间有限的条件下，对孩子质量需求增加，相应地一定减少对孩子数量需求；反之，则对孩子数量需求增加，而对孩子质量需求减少。同理，家庭里孩子数量多，则平均分配到每个孩子身上的教育与医疗保险等费用自然较少，孩子质量自然较低。

3. 时间价值的上升是导致家庭选择以孩子质量替代数量的主要因素

所谓时间价值，就孩子生产而言，实际上是一种机会成本概念。贝克尔认为孩子是一种"时间密集型商品"，在现代社会抚养孩子需要花费父母大量时间，时间价值上升时，父母便感觉到若要数量多的孩子，家庭收入损失太大，随之而来的是自身生活水平难以提高。于是父母（特别是母亲）宁愿在劳动力市场获得更多收入，而不愿意花费更多时间照顾孩子。

（三） 生育率决定的供给—需求理论

生育率决定的供给—需求理论模型的创立者和主要代表人物是美国人口经济学家伊斯特林（R. A. Easterlin）。1985 年他和克林明（E. M. Crimmins）合著的《生育率革命：供给—需求分析》一书，是这个理论的代表作。书中运用供给—需求均衡理论，分析生育决策机制，探讨生育率革命和人口转变问题，系统地论述了生育率决定的供给—需求模型。伊斯特林对生育问题的研究，已经突破微观分析的范畴，进入宏观分析，着眼于世界性的生育率革命和人口转变，他不仅关注发达国家生育率长期下降的事实，更关心发展中国家生育率居高不下的现实。

伊斯特林的生育率决定供给—需求模型，虽然遵循西方流行的分析路径，即由"基本决定因素"到"直接决定因素"，再到"所生育孩子数"（生育率），但是他还提出了三个对生育率有决定性影响的核心变量，即：

（1）孩子需求 C_d，是指："当生育控制的成本几乎为 0 时父母想要的能存活的孩子数。"[①] 也就是说，是在不考虑生育的经济、心理成本时，一对夫妻所希望有的存活孩子数，它取决于家庭嗜好、收入和孩子成本。

（2）孩子供给 C_n，是指："在不存在故意限制家庭规模的情况下，一对夫妻会有的存活孩子数。"它取决于夫妻的自然生育率和孩子的存活机会。

（3）调节生育成本费用 R_c，是指："把一对夫妻对生育率控制的方法和药具有的态度与趋向，都列入这项成本费用里。它包括调节生育率在主观上的不利条件，比如对家庭计划一般认识上的厌恶，以及对节育特殊技术如流产的畏缩，还包括控制生育的经济成本，比如获得家庭计

---

① 伊斯特林，克林明. 生育率革命：供给—需求分析［M］. 芝加哥大学出版社，1985：14.

划服务所需要的时间和金钱。"① 伊斯特林更为强调因节育而产生的心理负担即心理成本。

伊斯特林的供给—需求理论，强调了三个方面的选择与平衡关系：C_d 与 C_n 之间是第一方面；夫妻的生育控制动机与生育控制成本之间是第二方面；自然生育率与有意识地控制生育之间是第三方面。

孩子供给 C_n 与孩子需求 C_d 之间的比较决定着"生育控制动机"。当 $C_n < C_d$ 时，不存在生育控制动机，伊斯特林认为农业社会大多是这种情况；而当 $C_n > C_d$ 时，一定存在生育控制动机，供给 C_n 与需求 C_d 之间差距越大，生育控制动机强度越大。

生育控制动机和生育控制成本之间的比较决定着生育控制要求的实现程度。生育控制动机被伊斯特林视为生育率革命的主要动因。但是，动机仅仅表明生育控制的必要，或者仅仅是一种控制生育的要求，能否真正实现生育控制，还要受生育控制成本高低的制约。只有在生育控制成本 R_c 低的条件下才可能降低生育率。当 $C_n > C_d$ 时，存在一定的生育控制强度，这时生育控制成本费用越低则控制生育越积极，生育率也就会越低。所以，动机和耗费之间的反比大，生育革命才有可能。

在此基础上，伊斯特林还进一步将促进生育率转变机制和现代化发展过程联系起来考察。他认为，在现代化发展初期，人们的存活子女供给常常不能满足自身对孩子的需求（即 $C_n < C_d$），因此生育控制动机几乎等于 0；即使在 $C_n > C_d$ 的情况下，如果生育控制费用 R_c 大于生育控制动机，生育控制动机难以实现，人们的生育会接近于潜在的自然生育率。而随着现代化发展和社会进步，子女再生产必然由供不应求转变为供过于求。一方面，是由于人们生育机能增进，特别是孩子存活率上升而使潜在的孩子供给能力增大，引发了生育控制动机增强；另一方面，在经济发展与现代化过程里控制生育的成本费用下降，先进的避孕手段

---

① 伊斯特林，克林明. 生育率革命：供给—需求分析 [M]. 芝加哥大学出版社，1985：14 - 15.

得到推广，从而使自然生育率受到控制，有意识地控制生育则成为现实。所以，现代发达国家控制生育动机强烈而生育控制成本相当低，因此生育率一直很低；而一些发展中国家生育控制成本（相对于动机而言）依然很高，成为生育率持高不下的主要原因之一。

伊斯特林的供给—需求理论，虽然以 C_n、C_d、R_c 三个变量为核心，但是并不孤立地分析这三个变量之间的关系，而是把它们放到一个包括基本决定因素—直接决定因素—生育孩子数（生育率）的理论框架中进行多因素、多层次的全面考察。他设置了一个综合分析的理论框架，如图 2-2 所示。

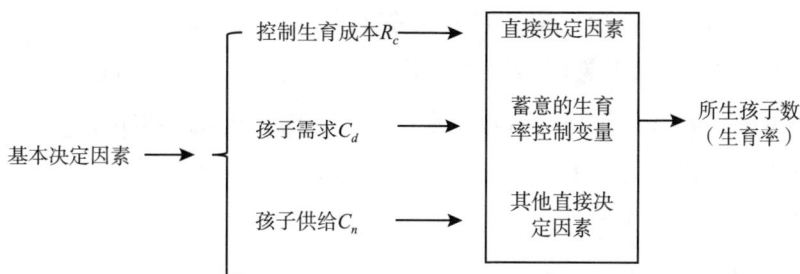

图 2-2 供给—需求理论模型综合分析的理论框架

资料来源：伊斯特林，克林明. 生育率革命：供给—需求分析［M］. 芝加哥大学出版社，1985：13.

伊斯特林说明，在这个理论框架中，"基本决定因素"包括现代化的变量（诸如教育、城市化等），还有各种文化因素（如种族、宗教等），以及诸如遗传因素等其他决定因素。后面他还列举了现代化的其他重要因素，如公共卫生、保健的改进、家庭计划的实施等。那些随现代化而来的"基本决定因素"，通常只有通过"直接决定因素"而间接地作用于生育率。而"直接决定因素"主要指：婚配率、婚配年数与受孕机遇、产后不孕期、婴儿死亡率、避孕手段和流产等与人口再生产直接相关的变量。他这一理论框架表明，供给、需求和控制生育成本是模型的核心变量与中心环节，社会现代化作为基本决定因素，通过三个核心变量而作用于直接决定因素，从而决定现实的生育状况。

（四）财富流理论

财富流理论，确切地说是代际财富流理论，由澳大利亚人口学家 J. C. 卡德威尔（J. C. Caldwell）在研究生育率变化的过程中提出。它是自 1970 年后期以来当代西方比较流行的生育率理论之一。

与其他人口学家不同，他认为对人口生育率产生决定性影响的不是经济而是家庭关系。他反对把人口转变、生育率转变看作经济变动的产物，认为决定生育率高低的根本条件是家庭关系的革命，特别是家庭内部代际财富流的革命。[①] 该理论的要点如下：

（1）决定人口转变、生育率转变的根本因素是家庭关系革命，特别是代际财富流的革命，这种家庭关系革命的实质是以父代和子代之间"财富流"来衡量的家庭关系的现代化。所谓"财富"，不是人们通常理解的物质财富，而是个内容非常丰富的概念。卡德威尔讲的"财富"实际上包括四大类：①货币收入，表现为工资、薪金、奖金、利息、酬金等现金收入；②物质产品，表现为房屋、土地、耕牛、奶牛和其他家庭消费用品；③服务收入；④精神财富，如和谐、互敬互谅、愉快等。"财富"实际上就是家庭的全部收益。问题的关键是家庭财富的流向是由子代流向父代，还是由父代流向子代。

（2）人口转变、生育率转变的基本问题是代际两种流向的财富流的净差额，这种差额也就是"净财富流"。问题的关键是：家庭财富是由父代流向子代的多，还是由子代流向父代的多，也就是"净财富流"的流向是父代还是子代。

（3）代际财富流的流向发生根本变化的分水岭是工业化。在前工业化社会，家庭是一个生产单位，子女在自家田地、牧场、果园获得的财富作为家庭经济收入交由父辈支配，同时子女给父母以精神安慰、愉快，使做父母的有一种老有所养的安定心理，子代的财富流向父代。子

---

① 卡德维尔. 人口转变论新议［J］. 人口与发展评论，1976（2）：322.

女是财富创造者，子女越多，家庭财富也会越多，这就决定了家庭从积累财富出发，要求子女越多越好，从而造成了高生育率。进入工业化社会后，家庭职能中的很大一部分逐渐由社会所取代，家庭一向具有的生产职能、教育职能几乎不复存在，子女在未走上工作岗位前，主要靠父辈的财富养育；一旦成年，找到工作，便离开家庭步入社会，另组小家庭，既不再获得父母的财富，也不使自己获得的财富流向父母，家庭财富已从父代流向子代，这种财富流向的逆转是生育率下降的根本原因。

（4）在生活方式迅速发生变化的社会，特别重要的是教育。教育和经济地位有明显的关系，教育可以增强孩子的回报能力，甚至被认为是追求回报最有效的投资。教育成为连接传统社会与转变中社会、并由高生育率转向低生育率的最重要的纽带。家长追求孩子素质的提高，将使他们限制生育数量的可能性迅速增加。

卡德威尔总结说，一般在社会的各个发展阶段，如果生育行为是理性的，则生育率的高低，都是由个人、夫妻和家庭衡量经济收益的结果。生育率的高低由经济动因决定，而这种经济动因又由社会条件决定。就生育率变动而言，最根本的社会条件是净财富流在代际的流向。代际财富流理论对西方的生育率理论研究提供了有意义的补充，但是在定量分析和实证研究上仍有不足，如何更准确地衡量净财富流的流向与数量仍是尚未完全解决的问题。

第二节　社会学角度的生育理论

从人口社会学的角度看，家庭状况、婚育模式、教育状况、妇女地位等，都是能够影响生育率的重要变量。其中妇女地位、教育状况与生育率变动之间呈负相关关系比较明显。

一、家庭状况、婚育模式和生育率的研究

（一）家庭状况对生育率的影响

家庭状况主要包括家庭规模、家庭经济特征、家庭成员关系、地位、家庭及其成员生育偏好等内容。

家庭规模不同，其生育倾向存在差异。大家庭往往倾向于多生育，而核心小家庭则相反，一般倾向于少生育。大家庭一般是家长、长者与子女甚至第三代人合住或居住关系密切的家庭，这种家庭往往将传统的生育观念渗透到育龄期女性人口中，同时又以已有的多生育行为起生育示范作用，而且这类家庭往往以众多家庭成员从事经济活动为条件，因此一般倾向于多生育。

家庭经济特征主要是指家庭成员从事经济活动的类型。J. 卡德威尔在《生育率下降理论》（1982）中曾详细考察了生育率转变前后不同家庭经济类型的生育率差异，认为农民家庭生育率高而且很少采用避孕，但当生活面临极大困难时这类家庭也偶然会采用传统方法或社会不易接受的方法避免生育。这种情况在亚洲、非洲贫困地区时有发生。

家庭成员关系、地位与生育率的关系。J. 卡德威尔在《生育率下降理论》（1982）中指出，传统社会中生育的决策者往往是男性长者，这与男性长者在家庭经济关系中的地位是一致的。此外，母亲、姐妹对家庭中育龄妇女的生育行为和生育率也有较强烈的影响。在家庭成员关系中对生育影响最大的还是夫妻关系。贝克曼（Beckman）认为生育子女是夫妻两人的事，关键在于两人的沟通如何影响生育率，这是"夫妻关系——生育率"问题的核心。① 狄兹法路塞（E. Diczfalusy）等在《生育控制：今天和明天》一书中指出，家庭或家族成员关系对生育率的影

---

① 布莱托（L. A. Bulatao），R. 李（R. D. Lee）. 发展中国家生育率决定因素［M］. 学术出版社，1983.

响，在西方还被分别从不同地区加以探讨，大致的结论是：在土地缺乏、故土难离、父系社会结构、孩子存活率较低的条件下，一般采取鼓励生育，甚至多生育的措施。

夫妻在生育决策上的差别问题。米勒（Miller）认为，当双方生育意愿不一致，甚至冲突时，妻子出于对未来生活保障条件的考虑，往往倾向于建立大家庭及相应地多生育男孩，而且这时双方往往推迟到快分娩时才仓促决定是否要孩子。妇女比男人在生育决策方面起主导作用心理更强烈些，男子则较多地从孩子成本—收益、孩子对家庭生活的影响及维持家庭地位的角度来考虑是否要孩子，男子也不大留意避孕失败的后果。[①]

（二）婚育模式对生育率的影响

婚育模式对生育率的影响也不容忽视，一夫多妻制有降低生育率的趋势，而一夫一妻制有助于提高生育率。一夫一妻制里的终生一夫一妻的生育率要高于连续一夫一妻（结婚、离婚、再结婚……），离婚率越高，生育率越低。在婚配原因或动机方面，农业社会里的夫妻结婚多半是为了生孩子，工业社会的夫妻结婚多是为了寻求生活伴侣。在结婚期限方面，农业社会夫妻以白头偕老者居多，而工业社会夫妻则到感情破裂为止。在婚后居住方面，和父母合居者的生育率一般高于单过者的生育率，在婚后财产关系方面，子女平分上辈财产者往往导致较高生育率，而长子继承制则不一定导致高生育率。在婚后夫妻关系方面，妻子属于"贤妻良母"型的会有较高的生育率，属于"外向型""女强人"的妻子则一般其生育率较低，因为他们将过多时间用于家庭以外的事业，从事社会活动的时间和精力代替了生儿育女的时间和精力。

---

① 布莱托（L. A. Bulatao），R. 李（R. D. Lee）. 发展中国家生育率决定因素［M］. 学术出版社，1983.

二、社会流动和生育率的研究

"二战"后，一些西方学者在研究发达国家生育率下降的原因时，认为社会流动曾经对生育率产生过很大影响，提出了相关的理论模型。

社会流动分为水平流动和垂直流动。水平流动是指人口在地域间的流动，主要是人口迁移流动；垂直流动指人们社会地位上的上升或下降。两者都会对生育率产生影响。其中人口迁移会由于迁移过程占据时间与空间、精力等而减少怀孕和生育的概率；垂直流动，也是影响生育率变动的一个强有力的因素。凡是处于社会流动过程中的人，其生育率均低于非流动人口。法国社会学家 A. 杜蒙特（A. Dumont）在其 1890年出版的《人口与文明——人口学的研究》和 1901 年出版的《人口学的道德基础》中，以社会学观点研究人口问题，提出和论述了"社会毛细管学说"。他从社会流动的角度解释法国人口出生率下降和长期发展停滞的现象。他认为"所有的人都有一种想从社会上低的地位向高的地位上升的倾向"；人们不断地在社会阶梯上向上攀登，恰好和灯油依靠顺着灯芯上升相似，"这样的现象叫作社会的毛细管现象"。① 在现代社会，上升的机会越多，人们追求上升的欲望越大，社会毛细管现象就越强，人们为了减轻向上发展的负担，就要求减少生育，生育率变动与社会毛细管现象成反比。英国学者 J. 伯兰特（J. Berent）对用社会毛细管学说解释社会流动与生育率变动关系提出了不同意见，他在个案调查后发现，所有参与社会流动的人的生育率都是中等的、既不高也不低；他把这些人称为"边缘人"，既未接受高生育者的生育观念，也没有接受低生育者的生育观念，其生育观念和生育行为都是折中的、不定的。②

一批美国人口学者将人口按照出身、教育、职业状况等进行分类，

---

① 佟新. 人口社会学 [M]. 北京：北京大学出版社，2010：8.
② 李竞能. 现代西方人口理论 [M]. 上海：复旦大学出版社，2004：85.

考察一定期间上述变项的变化情况，并将变化分为"向上流动""向下流动"和"非流动"三种情况，然后分别考察这三类人在该时期内的生育状况。他们发现：第一，凡是参加社会流动的人口，其生育率均低于非流动人口；第二，在全部流动人口中，向上流动者的生育率又明显低于向下流动者的生育率。

三、生育行为的社会心理学分析

微观生育经济学理论的假设前提之一，就是生育行为是主观偏好和外界因素共同作用的产物，在他们看来，整个生育行为可以概括为不同的外界因素与各种主观偏好的不断运行、组合的过程。在孩子供给与需求之间存在着极其丰富的复杂的心理权衡系统，整个生育行为都伴随着心理变化。所以，作为主观偏好的社会心理对生育率的影响不容忽视。

（一）生育决定内容

生育决定内容一般包括：原因、认知能力、态度和期望。它并不完全是理性的，本身包含着对想象的行为后果的能动反映。L. A. 布莱托曾将生育决定内容分为三类：①社会和文化因素；②夫妇和家庭户特征，成本、机会（成本）结构；③知识能力、态度以及对家庭规模期望值，孩子的价值与负价值，生育控制的成本，怀孕的潜力与可能性等的估计。其中第三类是主观意愿，属于生育心理范畴。

心理满足主要指孩子对父母的心理影响，孩子能够从成就、权威或能力方面满足父母的心理需要。根据西方学者研究，初做父亲的男子有一种其性功能和男子气获得证明和社会承认的荣誉感，而那些结婚数年没有孩子的丈夫则往往感到自卑压抑。根据福塞特（Fawcett）的研究，生育率与孩子价值之间的联系如下：①对孩子经济价值的期望总是与高生育率相联系，同理，对孩子作为帮手的期望也总是和传统家庭相伴随；②各项心理满足和必要的相互关系常常与低生育率相联系；③已知的生育孩子对父母造成的限制，包括有关的工作机会成本，与生育率有弱负相关关系；④已知的养育孩子造成父母精神紧张和身体疲劳，对生育率没有大的影响；⑤已知的钱财成本对生育率的影响并不很清楚。上述研究结果至少表明如下趋势：在生育率降低的过程中，心理因素逐渐加大它对生育率的影响力，而且心理因素的日趋活跃一般都会促使生育率下降。

（二）生育决定过程的心理状态

L. A. 布莱托和 R. 李提出了"六个生育决定战略"理论，这六个生育决定战略，基本上用来表示在生育决定过程中比较重要的要素或变量，指人们面对生育问题所采取的六种态度、六种心理状态。

1. 无效战略

当孩子需求与供给之间没有出现大的不平衡时，不需要人们在生育问题上做选择和决定，这时人们的态度是一种所谓的非决定（NON – decision）型，称之为无效战略。无效战略可谓是"客体没有出现，主观也不动声色"。无效模型多发生在当事人有较高的家庭规模期望，或者孩子正价值远远超过负价值，以及怀孕潜力或能力极小的情况下。

2. 否认

没有察觉孩子供给与需求之间出现了不平衡，或者在理性上不承认存在这种不平衡的一种心态。它实际上是一种不承认主义，主观上，为了使孩子供给和需求之间不出现不平衡，将自己置于一种特殊的心态中。否认战略，实际上是一种盲目心理，可谓是"客体出现了，主观上却不予承认"。比如许多未实行避孕的妇女总是低估自己怀孕的潜力或可能性，沙德林（Schedlin）、霍勒巴奇（P. E. Hollerbach）把这种现象称为"显性避孕敏感症"，这些妇女以过去的生育经验来预计现时怀孕的可能性，盲目地自认为不避孕也不会怀孕。否认心理一般发生在较为复杂的环境里，孩子供给大于需求时，或通过放任自流，或通过"怀孕能力和可能性毕竟会下降"的念头，使之达到平衡。这种心理是未婚者或者已婚穷人有了很多孩子以后，以及生育控制成本很高时经常有的。

3. 被动接受

发现了孩子供给和需求之间出现不平衡，但是并不采取行动使之平衡的一种心态。被动接受是"客体出现了，主观也认识到了，但是却不采取行动"。这是一种囿于外界文化与社会条件而采取的无可奈何的心态。被动接受心理所发生的环境与否认心理的环境相似，所不同的是被动接受不向否认心理那样充满盲目性。

4. 主动应付

对孩子供给和需求之间出现的不平衡了如指掌，并设法处置，积极使情况好转的一种心态。这种心态既包含效用最大化的生育经济学分析，又包含生育心理决定的权衡，具有明显的理性特征。主动心理常见于在生两三个孩子中间做抉择，而不是要更多的孩子。

5. 预先处置

用比较简洁的方法做出生育决定，从速对待。其特点是决策者不需要将有关生育的方方面面全部考虑到，只在考虑主要方面后做出决定。它虽然不是最佳选择，但仍然能够达到应有的满意度。预先处置一般是在更复杂的可选择方案中进行生育数量选择，而这些选择的条件（如惯例、规程）都是既定的。对惯例的依赖，一般是对孩子价值或生育控制成本较高有较强烈体会时的生育心理；而对规程的依赖则是当主、客体没大的变化时，循规蹈矩的生育心理。

6. 继后处置

生育决定的有关因素随着时间推移而发生变化时，重新考虑情况，再次调整决策者的方案。一般当生育决定过程中有许多不确定因素，或有些考虑必须依时间而决定时，就有必要重新考虑。继后处置是情况发生变化时生育决定的心理过程。

可见，生育过程和生育率往往是一系列复杂的社会心理变化的现实结果，社会心理对生育率影响作用的大小反映了生育率的低与高，生育心理活动的强烈程度实际上和生育率成负相关关系。

此外，在西方学者关于生育行为的社会心理学分析中，还涉及了部分生育性心理因素的分析观点。G. L. 福克斯（G. L. Fox）在《分娩决定——生育态度和行为》（1982）中分析了 1960～1980 年生育率显著下降的原因时，认为初婚年龄持续稳定地提高是极其重要的原因。他指出，20 世纪 60 年代至 20 世纪 80 年代初，初婚年龄达到或超过 25 岁的新婚夫妇，占所有新婚夫妇总数的比重越来越高。已婚妇女不仅拉长了结婚至生育第一胎的时间间隔，而且生第一胎至第二胎的间隔也明显拉长了。这种情况显然和上述新婚夫妇的初婚、生育年龄比较大、生育心理更加成熟、婚后做生育决定时能够深思熟虑有关。可以说，初婚年龄趋高化，是使性心理成熟化、生育行为理性化的关键，也是使生育率趋于下降的一个重要原因。此外，弗兰克（Frank）和斯坎佐尼（Scanzoni）在研究"性决定的产生"问题时，提出了三阶段动态模型，认为恋爱、结婚、生育要经过三个阶段：选择性伙伴及性生活；实行避孕；性爱和感情得到升华，心理活动在其中始终起着重要作用。

第三节　人口学和生物学角度的生育理论

一、人口学角度的生育理论

影响生育率变动的人口学变量主要有：妇女初婚年龄，妇女占总人口比重，育龄妇女占妇女总数比重，避孕率，胎次间隔，婴儿死亡率，孤寡率，独身率，离婚率，分居率，人口年龄结构，人口老龄化等。本节主要介绍中介因素理论，或称为"最直接决定因素理论"。生育是在个人、群体和社会中所发生的出生现象，其基础是个人的生育，必须要由男女双方生殖系统共同完成。它主要包括生殖细胞的形成、性交、受精、胚胎发育和分娩等过程。其中，性交、怀孕和分娩在生育过程中起着决定性的作用。

现代西方流行的中介变量理论，最早创立于 20 世纪 50 年代中叶，美国著名人口学家 K. 戴维斯（Kingsley Davis）和 J. 布莱克（J. Blake）在他们的著作《社会结构和生育率：一种分析框架》（1956）里，系统论述了影响生育率的"中介变量"，并构建了理论框架。他们指出，人们的生育过程可以划分为三个阶段：交配、怀孕和分娩；社会经济因素对生育过程以致生育率的影响不是直接的，而是通过"中介变量"间接地发生作用的。[①]

他们提出了影响生育率的 11 个"中介变量"，如表 2 - 1 所示。影响性交的中间变量有 6 个，分别是进入性交的年龄、永久独身的比率、婚姻间隔、自愿节欲、非自愿节欲和性交频率；影响受孕的中间变量有 3 个，非自愿原因导致的无生育能力、避孕和绝育；影响分娩的中间变量有 2 个，非自愿原因造成的终止妊娠（自然流产）和自愿的终止妊娠。

这 11 个中间变量和生育率的关系，有的呈现为正相关关系，有的呈现为负相关关系，因时间、地点的不同而有所不同。男女开始同居年龄、初婚年龄对生育率的影响方向往往是相同的。但是，男女开始同居年龄和初婚年龄不是一回事，随着社会经济的发展，在一些发达国家里男女开始同居年龄呈现下降趋势，青少年男女同居现象越来越普遍，但由于双方关系的不公开、不稳定，性交过频或者身体发育不健全等原因，同居者的生育率远远低于初婚者的生育率。事实上，开始同居年龄的降低不一定会提高生育率，而且有可能因为上述原因以及习惯性流产、追求性享受等使得生育率降低；初婚年龄的降低则一般会有助于生育率上升。性交频率和生育率的关系也可能不是线性的而是曲线式的，如果性交频率几乎为 0，生育率当然会非常低，但是若频率过高，也可能因为精子质量不高而降低受孕率。而且性交频繁者也可能是最愿意避

---

① K. Davis and J. Blake. Social Structure and Fertility：An Analytic Framework ［J］. Economic Development and Cultural Change，1956，4：211 -235.

孕者，其生育率低是因为避孕而不是生理原因造成的。不发达社会较高的生育率往往取决于性交开始的年龄、永久独身的程度、避孕和绝育（变量1、2、8、9）的状况，且自愿节欲和人工流产（变量4和11）的比例通常较低。而非自愿节欲、性交频率和不孕症（变量5、6和7）很难说明前工业社会与工业社会之间的差别。

表 2 – 1 影响生育率的11个"中介变量"

	1. 进入性交的年龄（合法和非法的）
	2. 永久独身：从没有进入性交的妇女比率
	3. 生育期内不在婚状况
一、影响性交的因素	A. 离婚、分居
	B. 丧偶
	4. 自愿节欲
	5. 非自愿节欲（性功能障碍、疾病）
	6. 性交频率
	7. 因非自愿的原因导致的不孕
二、影响怀孕的变量	8. 避孕
	9. 绝育（自愿的不孕）
三、影响分娩的变量	10. 非自愿原因造成的终止妊娠（自然流产）
	11. 自愿的终止妊娠

戴维斯和布莱克的"中介变量理论"在相当长的时间里没有引起应有的重视，不如生育经济学理论流行，直到20世纪70年代后期，这种情况才出现根本性的变化。

美国人口学家 J. 邦嘎兹（J. Bongaarts）先后发表了《生育率最接近决定因素的分析框架》（1975）、《中介生育变量的生育抑制作用》（1982），将中介变量理论模型加以完善，从规范人口学的角度进行生育率研究，而且使它在实证研究上更有可操作性。其后在《家庭人口学、方法及其应用》（1987）一书中，他又把中介变量模型纳入家庭人口学范畴，并且在研究方法及应用上提出了典型案例，使这一理论模型更为成熟和完善，自 20 世纪 70 年代中叶以来成为现代西方生育率理论研究的主流。

J. 邦嘎兹提出的可量化生育率分析模型，把影响生育率的生物因素和社会因素有机结合起来，他认为 11 个中介变量中有 4 个是最有意义的，他们是已婚妇女比、避孕采用率、人工流产和产后不育期，每个变量的取值越高，生育率越低。J. 邦嘎兹模型的计算公式如下[①]：

$$TFR = C_m \times C_c \times C_a \times C_i \times Tf$$

其中：TFR 为总和生育率；

C_m 为婚姻系数；

C_c 为避孕系数；

C_a 人工流产系数；

C_i 哺乳不育期系数；

Tf 为假定的生育率，平均为 15.3。

J. 邦嘎兹模型更易于比较研究，可以考察各种因素在不同社会中的作用。1982 年，邦嘎兹使用这一模型对 41 个国家（包括发展中国家和发达国家）的生育率和相关历史资料进行了考察。他认为，这 4 个变量占样本国家总和生育率差异的 96%，而其他中间变量，如性交频率、死产或不孕症等只是次要的因素，发达国家总和生育率的下降主要归功于避孕知识、避孕技术的普及，大规模的晚婚、婚姻解体和人工流产。[②]

另外，S. 考伦（S. Cochrane）和 K. 扎查里奇（K. Zacharich）研究认为，婴儿死亡率和生育率呈正相关关系。婴儿死亡率的上升通过三条途径促使生育率上升：一是生物效应，婴儿死亡使母亲中断哺乳，从而

---

① John Bongaarts. A framework for Analyzing The Proximate Determinants of fertility [J]. population and Development Review，1978，4（1）：105－132.

② John Bongaarts. The Fertility－Inhibiting Effects of the Intermediate Fertility Variables [J]. Studies in Family Planning，1982，13（6/7）：178－189.

缩短了与生育下一个孩子哺乳期之间的间隔；二是替代效应，妇女自觉地用"下一个孩子"替代死去的孩子；三是不自觉的"以为"自己的孩子有死亡的危险，处于自我保护心理和保险目的，也要再多生一些孩子。阿里阿格（Arriaga）1970 年的一篇报告认为，拉丁美洲生育率的下降有很大原因是人口老龄化和孤寡率提高造成的，也就是说人口年龄结构越老龄化，生育率就越低。奈格（M. Nag）研究发现，产后性节制在许多非工业化社会非常普遍，这个人类学变量和生育率有较强的负相关关系。

二、生物学角度的生育理论

采用人口生物学观点来研究生育率问题的理论分析在 20 世纪 70 年代已经出现，到 80～90 年代，西方社会的婚姻行为、性行为、生育行为、养育照顾孩子的行为日益脱节，艾滋病蔓延对生育健康的威胁等现象日益严重，使得用经济、社会观点似乎已经难以满意地说明生育率变动的根本原因，人口的生物属性、特别是和性行为有关的变量日益受到西方人口学者的重视，用人口生物学观点来研究生育率问题的学者也日益增多。

20 世纪 80 年代末期，在武德里（J. R. Udry）等人发表的论影响性行为、生育率影响因素的文章里，已经有涉及人口生物学因素对生育行为、生育率影响的理论分析。1990 年 K. M. 韦士（K. M. Wess）用人口生物学的观点发表了《人类意志薄弱变异的生物人口学》，强调意志薄弱和人类性行为的相互影响。1995 年，B. 韦勒尔（B. Weller）发表了《人口行为的生物社会学模型导论》，最先尝试建立研究人口行为的"生物—社会因素"理论框架。同年，J. 卡斯特兰（J. Casterline）也发表了《生物社会模型，人口学者能够忽视吗?》，建立了比较完整的分析生育率的"生物—社会因素"理论模型，并且武德里当年所发表的一份关于男子性行为的调查研究报告，可以作为这种"生物—社会因素"的案例。他的调查结论是：男性激素强而道德制约力弱的人的性冲动强，容易发生性侵行为；反之，男性激素相对较弱而道德制约力强的人，比较不容易发生性冲动和性侵犯行为。

1996 年，J. 卡斯特兰和 R. 李（R. Lee）等人主编的文集《生育率在美国：新模式，新理论》是最有影响的"生物—社会因素"理论的著作。该书比较系统地论述了现代西方生育率研究中的人口生物观点。书中福斯特（R. Forste）和田达（M. Tienda）的论文《生育率的种族差异背后是什么》认为影响婚姻和生育的主要因素有四个：家庭背景、社会环境、媒体暴露、生物因素（如月经初潮年龄），所有这些因素都会影响性行为，而以生物因素对性行为的影响最为直接。卡斯特兰所建立的"生物—社会"理论模型的公式如下：

$$D_i = hB + sS + c(B_i \times S_i) + e_i$$

其中：D_i 表示某人口产出；

B 表示生物变量的向量；

S 表示社会变量的向量；

I 表示所涉及的个体数；

c 表示常数；

e 表示一种干扰；

h 和 s 是用于估算生物变量和社会变量参数的向量。

在这个公式中，人口的生物属性和社会属性被放在同等重要的地位，它们对人口行为（包括生育行为）的影响，则根据各自的参数的向量大小而定。

总体来说，人口生物学观点对现代西方人口理论研究的影响是深远的，不过，"生物—社会因素"理论模型，还是处在完善与成熟过程中。人的生育行为固然不能脱离性行为，但是人类的性行为是受既定的社会经济条件，以及生活方式、道德规范、风俗习惯制约的。

第四节　生育统计指标及相关研究

生育概念从字面上讲，指孩子出生和养育的人类繁衍过程，是人口生产与再生产的基础，是人口更新换代的前提条件，也是人类生命得以延续的根基。人类的生育行为不是一种单纯的生理过程，生活在一定社会中的人，必然要受到社会性制约和影响，因此人的生育活动不仅是一种生物现象，也是一种社会现象。

一、生育力和生育率

生育有两种含义，一是生物学上的生育力，是有关人类再生产的能力；二是社会学上的生育率，是指人类现实的生育水平。

生育作为一种生物过程，首先通过生物学上生育力（fecundity）表现出来。生育力是指一个妇女在不实行任何限制条件下一生中生育子女的能力或生殖潜力。女性理论育龄期是 15 ~ 49 岁，在这 35 年间，一个妇女能生育多少个小孩，是由其生理规律所决定的。古特马赫认为，从理论上说，一个妇女一生最多生育 15 ~ 20 个孩子。他推断的依据是：亲自哺乳的妇女每 24 个月可生一胎，不亲自哺乳的 19 个月可生一胎。如果照此计算，一个妇女的生育若不加限制且所生婴儿全部由自己哺乳，则在三十年左右的实际育龄期（15 ~ 44 岁）中最多可生 15 胎，在更为通用的 35 年理论育龄期（15 ~ 49 岁）中最多可生 17 胎以上。若所生婴儿一部分不由生母哺乳，则在 35 年育龄期中最多可生 20 胎甚至更多。[①] 人口学家邦加茨在研究生育率模型时，把生育力作为基本指数，定义每个妇女的生育能力在 13 ~ 17 胎之间，平均 15.3 胎左右。

---

① 魏津生. 现代人口学［M］. 重庆：重庆出版社，1992：54 – 55.

从人的社会属性来说，人总是要在一定时期、一定地域里从事一定活动，从这个意义上来讲，一个人的生育能力就必须通过他所处社会的生育率来体现。生育率（fertility）是指不同时期、不同地区妇女或育龄妇女的实际生育水平或生育子女的数量。1995 年，世界范围的总和生育率为 2.98；2000 年中国的总和生育率为每名妇女平均生育 1.22 胎；总和生育率最高的国家——乌干达为 6.72 胎。[①] 生育率计算是生育测量的主要指标，其目的是描述一个地区或一个国家的整体生育水平，还可以通过生育率对一个地区不同时期生育能力进行比较，从中发现该地区的人口变动规律。

二、生育率的测量指标体系

人口学所测量的生育是指妇女的每一次活产，不包括流产和死胎，但包括了出生后不久死亡的婴儿。生育率的具体计量与分析，是通过生育率指标来进行的。根据不同的研究目的与需要，生育率的计量可以有很多指标，其中较为常用的测量指标有以下几种：

（一）一般出生率（crude birth rate，CBR）

一般出生率也叫粗出生率，在所有的生育测量指标中，一般出生率的适用条件最为宽松，它表示某一地区一年中平均每一千人中的出生（活产）人数，用公式表示如下：

$$一般出生率 = \frac{时期内活产人数}{同时期该地区的平均人数} \times 1000‰$$

一般出生率的优点是资料容易得到，计算简单，是国际上通用的最简单、最直接地计算出生状况的指标，但是出生率的指标本身有很大的局限性。一方面，一般出生率的高低受到人口年龄构成和性别构成的影

---

① 联合国人口基金会 . 1996 年世界人口状况［M］. 北京：人民教育出版社，1996：72 - 75；中国的数据为中国国家统计局 . 中国 2000 年人口普查资料［J］. 北京：中国统计出版社，2002.

响，不能很准确反映生育水平，难以进行比较研究。比如年轻型人口和年老型人口，计算出来的出生率会有很大的不同。人们计算出生率的目的是测度生育水平，但是出生率指标本身受人口年龄结构影响的特点，又常常使人们无法通过观察出生率高低来准确判断一个人口的生育水平；另一方面，出生率是用每年的活产婴儿数与同期的平均人口数相比而得到的。但是，作为分母的人口数并不都与出生人数之间有必然的内在联系。人口中少年儿童与生育无关，50 岁以上妇女也与生育无关，甚至从狭隘角度说，男性人数也与生育数量关系不大。因此，将出生人数与全体人口总数相比而得到的出生率，显然是十分粗略的。

（二）一般生育率（general fertility rate，GFR）

一般生育率又称总生育率，是指活产婴儿数和某一时期内（通常为 1 年）从 15 岁到 49 岁全部育龄妇女之比。一般生育率考虑到了育龄妇女在总人口的比例。通常用千分比表示，即在一年的时期内每 1000 名育龄妇女所生育的活产婴儿数。用公式表示如下：

$$一般生育率 = \frac{一年内活产婴儿数}{一年内育龄妇女数} \times 1000‰$$

一般生育率是生育率度量中的基本指标，能综合地反映人口生育水平。它比出生率指标要精确，因为它把分母限制在有生育可能的育龄妇女范围内，不仅消除了人口性别结构的影响，而且在一定程度上也消除了年龄构成的影响。但是一般生育率仍然受到育龄妇女内部年龄结构的影响，例如，生育旺盛时期（20～29 岁）的妇女越多，一般生育率水平就会越高。而不同人口或同一人口的不同时期育龄妇女的内部年龄结构是不同的，这必然导致与出生率指标相同的问题，但问题的程度大大减轻了。

（三）已婚妇女生育率（marital fertility rate，MFR）

已婚妇女生育率和一般生育率有点类似，都以育龄妇女人数为基数，但不同点是后者可以包括未婚的育龄妇女，前者只包括已婚妇女。已婚妇女生育率是指一定时间内（通常为 1 年）的活产婴儿数与该时期已婚育龄妇女数之比。同样也用千分比来表示。用公式表示如下：

$$已婚妇女生育率 = \frac{一年内活产婴儿数}{一年已婚育龄妇女数} \times 1000\permil$$

已婚妇女生育率比一般生育率对人口生育水平的度量更精确一些。因为并不是所有的育龄妇女都能够生育，如未婚、离婚、丧偶等状况的育龄妇女一般都不会生育。而已婚妇女生育率考虑了妇女的婚姻状况对生育率的影响，在这里已婚妇女是指已经结婚且婚姻关系并没有解体的妇女，也称在婚妇女。

（四）年龄别生育率（age specific rate，ASFR）

年龄别生育率是指一定时期内（通常为 1 年）某个年龄组的育龄妇女所生育的活产婴儿数与相应年龄组的育龄妇女总人数之比。一般以五岁为一组进行计算，即 15～19 岁、20～24 岁、25～29 岁、30～34 岁、35～39 岁、40～44 岁和 45～49 岁。不同年龄组妇女的生育率有明显差异，一般的规律是低年龄组和高年龄组的生育率低，中间年龄组的生育率高，峰值年龄集中在某几个年龄组上，一般情况下，20～29 岁为生育旺盛年龄，30～34 岁的生育也比较旺盛。

$$年龄别生育率 = \frac{一年内某年龄组妇女生育的活产数}{同年该年龄组妇女数} \times 1000\permil$$

分年龄组生育率可以反映不同年龄组育龄妇女的不同生育水平，是研究妇女生育率变化规律及其差异的重要指标。分年龄组生育率表示在相应年龄组内平均每 1000 名育龄妇女生育的活产婴儿数。当年龄分为 1 岁一组时，分年龄生育率就能完全消除性别年龄结构对生育率水平的影响，从而进行不同人口或同一人口不同时期的比较分析。分年龄组生育率是构成妇女生育模式的基础指标。将年龄作为横坐标，将分年龄组生育率作为纵坐标，可以画出分年龄生育率的曲线图。曲线的不同形状，如峰值偏前还是偏后，曲线上升与下降的速度等都可以反映出生育模式的差异。

（五）总和生育率（total fertility rate，TFR）

总和生育率是在一定时期内（通常为 1 年）年龄别生育率之和。公式如下：

$$总和生育率 = 年龄别生育率之和$$

这是个假定的指标。将同一年中不同年龄的妇女生育率看作是同一批妇女一生的生育经历，这是总和生育率指标最重要的假定。在现实的人口变动过程中，这个假定通常是满足不了的，除非某一人口的分年龄生育率几十年都稳定在同一水平上不变，否则，总和生育率并不表示、也不等于妇女的终身生育孩子数。因此，直接地或简单地认为总和生育率就是妇女一生平均生育的子女数量是不准确的。

总和生育率能够准备反映现有的生育水平，避免了育龄妇女年龄构成的影响，并可直接用于比较研究，是最方便的测量生育率的指标。总和生育率在 2.1 ~ 2.2 称为生育率的更替水平，表明人口数量会维持现状。总和生育率是最具有代表性的数据，具有直观、易理解的特点，在社会相对稳定的情况下，总和生育率可反映妇女生育率变化的趋势。

（六）终身生育率（lifetime fertility rate）

终身生育率是指同一批已经结束生育的妇女一生中平均每人所生育的孩子数。计算公式如下：

$$终身生育率 = \frac{某一批已结束生育的同龄妇女一生中生育的孩子数}{同一批已结束生育的同龄妇女人数}$$

终身生育率反映的是一批同龄妇女，从他们进入生育年龄开始，到他们走完全部生育历程直到退出育龄年龄期为止的实际生育水平。终身生育率与总和生育率在其含义上，似有相同之处，但在性质上，又是两类具有根本区别的指标。它们的相同点是两者都是研究平均每个妇女一生中的生育水平的指标，它们的区别是：终身生育率所研究的是已结束生育的一批同龄妇女过去的生育水平；总和生育率所研究的是一批育龄妇女当前的生育水平，当然，它是假定这批妇女按照计算年度的生育水平来度过其整个育龄期所反映的平均生育水平。可以说前者所反映的是历史生育水平，后者所反映的是当前生育水平。

（七）累计生育率（cumulative Fertility Rate）

累计生育率是指育龄妇女某一年龄段人口之生育率，亦即部分年龄组人口之生育率，它是总和生育率的一种特殊表现。鉴于总和生育率是由一个育龄妇女群的年龄别生育率分布取和而得，年龄别生育率分布从 15～49 岁跨越了 35 个年龄组的生育率分布，而在不同年龄区间，比如 20～29 岁、40～49 岁这样的年龄区间，其生育率水平会有着明显的差异。为此，在分析研究中，往往需要对育龄妇女部分年龄组的生育率水平进行测定与分析，从而用以观察不同年龄区间生育率水平的差异，以及这一差异与总体生育水平之间的关系。累计生育率的计算公式为：

$$累计生育率 = \sum（各年龄段育龄妇女总人数 \times 相应的生育率）$$

累计生育率主要用于两个不同人口间，或同一人口两个不同时期间的比较研究，用以分析说明不同人口间某种生育趋势形成的原因。另外，累计生育率对于分析总和生育率内部的结构特征，也有重要的分析意义。

三、新中国生育政策及生育率变动

1949 年后中国人口政策不断演变，呈现出均衡、非均衡交替发展的态势[①]。

（一）无生育政策阶段（20 世纪 50 年代）

这是 1949 年以后最早形成的人口政策，其主要原因在于中国历史上传统人口再生产类型所形成的路径依赖，而打破这种路径依赖和制度锁定的力量还不够强大。新中国刚刚成立，人口迅速增长给社会经济发展的严重后果尚未充分显现。随着大规模战争结束、生活安定和医疗卫

---

① 李通屏. 有效人口政策命题与中国生育政策演变 [J]. 社会科学，2013（3）：53－62.

生、营养条件改善导致死亡率下降，但人们对战争导致的大规模人口减损仍然心有余悸。无生育政策同当时人口再生产和社会经济系统仍然保持着暂时均衡，没有改变无生育政策的强大动机，也没有强大力量打破这种均衡。

（二）城市有规定、农村无政策，实施局部的制度改良阶段（1963～1972 年）

20 世纪 50 年代中期，人口迅速增长给社会经济带来的严重后果逐步显现，节制生育的思想开始形成。1962 年以后，中共中央、国务院要求在城市和人口稠密的农村"提倡节制生育，适当控制人口自然增长率"。由此形成了城市有规定、农村无政策的"二元结构"。城市人口不均衡发展态势突出。城市人口死亡率下降幅度大于全国和农村水平。除三年困难时期外，1954～1962 年，城市人口死亡率已经稳定在 10‰ 以下，农村人口的死亡率直到 1966 年才首次下降到 10‰ 以下，城市的自然增长率远远高于全国平均水平。1954～1960 年的多数年份，市的自然增长率高出县 10 个千分点以上。同时，城市人口的快速增长同经济社会系统的矛盾日益突出，如住房和其他公共资源变得异常紧张。以马寅初为代表的人口学家的强烈呼吁，原有制度已经造成和可能造成的危机引起了社会决策层的关注，旧制度的非均衡日益凸显，人们对旧制度的不满意、不满足逐渐转化为对节制生育（计划生育）的需求，并极大提高了新制度的供给能力。

（三）全面推行"晚、稀、少"生育政策阶段（1973～1980 年）

20 世纪 70 年代初到 20 世纪 80 年代，是我国形成以"晚、稀、少"为中心的计划生育具体政策、全面推行计划生育工作的全新制度安排时期。1973 年，国务院成立了计划生育领导小组，各省区市成立了相应机构，计划生育全面展开。1975 年提出，按"晚（晚婚晚育）、稀（生育间隔）、少（少生）"的要求，把计划生育落实到人。1978 年、1979 年，提倡一对夫妇生育子女最好一个、最多两个……对三胎及其以上的要从经济上加以限制。人口政策表述为：控制人口的数量，提高人口的素质。相应地，计划生育中的"晚、稀、少"，发展成为"晚婚、晚育、少生、优生"，这一政策执行到1980年秋。到1972年，中国人口已经由1949年的5.457亿人增加到8.7亿人，净增人口数量是新中国成立前109年（即1840~1948年）的2倍多。人口系统与其他系统的不均衡已经达到了非常严重的地步，人均收入没有增加，城镇居民人均居住面积显著下降，短缺向社会发展各个方面蔓延。同时，控制人口、节制生育知识的进一步积累和领导人认知的改变，人口科学与人口理论逐步建立起来，对马寅初新人口论开始重新认识。1970年周恩来总理提出了计划生育问题，1971年国务院下发了《关于做好计划生育工作的报告》。这种"渐进决策"的生育政策模式，大大加快了人口转变的进程，缓解了人口对社会经济发展的巨大压力。

（四）严格推行一孩政策阶段（1980~1991年）

"晚、稀、少"政策的实施，在恢复人口系统内部均衡方面取得了显著成效，全国总和生育率由1970年的5.812下降到1980年的2.238，年净增人口数由2321万降至1163万，自然增长率由25.83‰大幅度下跌到11.87‰。1980年9月，国务院正式宣布，"除了在人口稀少的少数民族地区以外，要普遍提倡一对夫妇只生育一个孩子"。中共中央发出了《关于控制人口增长问题致全体共产党员、共青团员的公开信》，强调"普遍提倡一对夫妇只生一个"的政策。

1982年把计划生育明确为基本国策："农村普遍提倡一对夫妇只生一个孩子，某些群众确实有实际困难要求生二胎的，经过审批可以有计划地安排。不论哪种情况都不能生三胎。"这一政策虽然在20世纪80年代中期有过微调，但基本上保持了一胎化的总体格局。20世纪80年代末期至20世纪90年代初，许多省、市、自治区相继出台了《计划生育条例》及其相关政策。1991年5月，中共中央、国务院《关于加强计划生育工作，严格控制人口增长的决定》指出，计划生育"已经到了刻不容缓、非抓紧不可的地步"。同时，计划生育的地方性法规进一步完善，对已出台的《计划生育条例》制定了更加严厉的《实施细则》，对完不成人口计划生育的单位及其党政领导在评先、提拔等方面实行一票否决，对主要领导降职使用、就地免职。

（五）人口控制逐步转为更宽泛的人口领域（1992～2012年）

由突出人口控制逐步转到更宽泛的其他人口领域。1991～2005年，中共中央、国务院召开了15次专门会议。由最初的计划生育工作座谈会（1991～1996年）逐步演变为计划生育和环境保护工作座谈会（1997～1998年）、人口资源环境工作座谈会（1999年后）。在国民经济和社会发展五年计划的制订中，1990年、1995年和2000年编制的五年计划，都把"严格控制人口增长"作为重要内容。从"十一五"规划开始，虽然强调"坚持计划生育的基本国策，稳定人口低生育水平"，但对人口问题的关注，已从仅仅专注于严格控制人口增长逐步转到人口与经济、社会和资源环境的可持续发展。

计划生育指导思想发生了重大转变。由计划生育到人口和计划生育再到统筹解决人口问题是指导思想的两次重大转变。第一次转变，从1992年提出社会主义市场经济的目标模式到20世纪90年代中后期提出从可持续发展的高度认识人口问题。国家计划生育委员会更名为人口和计划生育委员会，标志着第一次转变已经顺利实现。第二次转变从2000年提出稳定低生育水平到现在，《关于国民经济和社会发展第十一个五年规划纲要》和《十二五规划纲要》突出强调"全面做好人口工作"。

（六）放开"二孩"生育政策（2013年以来）

2013年，中国共产党十八届三中全会《中共中央关于全面深化改革若干重大问题的决定》提出启动实施一方是独生子女的夫妇可生育两个孩子的政策，2014年全国各地相继启动和实施"单独两孩"生育政策。在低生育率和人口老龄化加速的社会大趋势下，2015年10月，十八届五中全会决定全面放开二胎，意味着一对夫妇可以生育两个孩子。全面二孩于 2016 年 1 月 1 日起正式实施①。按人口与计划生育法修正案中规定，生育一孩或两孩的夫妻均可获得延长生育假的奖励。我国实行生育登记服务制度，对生育两个以内（含两个）孩子的，不实行审批，由家庭自主安排生育。这是站在我国长远发展的战略高度做出的促进人口长期均衡发展的重大举措。生育水平过高或过低均不利于人口与经济社会、资源环境的协调发展，生育政策逐步放开有利于稳定我国适度生育水平，减缓人口总量在达到峰值后过快下降引发的结构性人口问题。

思　考　题

1. 育龄妇女生育水平的影响因素是什么？

2. 总和生育率和终身生育率有何联系和区别？

3. 不同地区（不同时期）育龄妇女的一般生育率可以对比吗，为什么？

4. "2015 年某市妇女总和生育率为 1.65，说明该市每个妇女平均生 1.65 个孩子。"这种说法是否正确？为什么？

参 考 文 献

[1] K. Davis and J. Blake. Social Structure and Fertility：An Analytic Framework [J]. Economic Development and Cultural Change, 1956, 4：211 – 235.

[2] John Bongaarts. A framework for Analyzing The Proximate Determinants of fertility [J]. population and Development Review, 1978, 1：105 – 132.

[3] John Bongaarts. The Fertility – Inhibiting Effects of the Intermediate

---

① 乔晓春. 中国计划生育政策的演变 [J]. 欧亚经济, 2016 (3)：19 – 24.

Fertility Variables ［J］. Studies in Family Planning，1982，13：178 – 189.

［4］S. 库兹涅茨. 人口增长和有关经济变量的长期波动 ［C］. 美国哲学学会论文集，1958，102：25 – 52.

［5］卡德维尔. 人口转变论新议 ［J］. 人口与发展评论，1976，2：322.

［6］马克思. 马克思恩格斯全集. 第 46 卷（下）［M］. 北京：人民出版社，1979：104.

［7］伊斯特林. 人口、劳动力和经济增长长波 ［M］. 纽约，1968.

［8］威廉·彼得逊. 人口学基础 ［M］. 兰州：甘肃人民出版社，1984.

［9］G. L. 福克斯. 分娩决定——生育态度和行为 ［M］. Sage 出版社，1982.

［10］布莱托（L. A. Bulatao），R. 李（R. D. Lee）. 发展中国家生育率决定因素 ［M］. 学术出版社，1983.

［11］世界银行. 1984 年世界发展报告（中文版）［M］. 北京：中国财政经济出版社，1984.

［12］贝克尔. 生育率的经济分析. 控制人口与发展经济（二）［M］. 北京：北京大学出版社，1985.

［13］伊斯特林，克林明. 生育率革命：供给—需求分析 ［M］. 芝加哥大学出版社，1985.

［14］联合国人口基金会. 1996 年世界人口状况 ［M］. 北京：人民教育出版社，1996.

［15］杜蒙特. 人口与文明——人口学的研究 ［M］. 1890：106.

［16］李竞能. 现代西方人口理论 ［M］. 上海：复旦大学出版社.

［17］魏津生. 现代人口学 ［M］. 重庆：重庆出版社，1997.

［18］朱利安·西蒙. 人口增长经济学（1977）［M］. 彭讼建等译，北京：北京大学出版社，1984.

［19］曾毅. 中国人口分析 ［M］. 北京：北京大学出版社，2004.

［20］李通屏. 有效人口政策命题与中国生育政策演变［J］. 社会科学，2013（3）：53－62.

［21］乔晓春. 中国计划生育政策的演变［J］. 欧亚经济，2016（3）：19－24.

第三章

死亡理论与方法

　　死亡对每一个人来说，一生中只能发生一次，是一个人生命周期的结束。它是人口过程中的重大事件。对于死亡率的研究早于任何其他人口过程。较为系统的研究可以追溯到 17 世纪后期，格兰特创制的第一张生命表。当时，几十万人口的伦敦市在 1548 年、1563 年、1592 年、1603 年、1625 年和 1665 年连续发生鼠疫，每次都有大量居民死亡。从1603 年后，伦敦市每周公布出生、死亡人数总计表。格兰特根据几十年的人口统计资料写成《关于死亡表的自然和政治观察》一书，编制了世界上第一个死亡表（即现在生命表的基础）。18～19 世纪，欧洲人寿保险公司业务的需求与发展，又进一步推进了对死亡率的研究。死亡率和死亡原因与各种社会经济因素密切相关，艰苦的劳动条件和食物供应不足或质量的低劣，都可能导致人口过早死亡，疾病流行和缺乏清洁的饮用水也是死亡率居高不下的主要因素。随着经济发展，食物供应量的增加和质量的改善，尤其是医药学的发展，一些烈性传染病，如疟疾、伤寒、霍乱、痢疾、天花等得到控制甚至绝迹，人类死亡率大幅度降低，平均预期寿命显著提高。至今，人类对于自身逐渐衰老直到死亡的过程还未能从医学或生物学方面做出完全的解释，对死亡率的分析也主要依靠经验数据。

死亡既是一种生物现象，又是一种社会现象。导致一个人生命结束的因素，除了生物因素之外，还有非生物因素。一方面，死亡人数的多少是社会经济文化水平高低的折射；另一方面，死亡作为人口再生产的一个组成因素，是从负的方向影响着人口再生产的规模和速度。

第一节　死亡的差异分析

死亡率差别研究是死亡率问题研究的一个重要方面，正是死亡率差别研究的发展，促进了死亡研究的扩大与发展。这类研究大体上可以分为：生物、社会方面的死亡率差别研究，如年龄、性别等；社会、经济、文化方面的死亡率差别研究，如城乡差别等。

一、死亡率的年龄差别

（一）死亡率年龄差别的理论研究

萨斯米尔奇（J. P. Sussimilch）在 18 世纪 60 年代初分析死亡率年龄差别，看到在生命开始的最初几周里死亡率最高，然后随着年龄的增长而下降，到 15 岁左右降到一个较低的水平。[1] 1975 年，W. 彼得逊（W. Petersen）在《人口》书中指出，所有国家，不论多么落后还是多么先进，其年龄死亡率曲线都是呈现 U 型或者 J 字型。[2] 其后，W. 彼得逊夫妇主编的《人口学辞典》（1986）对死亡率年龄差异进一步做了概括：在缺乏死亡率现代控制的地方，婴、幼儿时期的死亡率是很高的，而青春期成年人初期的死亡率相对比较低，进入衰老期，死亡率开始上

---

① 班迪，卡尼特尔. 人口研究原理［M］. 西玛拉雅出版社，1982：5.
② W. 彼得逊. 人口［M］. 兰州：甘肃人民出版社，1984：312.

升，因此典型的年龄别死亡率是一条 U 字型曲线；而对于从控制传染病（主要受害者是儿童）的巨大成功中获益的国家来说，这条曲线的左边缩短了，呈现为 J 字型曲线。①

西方学者普遍认为，决定着年龄别死亡率这种分配规律主要是生物学方面的原因。彼得逊认为婴儿死亡率之所以比其他年龄要高，有两个原因：第一，如果婴儿是勉强出生的，那么他的存活时间不可能太长；第二，任何一个婴儿，即使在出生时很健康，但仍然是很容易患病，因为婴幼儿的抵抗能力和自我保护能力要比其他年龄较长的人弱。彼得逊在谈到衰老时曾指出，和天生的对死亡敏感性有关系的最重要特征是年龄，区别生物和非生物的主要特征是自我恢复功能和生殖能力，这两种能力（在成熟以后）都随着年龄的增长而下降。在所有已经做过充分研究的生理机能中，每一种机能在 30 岁前后，每年只减弱早期能力的 1%。实际上 35~90 岁的年龄范围内，人类的死亡概率每 8~9 年要增加一倍。

（二）中国死亡率的年龄差别分析

中国学者阎瑞、陈胜利根据中国妇女生育节育抽样调查登记的从 1930 年 7 月至 1973 年 6 月出生的妇女生育活产子女的死亡情况，同时调查了 1981~1988 年 6 月的人口死亡情况，运用分年龄死亡率的构造方法和生命表的编制方法，分析了 1945~1988 年人口的分年龄死亡率变动情况。

从表 3-1 中可知，中国人口分年龄死亡率 20 世纪 40 年代后期处于很高的水平，五六十年代下降很快，七八十年代逐渐放慢下降速度，目前已降到较低水平，死亡率曲线由 U 字型变为 J 字型。死亡模式由高死亡类型转变到低死亡类型。

---

① W. 彼得逊，R. 彼得逊. 人口学辞典 [M]. 纽约，1986：596.

表 3 – 1 　　　　　 中国 1945 ~ 1988 年男女合计年龄别死亡率 　　　　 单位：‰

年龄	1944 ~ 1949 年	1950 ~ 1954 年	1955 ~ 1959 年	1960 ~ 1964 年	1965 ~ 1969 年	1970 ~ 1974 年	1975 ~ 1979 年	1980 ~ 1984 年	1985 ~ 1988 年
0 ~ 4 岁	143. 40	74. 35	49. 73	36. 55	21. 06	15. 88	12. 33	11. 00	10. 54
5 ~ 9 岁	7. 43	7. 13	6. 71	3. 54	1. 90	1. 41	1. 42	1. 04	0. 90
10 ~ 14 岁	1. 95	1. 33	1. 02	1. 28	1. 14	0. 78	0. 77	0. 67	0. 72
15 ~ 19 岁	3. 23	2. 61	2. 21	1. 70	1. 33	1. 30	1. 29	0. 94	0. 97
20 ~ 24 岁	3. 02	2. 30	2. 14	1. 67	1. 33	1. 32	1. 31	1. 33	1. 31
25 ~ 29 岁	3. 20	2. 51	2. 26	1. 82	1. 53	1. 46	1. 41	1. 45	1. 31
30 ~ 34 岁	3. 64	2. 98	2. 57	1. 90	1. 64	1. 63	1. 62	1. 63	1. 39
35 ~ 39 岁	4. 94	3. 88	3. 09	2. 78	2. 43	2. 30	2. 14	2. 06	1. 65
40 ~ 44 岁	7. 24	5. 34	4. 84	4. 06	3. 67	3. 37	2. 94	2. 75	2. 13
45 ~ 49 岁	11. 15	8. 39	7. 46	6. 44	5. 81	5. 54	4. 78	4. 13	3. 72
50 ~ 54 岁	21. 26	15. 17	13. 12	11. 01	10. 17	9. 67	7. 46	6. 55	6. 23
55 ~ 59 岁	37. 78	26. 99	23. 15	18. 94	15. 87	15. 28	12. 46	9. 57	9. 28
60 ~ 64 岁	59. 04	44. 58	38. 14	30. 50	26. 90	25. 76	20. 90	17. 02	16. 07
65 ~ 69 岁	99. 46	67. 49	57. 12	46. 61	41. 75	37. 02	31. 17	27. 11	26. 79
70 ~ 74 岁	151. 70	97. 90	82. 86	67. 86	59. 76	57. 51	51. 32	45. 59	43. 04
75 ~ 79 岁	229. 80	140. 57	118. 40	98. 88	90. 14	84. 68	77. 50	70. 59	66. 93
80 ~ 84 岁	294. 44	200. 61	167. 75	141. 23	129. 94	125. 66	22. 19	120. 43	114. 19
85 岁 +	359. 92	296. 18	270. 23	253. 76	246. 04	240. 20	36. 03	209. 63	198. 76

资料来源：阎瑞，陈胜利. 四十年来中国人口分年龄死亡率与寿命研究 [J]. 中国人口科学，1991（2）：1 – 10.

（三）婴儿死亡率和儿童死亡率研究

在年龄别死亡率有关研究中，婴儿、儿童死亡率受到人口学者的特别重视。这不仅是因为婴幼儿年龄段人口的抵抗能力与自我保护能力相对比较弱，相应地其死亡率比较高，而且因为婴幼儿死亡率的降低对整个人口平均预期寿命的延长，有着极其重要的影响。国际上通常把婴儿死亡率水平，作为衡量一个国家人口健康水平的基本指标之一，而且与少年、成年和老年人相比，影响婴幼儿死亡率的决定因素包括了一些独特的因素。

中国人口分年龄死亡率经历了一个由高到低迅速下降的过程，其中

0～4岁分年龄死亡率下降幅度最大。如表3-1所示，20世纪40年代死亡率最高，为143.3‰，50年代迅速下降，到50年代后期下降到49.73‰，短短十年之间下降了93.57个千分点，下降幅度达65.3%；60年代下降速度开始放慢，到60年代后期下降到21.06‰；70年代死亡率下降速度进一步放慢，到70年代后期下降到12.33‰；80年代后期下降到10.54‰，下降幅度只有14.5%。40年来，0～4岁组的死亡率下降了132.76个千分点，下降了92.6%，由此可见，中国人口死亡率的大幅度下降，死亡模式的迅速转变，与婴幼儿年龄死亡率的迅速下降有密切关系。

据L.鲁兹卡对西方死亡率研究的回顾和总结（1986，1989），到20世纪80年代末为止，对婴幼儿死亡率最系统、内容最广的理论分析模型，是由W. H.莫斯利首先提出（1980），随后与C. L.陈共同发展的理论模型（1984，1985）。他们提出了婴儿、儿童死亡率的14种直接决定因素，并把它们归纳为以下五组：①母亲的因素，包括母亲年龄、已生育子女数、生育间隔；②环境污染，包括空气污染、食物、水和手污染、皮肤、粪便和无生物污染、昆虫传染媒介；③营养不良，包括热量、蛋白质、微量元素；④伤害，包括事故和故意伤害；⑤个人疾病控制，包括个人预防措施和治疗。在此基础上，把影响儿童死亡率的社会经济因素定义为基础决定因素，并归纳为五个类型：①个人因素：母亲的技能、知识、时间、健康、资源控制；②家庭户因素：父亲的技能、知识、健康、收入、商品、服务、财产、设备、家庭结构等；③文化因素：传统、观念、偏好、口味和价值等；④制度因素：政治经济、基础结构、社会机构、官僚主义、健康计划和其他计划等；⑤环境因素：气候、土壤、水、地形等。他还指出这些因素是通过对直接决定因素的作用而影响儿童死亡率。①

---

① W. H.莫斯利.儿童存活的生物和社会经济决定因素：生育率和死亡率变量一体化最接近决定因素框架［C］. IUSSP 国际人口会议论文集，佛罗伦萨，1985（2）：189-208.

二、死亡率的性别差别研究

(一) 死亡率性别差异的理论研究

第二次世界大战结束以后，西方国家出现了死亡率性别差异日益扩大的趋势，死亡率的性别差异是生物因素还是社会因素所致是存有争议的问题。

1948 年，汉密尔顿 (J. B. Hamilton) 分析了近 60 项包括 75 种动物的研究结果，发现几乎在每一种动物中雄性寿命都短于雌性。这似乎可以说明人类女性在寿命上的优势主要是生物学上的原因。F. C. 麦迪甘 (F. C. Madigan) 1957 年曾做过一个十分著名的研究，分析了 1900 ~ 1909 年和 1950 ~ 1954 年的罗马天主教的修士和修女的死亡率差别。这些不同性别的人工作状况相同，婚姻状况相同 (未婚)，都不受服兵役、性生活等因素的影响，而且修女没有生育问题，修士也没有职业危险和过度劳累，排除了不同社会环境因素的干扰。在此条件下，他对这些研究对象追踪调查了 20 年。结果表明，男性死亡率依然高于女性，由此麦迪甘认为，在死亡率性别差异方面生物学因素是主要因素。[①] 对于生物学因素作用的观点，许多学者持不同意见，他们更强调社会、文化方面的因素。W. J. 马丁 (W. J. Martin) 在 1951 年发表的有关男女死亡率趋势的论文里，研究了 19 世纪末 20 世纪初的情况，强调社会经济因素的作用，认为当时的劳动条件很差，妇女就业机会很少，职业的危险性是造成男性人口死亡率高于女性人口的主要原因。[②] 还有很多西方学者从工作条件、医疗技术、吸烟、饮食、体重、锻炼和压力等因素来解释男女死亡率的差异。

---

① 麦迪甘. 死亡率性别差异是由生物学原因引起的吗？[J]. 米尔班克纪念基金季刊，1957，35：202 - 217.
② W. J. 马丁. 男女死亡率趋势的构成 [J]. 皇家统计学会杂志，1951：144.

（二）当代世界各国死亡率性别差异的特点①

发达国家从 20 世纪初，女性平均预期寿命全部高于男性，而且女性存活优势随时间的推移而扩大（如表 3 - 2 所示）。在 1900 年前后，这些国家女性平均预期寿命超过男性 2 ~ 3 岁；1965 年前后扩大到 4 ~ 5 岁；1985 年前后又扩大到 6 ~ 7 岁，表明发达国家各个时期女性死亡率均低于男性，女性存活优势十分明显。同时，一个地区人口的死亡率越低，性别差异也就越大。发达国家的各年龄女性死亡率均低于男性，女性优势十分明显。但这一优势并非一贯如此，有些国家 1 ~ 4 岁的女孩死亡率高于男孩，日本直到近代还有弃婴的记载。育龄妇女死亡率至少在 20 世纪 20 年代前的西欧和北欧以及更晚些时候的东欧和南欧也要高于男性。日本则更为突出，直到 1930 年时，其 5 ~ 40 岁的女性死亡率还都高于男性。

发展中国家女性的存活优势不及发达国家，甚至还出现逆转，呈现出男性存活优势的状况（如表 3 - 3 所示）。如印度，1985 年其女性预期寿命比男性低 0.4 岁。表中各国女性平均预期寿命大多高于男性，并且这种女性存活优势也有随时间增长有扩大的趋向。在 1920 年左右，女性预期寿命一般比男性大 1 ~ 2 岁，1960 年前后扩大到 3 ~ 4 岁，1985 年前后又扩大到 5 ~ 6 岁。但是，这一差异的幅度至今仍小于发达国家。表中的个别国家斯里兰卡和印度的女性预期寿命在 1920 年左右和 1965 年左右都低于男性。

在各年龄段死亡率男性高于女性的情况下，不同年龄组高出的幅度不同。15 ~ 29 岁是男性死亡率高于女性的第一个高峰，其原因可能是此年龄段的男性比女性承担更多的灾祸风险。45 ~ 64 岁是男性死亡率高于女性的第二个高峰，因为这一年龄段的男性心脏病和其他恶性疾病的死亡率提高，而妇女这些疾病的死亡率却相对下降。导致女性生存优势难以发挥作用的原因主要是存在着与传统社会相关的经济、政治和文化因

---

① 佟新. 人口社会学［M］. 北京：北京大学出版社，2010：82.

素，如对女婴的忽视、孕产妇死亡率和男女不平等的社会角色等。女性的生存优势同样与经济、政治和文化因素相关。随着妇女地位的改善，女性成为社会进步最大的受惠者，女性寿命长于男性已成为现代社会死亡率性别格局的共同特征。

表 3－2　　　　　　　1900 年、1965 年和 1985 年部分发达国家
平均预期寿命的性别差异

国家	1900 年			1965 年左右			1985 年左右		
	男	女	女性多于男性的岁数	男	女	女性多于男性的岁数	男	女	女性多于男性的岁数
澳大利亚	55.2	58.8	3.6	67.9	74.2	6.3	71.9	78.7	6.8
奥地利	39.1	41.1	2.0	66.8	73.5	6.7	69.6	76.8	7.2
比利时	45.4	48.8	3.4	66.7	73.5	5.8	70.4	77.2	6.8
保加利亚	40.0	40.3	0.3	67.8	71.4	3.6	68.5	74.4	5.9
捷克	38.9	41.7	2.8	67.8	73.6	5.8	67.0	74.4	7.4
丹麦	52.9	56.2	3.3	70.2	74.7	4.5	71.6	77.5	5.9
英国	48.5	52.4	3.9	68.3	74.4	6.1	71.0	77.2	6.2
芬兰	45.3	48.1	2.8	65.5	72.7	7.2	70.0	77.9	7.9
法国	45.3	48.7	3.4	67.8	75.0	7.2	70.7	78.9	8.2
德国	44.8	48.3	3.5	67.6	73.4	5.8	70.6	77.3	6.7
匈牙利	37.1	37.9	0.8	67.0	71.8	4.8	65.8	73.5	7.7
意大利	44.2	44.8	0.6	67.2	72.3	5.1	71.4	78.0	6.6
荷兰	51.0	53.4	2.4	71.1	75.9	4.8	72.8	79.5	6.7
新西兰	58.1	60.6	2.5	68.4	73.8	5.4	70.7	76.9	6.2
挪威	54.8	57.7	2.9	71.0	76.0	5.0	72.8	79.5	6.8
西班牙	33.8	35.7	1.9	67.3	71.9	4.6	72.8	78.9	6.1
瑞典	54.3	57.0	2.7	71.6	75.7	4.1	73.4	78.3	4.9
瑞士	49.2	52.2	3.0	68.7	74.1	5.4	73.0	79.7	6.7

资料来源：魏津生. 现代人口学 ［M］. 重庆：重庆出版社，1997：137－139.

表 3 – 3　　　　　1920 年、1965 年、1985 年部分发展中
国家平均预期寿命的性别差异

国家	1920 年			1965 年左右			1985 年左右		
	男	女	女性多于男性的岁数	男	女	女性多于男性的岁数	男	女	女性多于男性的岁数
智利	30.9	32.2	1.3	54.4	59.9	5.5	67.6	74.6	7.0
圭亚那	33.5	35.8	2.3	59.0	63.0	4.0	65.8	70.8	5.0
牙买加	35.6	38.2	2.6	62.6	66.6	4.0	70.3	75.7	5.4
墨西哥	32.4	34.1	1.7	57.6	60.3	2.7	64.2	70.6	6.4
波多黎各	38.2	38.8	2.5	67.1	71.9	4.8	70.5	77.6	7.1
特立尼达和多巴哥	37.6	40.1	0.6	62.2	66.3	4.1	66.2	71.3	5.1
斯里兰卡	32.7	30.7	– 2.0	61.9	61.4	– 0.5	67.0	71.0	4.0
印度	26.9	26.6	– 0.3	41.9	40.6	– 1.3	55.6	55.2	– 0.4

资料来源：魏津生. 现代人口学 ［M］. 重庆：重庆出版社，1997：137 – 139.

三、死亡率的婚姻状况差别研究

（一）死亡率婚姻差异的理论研究

1956 年公布的美国 1949～1951 年死亡率有关统计资料表明，各个年龄的已婚男女死亡率都低于同龄的未婚、丧偶、离婚的人。D. 舒尔特夫（D. Shurtelff）1956 年对这种现象做过解释，认为已婚人口死亡率相对较低，部分是由于一种"选择"过程，健康的人比那些患慢性心脏病或精神病，以及其他影响寿命的残疾的人更容易结婚或者再婚。因此，和结婚的人相比，独身人口死亡率要高。[①]

A. S. 克劳斯（A. S. Kraus）和 A. M. 里兰弗尔德（A. M. Lilienfeld）1959 年对上述资料重新做了分析，发现 35 岁以下的独身人口死亡率比

---

① 舒尔特夫. 已婚人口死亡率 ［J］. 美国老年病学会杂志，1956（4）：654 – 666.

较高。他们认为，从主要死因来看，如动脉硬化心脏病、中枢神经系统血管损伤等，35 岁以下丧偶人口的死亡率大大高于同龄已婚有配偶人口，有的年龄组甚至高出 10 倍。对此，他们提出了三种说明：第一，"贫穷—危险配偶的彼此选择"假说，即生存时间短的人会自觉或不自觉地选择同样的人为偶，患有某些明显的躯体或感觉器官残疾的人容易和类似的人结婚；第二，"共同不利环境因素"假说，丧偶的人与其死去的配偶过去是在同一环境里生活，因此活着的人也会受到导致其配偶的人与其死去的配偶死亡的不利影响，这对于丧偶的人来说是危险的；第三，丧偶"鳏寡影响"假说，因为丧偶造成的悲痛，新的烦恼和责任，以及饮食、行为方式、娱乐生活的变化，都会影响丧偶者的健康和生命。① 他们还进一步提出第四个假说——"失去照料"假说，例如妻子去世以后鳏夫失去妻子的照料，可能会导致营养不良，当他患病时由于没有妻子的照料与督促，会很少去就医和按时服药，由于丧偶而产生的社会角色的变化本身就可能破坏对疾病的抵抗能力。②

（二）中国死亡率的婚姻差别分析

中国婚姻状况在 1990 年人口普查中分为未婚、有配偶、离婚和丧偶四类，在 2000 年普查中，有配偶又分为有配偶和再婚有配偶两类。按婚姻状态分类的人口都是 15 岁以上的人口，表 3 – 4 的死亡率也是 15 岁以上人口的死亡率。从表 3 – 4 可知，1990 年时，丧偶的男性死亡率最高，达到 53.7‰，丧偶的女性死亡率次之，为 41.1‰，未婚的女性死亡率最低，只有 1.1‰，丧偶男性死亡率约为未婚女性死亡率的 49 倍。2000 年时，丧偶男性死亡率仍居首位，为 45.8‰，丧偶女性死亡率次之，为 34.0‰，未婚女性死亡率最低，为 0.9‰，最高的丧偶男性死亡率约为最低的未婚女性死亡率的 51 倍。有配偶的人口死亡率位居中间。

---

① 克劳斯，里兰弗尔德. 年轻的丧偶人口高死亡率的一些流行病学方面的原因 [J]. 慢性病杂志，1959，10（3）：207 – 217.

② R. D. 雷德尔福特（Retherford）. 死亡率性别差异的变化 [M]. 纽约，1975：88.

表 3 – 4　　　中国 1990 年、2000 年按婚姻状况和性别分死亡率　　单位：‰

婚姻状况	2000 年		1990 年	
	男	女	男	女
合计	8.1	6.4	7.8	6.7
未婚	3.0	0.9	2.7	1.1
有配偶	7.4	4.2	7.3	4.1
其中初婚	7.2	4.1	—	—
再婚	13.0	8.1	—	—
离婚	11.9	5.3	15.7	7.8
丧偶	45.8	34.0	53.7	41.1

资料来源：国务院人口普查办公室，2002；国务院人口普查办公室，1993.

四、死亡率的阶层分化

按照韦伯的社会分层标准，最基本和可测量的阶层指标包括职业、文化水平和收入状况。死亡率的社会经济差异早在 18 世纪就开始了研究（United Nations，1982）。一般研究表明，社会经济地位较高的人群具有较低的死亡率（UN & WHO，1986）。死亡率阶层差异的本质是不同阶层的人具有的社会经济生活水平差异和生活方式差异，它通过营养状况、工作条件、居住环境、医疗服务，以及生理和心理健康等表现出来。因此，可以通过职业、受教育程度和收入状况来分析死亡率的阶层差异。

（一）死亡率的职业和收入差异

1851 年英格兰和威尔士的死亡人口登记中首次包含了职业信息。死亡率职业差别的最早一项研究是对 1865 ~ 1874 年丹麦哥本哈根和其他城镇不同阶层的死亡率分析，该研究将这些城镇 20 岁及以上的男性人口按其户主职业分为"贫穷、富裕、一般"三个阶层，然后比较他们经过调整后的年平均死亡率。结果发现，"贫穷"阶层的死亡率为 31.2‰，"富裕"阶层的死亡率为 16.5‰，"贫穷"阶层的死亡率差不多是"富裕"阶层的两倍。在其他城镇的分析也得到相近的结果，揭示了职业和社会阶层与死亡率之间的负相关关系，职业和阶层越高，死亡水平越低，反之亦然。1875年，法尔（Farr）的职业划分与我们当前的职业分类相似，用来研究其所代表的不同社会经济水平对死亡率的影响（Fox & Goldbtatt，1982）。1960年以前，由于许多国家的死亡人口登记中只包含职业这个唯一的社会经济变量，因此在研究不同社会经济特征人口的死亡率差异时，主要通过不同职业人口的死亡率差异来研究（Kitagawa，1973）。

一个人的职业代表了这个人的社会职能和社会关系，有的职业可能会比别的职业辛劳，有的职业还会发展为职业疾病；有的职业劳心，有的劳力。有些职业工作环境主要在室外、在乡村，有些主要在室内、在城镇。这些不同的工作环境会对劳动者健康水平有相当的影响，也会对死亡水平形成间接的影响。

如果以全体职工人数的死亡率为100‰来看，半熟练工人和不熟练工人的死亡率最高，尤其是不熟练工人，其死亡率远远高于平均水平（如表3-5所示）。这部分工人经济收入最低，从事的工作危险强度大，工作环境差，所享受的医疗保健最少，因此他们的死亡率居所有职工之首。1990年中国第四次人口普查第一次普查了不同职业人口的死亡状况，为研究职业人口的死亡率水平及其差异提供了重要信息。表3-6是1990年普查按照死亡人口职业分类的死亡率，都是15岁以上人口的死亡率。分职业中，男性职业的死亡率从高到低分别是农林牧渔劳动者、服务型工作人员、不便分类的其他劳动者、商业工作人员、国家党群企业负责人、生产运输和有关工人、专业技术人员、办事人员和有关人员。其中，农林牧渔劳动者死亡率最高，为10.6‰，办事人员和有关人员最低，为4.0‰。女性职业的死亡率从高到低分别是农林牧渔劳动者、不便分类的其他劳动者、服务型工作人员、国家党群企业负责人、商业工作人员、生产运输和有关工人、专业技术人员、办事人员和有关人员，其中农林牧渔劳动者的死亡率最高，为9.1‰，专业技术人员、办事人员和有关人员并列最低，为1.4‰，并且女性各种职业合计死亡率的水平都低于男性。不管是男性还是女性，农林牧渔劳动者的死亡率水平最高。

表 3 – 5　　　　　英国 1921～1950 年 20～64 岁男性人口死亡率　　　单位：‰

职业时期	1921～1923 年	1930～1932 年	1950 年
自由职业者、经理人员	82	90	97
农民、商人、管理人员	94	94	96
手艺匠、熟练工人、办公室人员	95	97	102
半熟练工人	101	102	94
不熟练工人	125	110	118
合计	100	100	100

资料来源：［法］索维. 人口通论（下册）［M］. 上海：商务印书馆，1983：91.

表 3 – 6　　　　　中国 1990 年按职业、年龄和性别分死亡率　　　单位：‰

年龄	全国在业人口	专业技术人员	国家党群企业负责人	办事人员和有关人员	商业工作人员	服务型工作人员	农林牧渔劳动者	生产运输和有关工人	不便分类
男性									
合计	8.8	4.7	4.8	4.0	5.9	9.5	10.6	4.8	7.0
15～19 岁	1.4	0.9	0.7	0.4	0.7	0.7	1.5	0.8	3.9
20～24 岁	1.4	0.6	0.4	0.6	0.7	0.8	1.7	0.9	1.7
25～29 岁	1.3	0.5	0.4	0.6	0.7	1.1	1.6	0.9	2.8
30～34 岁	1.8	0.9	0.6	0.8	0.9	1.5	2.2	1.3	2.4
35～39 岁	2.2	1.3	0.8	1.1	1.2	1.9	2.6	1.6	2.9
40～44 岁	3.1	2.0	1.3	1.7	1.9	2.7	3.7	2.4	4.2
45～49 岁	5.0	3.4	2.2	3.0	3.3	4.4	5.9	4.1	7.3
50～54 岁	8.5	5.2	4.0	5.6	6.2	7.1	9.7	8.4	9.5

续表

年龄	全国在业人口	专业技术人员	国家党群企业负责人	办事人员和有关人员	商业工作人员	服务型工作人员	农林牧渔劳动者	生产运输和有关工人	不便分类
男性									
55~59 岁	15.3	10.7	8.9	10.8	12.3	12.1	16.0	22.3	9.6
60~64 岁	33.5	40.9	45.9	40.2	27.8	25.0	31.2	85.6	33.9
65 岁 +	164.4	206.4	261.8	182.9	121.7	109.9	156.9	459.8	300.8
女性									
合计	7.4	1.4	2.4	1.4	2.4	3.1	9.1	2.1	8.2
15~19 岁	1.1	0.5	1.8	0.3	0.5	0.4	1.2	0.4	2.5
20~24 岁	1.2	0.4	0.3	0.4	0.5	0.5	1.5	0.5	1.0
25~29 岁	1.1	0.4	0.4	0.4	0.5	0.5	1.3	0.4	0.6
30~34 岁	1.4	0.5	0.5	0.4	0.6	0.7	1.7	0.6	1.2
35~39 岁	1.6	0.6	0.4	0.5	0.7	0.8	1.9	0.8	1.6
40~44 岁	2.2	1.0	0.7	0.9	1.1	1.1	2.6	1.2	2.8
45~49 岁	3.8	1.9	1.2	1.9	2.2	2.2	4.3	2.9	8.1
50~54 岁	7.7	3.4	2.6	4.6	5.2	7.5	7.9	14.4	39.7
55~59 岁	15.8	13.8	7.5	15.5	10.4	18.7	15.4	50.2	99.2
60~64 岁	42.4	56.9	20.8	41.0	22.4	38.6	41.6	132.0	353.1
65 岁 +	383.0	272.9	89.4	165.4	129.0	197.6	391.4	590.0	1381.1

资料来源：游允中，郑晓瑛．中国人口的死亡和健康［M］．北京：北京大学出版社，2005：139－140．

从年龄角度看，各种职业的死亡率都随着年龄增长而增加，绝大部分职业在 20~24 岁或 25~29 岁的死亡率最低。从 50 岁以后，差别逐渐拉大，到了 55 岁以上，产业工人的死亡率明显高出其他职业，而且高出很多。这并不表示从事生产和运输的工作环境和生活环境到了年老变差了，而是说这些工作也许不再适合于老年人口。同时，各职业的死亡率在 55 岁左右先后出现女性高于男性的情况，并大都一直保持这种特征。1990 年中国总的女性分年龄死亡率在 1 岁以后均低于男性，而表中所示 55 岁以上在业和不在业人口的女性死亡率均高于男性，可能是有部分不在业死亡人口的职业错报。

人口学家格泰格瓦和豪斯（Kitagawa and Hauser）对 1960 年美国死亡率的收入差异的研究表明，随着收入的增加死亡率下降。他们注意到收入状况与受教育程度有着较高的相关性。[①] 曼尼克（Menchik）的研究表明，在美国的老年男性中，收入的差异比其他因素更多地解释了社会地位导致的死亡率差异。[②]

（二）死亡率的受教育程度差异

受教育程度不仅标志着社会成员个人文化科学知识水平的高低，而且反映了人口素质。研究显示，受过较高文化教育人群及他们子女的死亡率都低于文化程度低的人群，也就是说文化程度越高，死亡率越低，反之亦然，两者存在负相关关系。因为一方面文化程度较高的人多从事社会地位和收入较高的职业；另一方面，随着文化知识水平的不断提高，对自身的生命发展规律的认识也不断增加，能尽力遵循科学的规律生活、劳动和养育子女。

中国在 2000 年和 1990 年人口普查收集了死亡人口教育程度的数据。两者在教育程度的分类上略有差别，1990 年的分类为不识字、小学、初中、高中、中专、大学专科和大学本科七类，2000 年的分类把研究生从大学本科独立出来，又加上了未上过学和上过扫盲班两类，但是没有不识字的分类。

从表 3-7 可知，中国人口死亡水平与其受教育程度有着非常密切的关系。随着人口教育水平的提高，死亡水平明显降低，差距逐级递减。其中未上过学的人口所对应的死亡率最高，并且与其他受教育人口

---

① J. kitagawa and S. Hauser. Differential Mortality in the united States：A Study in Socioeconomic Epidemiology [M]. Cambridge：Harvard University Press, 1973.

② P. Menchik. Economic status as a determinant of mortality among black and white older men：does poverty kill? [J]. Population Studies, 1993, 47：427–436.

的差别非常大，1990 年男性文盲的死亡率是大学的 12 倍，1990 年女性文盲的死亡率是大学的近 20 倍。女性高中和大学之间死亡水平差异不显著。总体而言，不同教育程度的女性死亡水平都低于男性。

对 1990 年和 2000 年数据进行比较可以发现，各种教育程度的死亡水平可以说是一致的。也就是说，教育程度所表现的死亡水平差异不是某一个时期的独特现象。2000 年和 1990 年的死亡率除了在小学程度上略有差异之外，在其他受教育程度都相差很小。

表 3 – 7　中国 1990 年和 2000 年按受教育程度和性别分的死亡率　　　单位：‰

受教育程度	2000 年		1990 年	
	男性	女性	男性	女性
未上过学（不识字）	39.9	25.4	25.1	15.8
其中：未上过学	43.2	28.1	—	—
上过扫盲班	26.6	13.1		
小学	7.9	3.2	5.5	1.8
初中	2.8	1.0	2.3	1.0
高中、中专	2.2	0.8	1.8	0.7
其中：高中	2.2	0.8	1.7	0.7
中专	2.1	0.7	1.9	0.9
大学	1.7	0.6	2.1	0.8
其中：专科	1.7	0.5	1.9	0.7
本科	1.9	0.7	2.4	1.1
研究生	0.9	0.5	—	—

资料来源：国务院人口普查办公室，2002；国务院人口普查办公室，1993.

五、死亡率的地区差异

死亡率的地区差异反映了不同地区经济发展水平和政治制度状况的差别及受其影响的医疗保健服务的差异。以医疗服务为例，最先进的医疗服务和最新的医学发现与进步总是最先使处于社会分层上面的人受惠，而这些人又多居于城市。地区间死亡率的差异还受到传染病特殊的传播途径、医疗服务组织和国家公共健康计划的影响。在不同经济条件下，个人或家庭使用医疗服务的可能性存在差别，一般来说，发达地区和城市人口比发展中地区和农村人口更有条件使用医疗服务。

以中国为例，分析 2000 年各省、直辖市、自治区按卫生资源分组的预期寿命和婴儿死亡率（如表 3 – 8 所示）。卫生资源相对较好的地区人口死亡水平明显低于卫生资源相对较差的地区，且差异显著。婴儿死亡率平均值的差异更为明显，每万人医院病床数小于或等于平均值地区人口的男婴死亡率是大于平均值地区男婴的 1.43 倍，每万人卫生人员数小于或等于平均值地区人口的女婴死亡率是大于平均值地区女婴的 1.53 倍。

表 3 – 8　　　　按卫生资源分组的预期寿命和婴儿死亡率（2000 年）　　　单位：‰

按下列指标分组	省区数	预期寿命平均值（岁）		婴儿死亡率平均值	
		男性	女性	男性	女性
每万人医院病床数					
其中：大于平均值	11	71.2*	74.7*	23.7*	20.7*
小于或等于平均值	20	69.0*	72.2*	34.0*	30.1*
两组之差	—	2.2	2.5	10.3	9.4
每万人卫生人员数					
其中：大于平均值	10	71.5*	75.0*	22.9*	19.7*
小于或等于平均值	21	68.9*	72.1*	33.9*	30.2*
两组之差	—	2.6	2.9	11.0	10.5

注：＊$P < 0.05$。

资料来源：游允中，郑晓瑛. 中国人口的死亡和健康 [M]. 北京：北京大学出版社，2005：146.

　　　　随着生产力的不断发展，地区之间社会经济条件会逐渐接近，农村的医疗卫生水平也随之提高，城乡间的死亡率差距也会逐渐缩小。20 世纪 50 年代至 80 年代重要年份的市、县死亡率资料（如表 3 - 9 所示）。由于 1959～1961 年困难时期死亡率非常高，不能代表正常情况下的城乡死亡率差异，所以未引用该部分数据。从表中可知，20 世纪 50 年代、60 年代和 70 年代前五年城乡死亡率差距较大，1954 年的县市比重值达 1.70，但是，70 年代后五年，城乡死亡率差距逐步缩小，1984 年的县市比重值只有 1.07，因为城市人口死亡率下降到一定程度后，下降速度减缓了，而农村人口死亡率下降速度仍相对较快。

表 3 - 9　　　　　中国 20 世纪 50 年代至 80 年代主要年份死亡率　　　　单位：‰

年份	市	县	县/市比重值
1954	8.07	13.71	1.70
1957	8.47	11.07	1.31
1966	5.59	9.47	1.69
1971	5.35	7.57	1.41
1975	5.39	7.59	1.41
1978	5.12	6.42	1.25
1979	5.07	6.39	1.26
1980	5.14	6.53	1.27
1984	5.86	6.73	1.07

资料来源：张佳蓉. 人口社会学 [M]. 武汉：武汉大学出版社，2010：95 - 96.

第二节　死亡的原因分析

死亡原因研究是死亡问题研究的一个重要领域。死因分析可以揭示死亡率水平变化的内部结构，还有助于认识死亡率差别形成的原因，更重要的是可以为卫生保健计划和死亡率控制措施提供科学的论据。

一、死因分类研究

每个人的生命诞生过程是相同的，但生命的结束方式却多种多样——可以有多种原因引起死亡。例如，衰老、疾病、意外死亡及自杀，等等。当然，其中多数的死亡是由于疾病引起的。为了对死亡进行比较研究，必须将繁多的种种死亡原因按照科学的原则和方法进行分类。

（一）医学意义上的死因分类

1853 年，国际统计学会着手编制统一的疾病名称和死因分类。1975年，世界卫生组织（WHO）对疾病与死亡原因分类进行了第 9 次修订，其修订的规则于 1977 年出版公布。WHO 第 9 次修订的疾病与死亡原因分类共分 17 大类和 2 个补充分类。这些分类是：①传染病与寄生虫病；②肿瘤；③内分泌、营养、代谢及免疫性疾病；④血液与造血器官疾病；⑤精神病；⑥神经系统与感觉器官疾病；⑦循环系统疾病；⑧呼吸系统疾病；⑨消化系统疾病；⑩泌尿生殖系统疾病；⑪妊娠、分娩及产后合并症；⑫皮肤及皮下组织疾病；⑬肌肉骨骼系统及结缔组织疾病；⑭先天异常；⑮围产期特有的病态；⑯症状、体征与诊断不明确的疾病；⑰损伤与中毒。两个补充分类是对损伤与中毒及影响健康因素的补充。

W. 彼得逊对上述《分类表》做了如下评价："国际分类统计表是一种非常有价值的工具，过去一个世纪以来，一些最优秀的流行病学家和人口统计学家，已经为此提出了许多设想和意见。然而在项目分析方面它还很粗糙。作为一种实用的分析工具，它应当对现有的医学知识情况、对国际在使用上的差异、对任何一种疾病与医药、解剖或法律的关系，做出全面的综合的考虑。"①

---

① W. 彼得逊. 人口 [M]. 兰州：甘肃人民出版社，1984：343.

（二）社会角度的死因分类

从社会角度对死亡分类强调死因分布的社会内涵和由此反映的社会卫生、健康、预防疾病的状况。人口社会学多采用下面五种方法对死因进行分类：

（1）传染性疾病引起的死亡（外源性死因）。由各种病毒和细菌的感染而引起的死亡，是单因单果的疾病，包括各种传染病、寄生虫病、呼吸系统和消化系统的疾病。传染性疾病引发的死亡如果在社会中占有较高的比重，说明社会卫生状况较差。回顾历史，传染性疾病曾经是人类主要的死因。通过蚊子传染的疟疾，以病毒方式传染的麻疹、结核、鼠疫及"黑死病"等曾一度是最重要的威胁人类生命的疾病。1979年小儿麻痹症在全球范围内被消灭。但时至今日，传染性疾病仍是发展中国家引发人口死亡的主要原因。

（2）退行性疾病引发的死亡（内源性死因）。人体的某种生理退化，如心脏病、癌症、糖尿病、脑血管等，一般是由一组致病因素导致死亡。退行性疾病引发的死亡比例较高，说明一个社会向着人类正常死亡的方向发展。

（3）妇婴疾病引发的死亡。由于妊娠、分娩和新生儿病等而引发的死亡。它从生殖健康的角度说明社会的卫生状况。

（4）外因死亡（非正常死亡）。意外事故引起的死亡，如火灾、水灾、交通事故、战争、自杀和他杀等。

（5）其他，如地震引发的死亡。

上述五种死因分类不是绝对分开的，而是相互联系的。

二、死因模式的研究

死因模式就是从宏观来看的死因结构。从微观角度来看，每个人的死亡都有其特定的死因，而从宏观角度看，各个人的死因构成了整个人口的死因分布与结构，可以称为死因模式。从动态角度看，人口的死因模式不是一成不变的，而是随着社会经济发展、医疗卫生服务和技术水平的提高而不断变化的。

联合国 1962 年出版的《联合国人口简报》第 6 期，对死亡模式的转变作了分析：在发达国家中过去传染病、寄生虫病和呼吸系统疾病的死亡率很高，是当时这些国家人口的重要死因。例如，当英格兰和威尔士人口的平均预期寿命为 50.5 岁时，死于上述疾病的人占全部死亡人数的 27%，当平均预期寿命提高到 70.5 岁时，死于这类疾病的人数占全部死亡人数的比重下降到 7%。

1962~1964 年，世界卫生组织对发达国家和发展中国家死因模式的研究表明，两类国家的死因模式存在差别，发达国家的主要死因中 79% 是退行性疾病引发的死亡，居于首位的是心脏病，占全部死亡人数的三分之一；第二位是恶性肿瘤，占 19%；第三位是影响中枢神经系统的血管损害，占 13%。发展中国家则不同，前六位死因分别为肠胃炎（10%）、心脏病（8%）、流行性感冒和肺炎（7%）、恶性肿瘤（7%）和事故损害（5%），发展中国家的传染性疾病致死率较高，死因分布具有分散性，说明发展中国家的卫生水平和预防疾病能力较低。但发展中国家的传染病致死亡率所占比重并没有成为主要死因。

1972 年由 S. 普雷斯顿和 N. 凯费茨（N. Keyfitz）、R. 舒恩（R. Schoen）所编制的《死亡原因：国家人口生命表》（死因生命表）[①]，被称为死因模式研究中一项具有代表性的研究成果。这个死因生命表，是在 180 个人口死亡统计资料的基础上编制出来的 48 个国家的死因生命表。其中时间跨度最长的为 103 年（英格兰和威尔士 1861~1964 年），出生时的预期寿命为 22~77 岁。每个人口各个年度的死因生命表又分为 4 个分表：12 个死因各自的死亡率和各种死因综合的死亡率；12 个死因综合死亡率的生命表；每种死因的死亡率表；剔除某种死因或综合死因的生存概率。这项研究成果比较全面地反映出人类死亡原因模式的

---

　① 普雷斯顿，凯费茨，舒恩. 死亡原因：国家人口生命表 [M]. Seminar Press, 1972.

变化，同时还反映出不同年龄和不同性别的人口的死因模式及历史演变。死亡模式的变化还体现在死因构成的变化上，死亡原因随着经济发展和医疗水平的提高不断发生变化，发达国家和发展中国家的死亡原因构成就存在着很大的差异。1971 年，奥兰·奥姆兰（omran）提出了关于流行病转变理论和四种转变类型：①典型的西方模式。这一模式的主要代表为西方近 200 年的流行病转变，其特点是随着社会、经济发展及环境的改善，流行病逐渐减少、人口存活率上升，同时伴随着生育率的下降。②加速的转变模式。这一模式是以日本、东欧以及苏联的流行病转变为代表，其特点是流行病转变时间较晚，但是完成转变所用的时间较短，死亡率的变化与第一种模式基本相同，而生育率的下降主要是依靠人工流产等节育手段增加生育间隔来完成的。③延迟的转变模式。大多数发展中国家的转化属于这一模式，这类国家死亡率下降的时间较晚，且生育率保持较高的水平，使人口在短时间内增长迅速。④改变的延迟模式。属于这一模式的国家主要包括中国、新加坡等，其特点是流行病转变迅速完成，同时政府采取相应的生育政策来干预生育行为，使得生育率下降较为迅速。

　　联合国出版的《人口趋势的决定因素和后果》（1973），用四种模型来说明，随着死亡率下降，死因模式变化的情况（如表 3 - 10 所示）。随着出生时平均预期寿命的提高，死因模式随之变化。①年轻型人口中，当平均预期寿命从 50 岁提高到 70 岁时，传染病、寄生虫病、呼吸系统疾病迅速下降，由 34.1% 下降到 10.8%，而癌症比例和循环系统疾病却迅速上升，癌症由 5.6% 提高到 15.2%，循环系统疾病从 18.7% 上升到 32.2%；②老年型人口中，当平均预期寿命从 50 岁提高到 70 岁时，传染病、寄生虫病、呼吸系统疾病也迅速下降，从 27.4% 下降到 6.5%，而癌症和循环系统疾病迅速上升，癌症由 7.9% 提高到 16.4%，循环系统由 26.0% 提高到 46.5%；③年龄构成对死因构成模型有影响作用。在同样的平均预期寿命水平上，年轻型人口中传染病、寄生虫病、呼吸系统疾病所占比例要高于老年型人口，而老年型人口的癌症和循环系统疾病要高于年轻型人口。

表 3 - 10	四种模型人口死因分布			单位：%
死因	年轻型人口		老年型人口	
	模型 A $e_0^0 = 50$	模型 B $e_0^0 = 70$	模型 C $e_0^0 = 50$	模型 D $e_0^0 = 70$
传染病、寄生虫病、呼吸系统疾病	34.1	10.8	27.4	6.5
癌症	5.6	15.2	7.9	16.4
循环系统疾病	18.7	32.2	26.0	46.5
暴力	4.3	6.8	4.0	5.2
其他疾病	37.3	35.0	34.7	25.4
所有疾病	100.0	100.0	100.0	100.0

在世界人口转变过程中，死亡模式和死因顺位也会呈现现代化转变的趋势，可以预见，随着社会经济的发展和人类认识自然能力的提高，传染性疾病发病率和致死率会有所下降，现代社会将更多地与循环系统疾病、癌症等慢性病作斗争。

三、日本和中国的人口死因分析

（一）日本人口的死因构成变化

日本是亚洲经济最发达、医疗卫生水平最高的国家，并且也是目前世界上平均寿命最高的国家。自 1950 年以来，随着经济发展和医疗卫生条件的改善，日本人口的死亡原因构成发生了很大变化。表 3 - 11 反映了 1950~2000 年日本死因别死亡率及排序的变化情况，从中可以清楚地看到死亡原因构成的变化。1950 年占日本死亡原因第一位的是结核病，而 1960 年、1970 年和 1980 年脑血管病占据了第 1 位，1990 年和

2000 年占据第一位的却是恶性肿瘤。随着战后日本经济高速增长，医学研究不断进步，结核病等传染性疾病得到了控制，死因构成也相应地发生了变化。在死因构成的其他变化中，意外事故死亡的位次在 20 世纪 60 年代后不断前移，这一时期正是日本城市化迅速发展时期。另外，自杀的位次在 70 年代以前还排在死亡原因的后几位，但 70 年代后逐渐前移，到 2000 年排到死因位次的第 6 位。日益增多的自杀现象主要发生在青少年当中，而且年龄段有不断下降的趋势。例如，2002 年 20～39 岁年龄段的死因中自杀占据首位。作为非生理性疾病的死因，自杀和意外事故死亡比例的增加，反映现代日本存在的重大社会问题。此外，1990 年糖尿病位列死亡原因的前 10 位，虽然排在第 10 位，但是也引起了日本医学界的广泛注意。

表 3－11　　　1950～2000 年日本死亡原因及构成（每 10 万人）

序号	1950 年		1960 年		1970 年	
	死因	死亡率	死因	死亡率	死因	死亡率
1	结核	146.40	脑血管病	160.70	脑血管病	175.80
2	脑血管病	127.10	恶性肿瘤	100.40	恶性肿瘤	116.30
3	肺炎及支气管炎	93.20	心脏病	73.20	心脏病	86.70
4	胃肠炎	82.40	衰老	58.00	意外事故	42.50
5	恶性肿瘤	77.40	肺炎及支气管炎	49.30	衰老	38.10
6	衰老	70.20	意外事故	41.70	肺炎及支气管炎	34.10
7	心脏病	64.20	结核	34.20	高血压病	17.70
8	新生儿疾病	62.20	自杀	21.60	结核	15.40
9	意外事故	39.50	胃肠炎	21.20	自杀	15.30
10	肾炎及肾硬变	32.40	新生儿疾病	18.50	肝硬化	12.50

续表

顺位	1980 年		1990 年		2000 年	
	死因	死亡率	死因	死亡率	死因	死亡率
1	脑血管病	139.50	恶性肿瘤	177.20	恶性肿瘤	235.20
2	恶性肿瘤	139.10	心脏病	134.80	心脏病	116.80
3	心脏病	106.20	脑血管病	99.40	脑血管病	105.50
4	肺炎及支气管炎	33.70	肺炎及支气管炎	60.70	肺炎	69.20
5	衰老	27.60	意外事故	26.20	意外事故	31.40
6	意外事故	25.10	衰老	19.70	自杀	24.10
7	自杀	17.70	自杀	16.40	衰老	16.90
8	慢性肝疾病及肝硬化	14.20	肾炎及肾硬变	14.00	肾功能衰竭	13.70
9	高血压	13.70	慢性肝疾病及肝硬化	13.70	肝脏疾病	12.80
10	肾炎及肾硬变	8.80	糖尿病	7.70	慢性肺疾病	10.20

（二）中国人口的死因构成变化

新中国成立以前，中国较高的人口死亡率与严重营养不良、恶性传染病流行有着非常密切的关系。根据 20 世纪 20、30 年代北京市和南京市的资料（如表 3 - 12 所示），导致人口死亡排名前十位的主要疾病分别是肺结核、呼吸系统疾病、急性传染病、消化系统疾病、心肾病、抽风病、衰老及中风、初生产溺及早产、其他病和麻疹。其中，各种传染病（特别是肺结核）占有相当大的比例，呼吸系统疾病和消化系统疾病也不容忽视，1932～1933 年死因构成中，传染病（包括肺结核）、呼吸系统疾病、消化系统疾病占据了 59.5%。

表 3 – 12　　　　　20 世纪 20 ～ 30 年代北京和南京死亡专率和死因构成

死因	1926～1931年死亡专率（1/10 万）	1932～1933年死因构成（%）	1932～1933年死因顺位	1935 年死亡专率（1/10 万）	1934 年构成（%）	1934 年死因顺位
肺结核	303	14.4	2	159.0	8.30	4
呼吸系统疾病	260	17.30	1	377.1	23.50	1
急性传染病	235	14.00	3	58.1	4.50	8
消化系统疾病	354	13.80	4	278.3	19.80	2
心肾病	166	6.70	6	64.0	1.90	10
抽风病	125	5.50	7	101.2	4.70	7
衰老及中风	120	6.90	5	80.3	5.60	6
初生产溺、早产	91	4.60	8	46.0	3.20	9
其他病	135	2.70	9	298.2	11.50	3
麻疹	88	2.60	10	147.9	6.00	5

资料来源：黄荣清．人口死亡水平，转引自路遇：新中国人口五十年（上）［M］．北京：中国人口出版社，2004：180．

新中国成立以后，随着社会生产力水平的提高及医疗技术的普及，在较短的时间内，中国基本上消灭了严重危害人民身体健康的流行病和急性传染病（如天花、鼠疫、伤寒、斑疹、霍乱等）；其他疾病的发病率和病死率也有所下降。除三年自然灾害时期（该时期人口死亡的直接原因是饥饿浮肿和消化系统疾病）以外，其他时期中国人口死因主要是一些慢性病、老年病、难以防治的顽症等。

表 3 – 13 是主要年份中国部分城市死因构成及顺位变动表。表中数据显示：①1957 年，与 20 世纪 30 年代类似，前几位死因仍然是呼吸系统、急性传染病、肺结核、消化系统疾病，但所占比例有所下降，恶性肿瘤、神经系统疾病、外伤和中毒开始进入前十位排名；②1975 年，排名前三位的死因分别是脑血管病（21.61%）、心脏病（19.49%）、恶性肿瘤（18.84%），三种死因占据了所有死亡人口的 59.94%，与 20

世纪50年代的死因构成差异显著。同时，泌尿系统疾病进入了前十位死因排名；③1982年，与1975年死因构成比较类似，前三位死因仍然是脑血管病（22.26%）、心脏病（21.05%）、恶性肿瘤（20.60%），三种死因占据了所有死亡人口的63.91%，新生儿病进入了前十位排名。1989年，恶性肿瘤占据死因之首，从1957年的5.17%，到1975年的18.84%，再到1989年的21.42%，恶性肿瘤死亡的人数占所有死亡人数的比例逐年上升；④10种主要死因在死亡总人数中所占比例越来越大，1957年为65.57%、1975年、1982年、1989年分别为87.23%、87.54%、91.47%。占据前四位的死因已逐渐由急性病、传染病转变为脑血管病、心脏病、恶性肿瘤等慢性病、老年病。并且前四种病死因所占比例越来越高，1957年为39.61%，1989年达到了74.08%。

表3-13　　　　　　　中国部分城市死因顺位构成及其变化　　　　　单位：%

顺位	1957年		1975年		1982年		1989年	
	死因	比例	死因	比例	死因	比例	死因	比例
1	呼吸系统疾病	16.86	脑血管病	21.61	脑血管病	22.26	恶性肿瘤	21.42
2	急性传染病	7.93	心脏病	19.49	心脏病	21.05	脑血管病	20.94
3	肺结核	7.51	恶性肿瘤	18.84	恶性肿瘤	20.60	呼吸系统疾病	15.96
4	消化系统疾病	7.31	呼吸系统疾病	10.75	呼吸系统疾病	8.67	心脏病	15.76
5	心脏病	6.61	消化系统疾病	4.86	消化系统疾病	4.37	损伤和中毒	7.43
6	脑溢血	5.46	肺结核	3.57	外伤	3.25	消化系统疾病	3.93
7	恶性肿瘤	5.17	外伤	2.85	中毒	2.07	新生儿病	1.70
8	神经系统疾病	4.08	传染病	2.23	肺结核	2.03	泌尿系统疾病	1.55

续表

顺位	1957 年		1975 年		1982 年		1989 年	
	死因	比例	死因	比例	死因	比例	死因	比例
9	外伤和中毒	2.66	泌尿系统疾病	1.97	新生儿病	1.63	代谢病等	1.48
10	其他结核	1.98	中毒	1.06	泌尿系统疾病	1.61	肺结核	1.30
合计	65.57		87.23		87.54		91.47	

　　资料来源：中国卫生部编. 中国卫生统计年鉴［J］. 北京：人民卫生出版社，1992：873 – 874.

　　表 3 – 14 和表 3 – 15 是 2013 年中国城市和农村分性别前十位疾病死亡率及死因构成。从表中可知：①与 20 世纪 80 年代类似，2013 年中国城市和农村人口排名前四位的均是恶性肿瘤、脑血管病、心脏病和呼吸系统疾病，并且前四位疾病死因之和占所有死亡人口的比例逐年提高，城市和农村前四位疾病死因的比例之和分别为 79.71%，78.69%；②除了前四位疾病，排在前十位的还有损伤和中毒外部原因、内分泌营养和代谢疾病、消化系统疾病、传染病（含呼吸道结核）、神经系统疾病、泌尿生殖系统疾病。前十类死因占据所有死亡人口的比例已经非常高，城市为 94.58%，农村为 94.84%；③从城乡差别上看，2013 年中国城市人口死因排名首位的恶性肿瘤占 25.47%，农村人口死因排名首位的是脑血管病占 22.92%，恶性肿瘤占 22.38%，排名第二，与城市的差距并不显著；④从性别差异上看，2013 年城市男性排名前三的死因分别是恶性肿瘤（27.94%）、脑血管病（19.61%）、心脏病（19.60），而城市女性排名前三的死因分别是心脏病（24.38%）、恶性肿瘤（22.06%）、脑血管病（21.18%），城市男性恶性肿瘤死亡率比例高出女性约 6 个百分点，而城市女性心脏病死亡率比例高于男性约 5 个百分点。农村男性与女性的差异与城市类似，农村男性恶性肿瘤死亡率比例高于女性 6.38 个百分点，而农村女性心脏病死亡率比例高于男性 5.28

个百分点。

表 3 – 14　　　　2013 年全国分性别前十位疾病死亡率及死亡原因构成（城市）

顺位	合计			男			女		
	死亡原因	死亡率（1/10 万）	构成（％）	死亡原因	死亡率（1/10 万）	构成（％）	死亡原因	死亡率（1/10 万）	构成（％）
1	恶性肿瘤	157.77	25.47	恶性肿瘤	198.22	27.94	心脏病	128.50	24.38
2	心脏病	133.84	21.60	脑血管病	139.12	19.61	恶性肿瘤	116.27	22.06
3	脑血管病	125.56	20.27	心脏病	139.04	19.60	脑血管病	111.65	21.18
4	呼吸系统疾病	76.61	12.37	呼吸系统疾病	88.45	12.47	呼吸系统疾病	64.47	12.23
5	损伤和中毒外部原因	39.01	6.30	损伤和中毒外部原因	51.84	7.31	损伤和中毒外部原因	25.83	4.90
6	内分泌营养和代谢疾病	17.12	2.76	消化系统	19.55	2.76	内分泌营养和代谢疾病	18.35	3.48
7	消化系统疾病	15.78	2.55	内分泌营养和代谢疾病	15.93	2.24	消化系统疾病	11.91	2.26
8	传染病（含呼吸道结核）	6.93	1.12	传染病（含呼吸道结核）	9.54	1.34	神经系统疾病	6.54	1.24
9	神经系统疾病	6.85	1.11	神经系统疾病	7.16	1.01	泌尿生殖系统疾病	5.77	1.09
10	泌尿生殖系统疾病	6.44	1.04	泌尿生殖系统疾病	7.10	1.00	传染病（含呼吸道结核）	4.26	0.81
	10 种死因合计	94.58		十种死因合计	95.27		十种死因合计	93.62	

资料来源：国家统计局人口和就业统计司.中国人口和就业统计年鉴［J］.北京：中国统计出版社，2014：565.

表 3 – 15　　　　2013 年全国分性别前十位疾病死亡率及死亡原因构成（农村）

顺位	合计			男			女		
	死亡原因	死亡率（1/10 万）	构成（%）	死亡原因	死亡率（1/10 万）	构成（%）	死亡原因	死亡率（1/10 万）	构成（%）
1	脑血管病	150.17	22.92	恶性肿瘤	189.16	25.00	心脏病	137.42	25.02
2	恶性肿瘤	146.65	22.38	脑血管病	166.94	22.06	脑血管病	132.66	24.15
3	心脏病	143.52	21.90	心脏病	149.37	19.74	恶性肿瘤	102.26	18.62
4	呼吸系统疾病	75.32	11.49	呼吸系统疾病	82.35	10.88	呼吸系统疾病	67.98	12.38
5	损伤和中毒外部原因	57.14	8.72	损伤和中毒外部原因	78.20	10.33	损伤和中毒外部原因	35.14	6.40
6	消化系统疾病	15.19	2.32	消化系统疾病	19.67	2.60	内分泌营养和代谢疾病	13.07	2.38
7	内分泌营养和代谢疾病	11.76	1.79	传染病（含呼吸道结核）	10.78	1.42	消化系统疾病	10.51	1.91
8	传染病（含呼吸道结核）	7.94	1.21	内分泌营养和代谢疾病	10.51	1.39	神经系统疾病	6.62	1.21
9	泌尿生殖系统疾病	6.96	1.06	泌尿生殖系统疾病	8.18	1.08	泌尿生殖系统	5.68	1.03
10	神经系统疾病	6.81	1.04	神经系统疾病	6.98	0.92	传染病（含呼吸道结核）	4.97	0.91
10 种死因合计		94.84		10 种死因合计		95.42	10 种死因合计		94.00

　　资料来源：国家统计局人口和就业统计司. 中国人口和就业统计年鉴［J］. 北京：中国统计出版社，2014：565.

第三节　死亡的指标及相关研究

一、死亡基本统计指标

(一) 死亡人数

度量人口死亡状况的最基本数据是死亡人数。死亡人数是指一定时期内永久失去生命现象人数的总和，它是时期指标，应该按时期进行统计，通常以一年为单位统计死亡人数。目前世界上有两种死亡申报制度：一种是属地原则，即凡是某一行政区管辖范围内死亡的人口均被计为该地区的死亡人口数，欧美等国家多数采用属地原则；二是属人（或属籍）原则，即一个人不管死于何地，均被计为该人常住地（或户籍所在地）的死亡人口数，我国采用的是属人原则。无论采取哪种原则，死亡人数统计都容易出现漏报的情况，使得统计数据不准确，其中婴儿死亡人数的漏报较为普遍。

死亡人数的多少受总人口规模的影响，一般地说，一个国家或地区的人口总数越多，统计时段越长，相应的死亡人数也越多。因此死亡人数这个概念不能进行比较和分析。为了便于在不同的人群之间建立一种可以比较的度量关系，在进行死亡测度时引入了"死亡率"这个指标。

死亡率是人口死亡的频率或强度，是反映一定时期、一定地区内人口死亡强度的统计指标，客观地表明总人口中平均每一千人的死亡人数比率。死亡率的高低，既表示总人口的死亡水平，也反映了社会经济因素对人口死亡水平的影响程度。一般分为粗死亡率、死因死亡率、婴儿死亡率和新生儿死亡率、分年龄性别死亡率、标准化死亡率。

(二) 粗死亡率 (crude death rate)

粗死亡率又称为总死亡率，简称死亡率，指在一定时期内（通常为一年）死亡人数与同期平均人数之比，用千分数表示。死亡率反映某一人口总的死亡水平，是反映人口健康状况的主要和基本的指标之一。死亡率的计算公式为：

$$粗死亡率 = \frac{年内死亡人数}{同期该地区总人口数} \times 1000‰$$

式中，同期该地区总人口数也可用年平均人数或者年中人口数来代替。

死亡率是反映实际人口死亡水平的重要指标。死亡率不存在理想水平的概念，一般在6‰~35‰之间变动。人口死亡率一般以20‰为分界线，高于20‰为高死亡率，低于20‰为低死亡率或向低死亡率转交的转折点。死亡率变动异常的情况主要有两种：一是发生饥荒、疫病和战争；二是人口结构严重扭曲，如人口老龄化十分严重等。从总体上说，人类开始有效地控制死亡率的上升并使之出现迅速下降的趋势是科学技术，尤其是医学发展的结果。死亡率的下降首先在婴幼儿和青少年年龄层发生，当这一年龄层的死亡率降低到一定水平后，死亡率下降的步伐开始减缓。其次，通过预防和治疗中老年人疾病来进一步降低死亡率，但是这样会带来人口高龄化的问题，反过来又使得死亡率的下降受到阻滞，甚至反弹。

（三）死因别死亡率（cause-specific death rate）

死因别死亡率是指一定地区在某年内每10万人口中因某种原因死亡的人口数。其计算公式为：

$$某种死因死亡率 = \frac{该地该年因某种原因死亡的人数}{该地该年年平均人口数} \times 100000/10万$$

死亡与性别、年龄有密切关系，与职业及自然环境也有很大的关系。一些传染病主要产生于热带和亚热带地区，然后传播到温带地区；一些特定的职业也会存在特定的传染病。死因别死亡率在发达国家和发展中国家之间存在明显的差异。在发达国家死亡人口的死因中，心血管病、恶性肿瘤等疾病所占比例最大，而发展中国家由传染病导致的死亡占很大比例。当然，各国之间死因别死亡率的差异也受到年龄结构的影响。在死因分析中，孕产妇死亡率是常用的指标，指某一地区在某一年度内每100000个活产婴儿诞生时孕产妇因怀孕、分娩或围产期并发症所致死的人数。

（四）婴儿死亡率（infant mortality rate）

婴儿期是指从出生到满1周岁之间的一段时间。婴儿在这个阶段生长发育特别迅速，是人一生中生长发育最旺盛的阶段。但这一时期由于婴儿身体较弱，对母体外的环境适应能力较差，容易生病死亡。因此婴儿死亡率是各个年龄组中最重要、最敏感且最具有综合性的一个指标。它是指婴儿自出生到满1周岁时期的死亡概率。计算公式为：

$$婴儿死亡率 = \frac{年内婴儿死亡人数}{同期该地活产婴儿数} \times 1000‰$$

新生儿死亡率（neonatal mortality rate）是一定地区在一定时间（通常是1年）内出生后28天内或一个月以内的死亡婴儿数占同期出生婴儿总数的比例，计算公式为：

$$新生儿死亡率 = \frac{该年该地未满28天或一个月的死亡婴儿数}{该年该地同期活产婴儿数} \times 1000‰$$

婴儿死亡率、新生儿死亡率不仅反映某一地区某一时期的医疗卫生水平，同时也在一定程度上表明了该地区人口的健康状况及生活质量。它们是死亡率指标中重要且敏感的指标。影响婴儿死亡率主要因素是新生儿死亡率，它一般占到婴儿死亡率的60%～70%，降低新生儿死亡率是降低婴儿死亡率的关键。

（五）分年龄分性别死亡率（sex/age-special death rate）

分年龄分性别死亡率是指某一地区一定时期内（通常为1年）男、女某年龄别死亡人口数与同一时期该地区相应的男、女总人口数（或年中男、女人口数）的比率，一般用千分比来表示。计算公式为：

$$分年龄分性别死亡率 = \frac{年内男、女某年龄别死亡人口数}{同期该地男、女总人口数} \times 1000‰$$

（六）标准化死亡率（standardized mortality rate）

标准化死亡率是按照年龄调整的死亡率，用同一标准年龄构成作为权数来计算不同地区、不同时期的人口死亡率。由于人口年龄结构是影响死亡率高低的重要因素，为了消除人口年龄结构不同所产生的死亡率差异，增加死亡率的可比性，需要采用标准化死亡率的方法来计算。标准化死亡率的公式为：

$$标准化死亡率 = \sum（各年龄别死亡率 \times 标准年龄构成）$$

如何选择标准年龄分布，主要取决于比较不同地区死亡率的目的。如果比较的重点是老年人口死亡率，则应当选择一个年老的人口年龄结构作为标准年龄结构，以便增加老年死亡率的权数，从而加大老年死亡率在总死亡率中的影响；如果比较的重点是婴儿死亡率，则应当选择一个年轻的人口年龄结构作为标准年龄结构，以增加婴儿死亡率的权数。标准化死亡率虽然不能反映实际的死亡水平，但可以对不同地区、不同时期的死亡率进行比较研究。

（七）死亡人口的平均年龄和平均死亡年龄

各年龄组死亡人口占总人口的比例被称为是死亡人口的年龄分布，通常有两个峰值：一个峰值在 0～4 岁年龄组，另一个峰值为 70 岁以上年龄组。死亡人口的平均年龄是指某死亡人口年龄的平均值。其公式为：

$$死亡人口平均年龄 = \frac{\left[\sum（年龄组组中值 \times 该年龄组死亡人口数）\right]}{死亡人口总数}$$

$$= \sum\left(年龄组组中值 \times \begin{array}{l}该年龄死亡人口占\\总死亡人口的比例\end{array}\right)$$

死亡人口的平均年龄是以死亡人口分布为权数计算的，它反映了死亡人口年龄水平的综合值，是死亡人口年龄的真实反映。但是死亡人口的年龄分布受到人口年龄结构的影响，因此其可比性较差。为了消除人口年龄结构对死亡人口年龄分布的影响，人口学中常常使用平均死亡年龄的概念。平均死亡年龄是采取死亡率在年龄上的分布作为权数来计算的。其公式为：

$$平均死亡年龄 = \frac{[\sum（年龄组组中值 \times 该年龄组死亡率）]}{[\sum 各年龄组死亡率]}$$

二、死亡率的变动趋势

人口死亡率变动趋势研究是通过比较和分析各国人口死亡率的变动，从中发现异同。从发达国家死亡率的历史资料看，总死亡率的演变经历了三个阶段：第一个阶段是高死亡率阶段，经历时间最久，从人类产生一直到欧洲爆发产业革命的 18 世纪；第二个阶段是总死亡率从高水平持续地、不可逆转地走向低水平，大致包括了 19 世纪到 20 世纪 60 年代这段历史时期；第三个阶段属于总死亡率水平稍稍回升的时期，始于 20 世纪 60 年代中期。

高死亡率阶段，如果用数量表示，年均高达 40‰、45‰甚至 50‰，这是非正常死因或死亡外因决定死亡率水平的时期。战争及部落间厮杀格斗、恶性传染病、饥荒和其他种种严重的自然灾害，都是构成高死亡率的外因。在这些死亡外因起主要作用的时期，夭折现象比比皆是，致使总死亡率始终保持很高的水平。

西欧 18 世纪产业革命爆发，经济出现蓬勃增长，医学兴起，生活资料大大增多，使影响死亡的外因逐渐削弱，由死亡主因变成了次因。其结果是，总死亡率逐渐下降的新时期的到来，高死亡率时代从此结束，代之而起的是低死亡率的时代。这不只是人口领域的一场巨大变革，更可视为一次人口革命。正是这次人口革命的爆发，结束了长期以来高死亡率决定高出生率的时代。从此，一个新的人口再生产类型——高出生、低死亡、高增长的类型取代了高出生、高死亡、低增长的人口再生产类型。并且，时隔不久，大致在第一次人口革命后约半个世纪的时间里，欧美发达地区又爆发了第二次人口革命——生育率从高水平持续地降到低水平。这也是社会经济巨大变动的产物。这样，欧美地区很快迎来了低出生、低死亡、低增长的人口再生产类型，并一直延续到现在。

20世纪60年代中期开始，发达国家的总死亡率水平演变到了最后一个阶段——开始稍稍回升阶段。据联合国的统计资料，发达地区1960～1965年的年平均死亡率降低到了9‰，从此不再继续下降，而是开始回升，1965～1970年回升到9.1‰，1970～1975年是9.2‰，1975～1980年是9.4‰，1980～1985年是9.6‰，各个发达国家也出现了这第三个阶段。总死亡率下降到一定的低水平后之所以回升的原因是，人口年龄结构变动、人口老龄化开始。截至20世纪60年代，发达国家陆续开始人口老龄化的进程。人口老龄化意味着总人口中65岁和65岁以上的老年人口所占比例越来越高，由于老龄组的死亡率水平大大高于其他年龄组，促成总人口的死亡率水平上升。

发展中国家目前的人口死亡率处在第二个阶段，即业已完成第一次人口革命，正常死因变成死亡主因，总死亡率进入从高水平不断向低水平过渡的阶段。虽然发展中国家的死亡率变动还未达到第三个阶段，即死亡率回升阶段，但可以预期，这个阶段迟早会到来，因为发展中国家的人口老龄化也终将到来。

第四节　生命周期表及平均预期寿命的测算

一、生命周期表

各种不同指标的死亡率可以对不同人群的死亡情况进行量的比较，但是，要想回答诸如："1950年某地出生的10万人，他们活到60岁时还有多少人？他们平均能活到多少岁？在每个年龄段上能存活下来的有多少人？"等问题时，就要用到生命表这个指标。

生命表，一方面，由于它反映了人口的生命过程，同时也反映了人口的寿命过程，亦可称为寿命表；另一方面，由于生命表在揭示人口生命过程的同时，又反映了人口的死亡过程，又可称为死亡表。在人口学研究中，一般都称为生命表。

（一）生命表的产生

生命表作为人口统计学的一项重要分析技术，它的发展已经有三百多年的历史，17 世纪中叶，英国统计学家约翰·格兰特（John Graunt）出版了著名的《关于死亡表的自然的和政治的观察》一书，他在书中利用当时英国伦敦的生命登记资料，编制了人类第一张死亡表。这张死亡表为生命表的研究与发展奠定了重要的理论与技术基础。格兰特在整理英国伦敦 17 世纪初叶以后的生命登记资料中发现，随着年龄的变化，人口的性别结构也在发生着变化。究其原因，他发现这与男性人口的死亡水平一般较女性人口死亡水平高有着密切联系。不同性别人口的死亡水平的差异对不同年龄组人口的性别结构产生着影响这一事实，进一步激发了格兰特对这一问题的研究兴趣，他利用当时掌握的生命登记资料，按年龄和性别分别计算了各个年龄组的死亡人数占相应年龄组人数的比率，制作了人类历史上第一张死亡表，这张死亡表在国际上被公认为是现代生命表发展的雏形。

自约翰·格兰特之后，英国学者埃德蒙·哈利（Edmund Halley）在 1693 年进一步将全部人口按年龄编制，完成了世界上第一张生命表。普鲁士学者塞斯·米尔奇（Seth Milch）分别按城市和乡村及全国人口编制了生命表，荷兰、瑞典和意大利等国也先后编制了自己国家的生命表。随着人口普查制度在各国的普遍实施，人口统计数据的进一步完备，以及人寿保险事业的兴起，生命表的编制技术得到了进一步的发展和完善。随着社会实践的需要，在各国人口统计学家和数学家的共同努力下，对生命表的编制技术做了更深层次的大量研究，使其在编制技术上和实践应用上都较前有了重大的发展，诸如生命表元素的定义、参数的取值、数学的处理，都达到了更加准确和严密的程度，生命表的应用领域也更加广泛。随着计算机技术的应用与普及，为生命表的编制应用与发展提供了更为优越的技术条件。

（二）生命表函数

生命周期表（life table）又称死亡表（mortality table），是以年龄、性别分类所观察到的死亡率为基础，将人口因死亡而减少的情形归纳成一张简单的统计表，显示假想人群受死亡因素影响逐渐递减的生命史。生命表不是简单初步的统计资料，而是根据一定的调查时期所获得的有关国家或地区的人口普查资料（或有关部门的统计资料），经过分析整理，折算成以 10 万或 100 万同年龄人为基数的逐年生存与死亡的数字编制而成。生命表以年岁为纲，全面、完整地反映了某一国家或地区一定人群从诞生直至全部死亡的生死规律。[①]

生命表是人口统计学中一个非常有用的工具，它通常被用于模拟某一人口从出生到死亡的过程。假定有 10 万人同时出生，根据人口的年龄别死亡率，每年都有人相继死亡，于是这一人口数量越来越少，到了生命表的最后一行，所有存活到高龄的人都去世了。

生命表以封闭人口为前提。为了研究上的方便，定义封闭人口为没有人口迁移流动的人口。封闭人口中只有人口的出生和死亡变动，区域内的人口增加和减少只与出生和死亡有关，在这个区域内不存在人口的迁入和迁出。但在现实中并不存在绝对的封闭人口，地区间的人口迁移是不断发生的。表 3 - 16 是具有一般形式的一张完全生命表，可以看出生命表基本上由七个基本函数组成：第一列是年龄组，用 x 表示，当间隔为 1 岁时，该生命表成为完全生命表，当间隔为 5 或者 10 岁时所编制的生命表为简略生命表；第二列是死亡概率，表明每一年龄组人口生存到下一个年龄组之前死亡的比例，用 q_x 表示；第三列是尚存人数，用 l_x 表示；第四列是表上死亡人数，用 d_x 表示；第五列是平均生存人年数，用 L_x 表示；第六列是平均生存总人年数，用 T_X 表示；第七列是平均预

---

① 李永胜. 人口统计学［M］. 成都：西南财经大学出版社，2002.

期寿命，用 e_x 表示。

表 3 – 16   2005 年 1%人口抽样调查中国人口生命表

年龄 （岁）	死亡概率 q_x	尚存人数 l_x	表上死亡 人数 d_x	平均生存人 年数 L_X	平均生存总 人年数 T_X	平均预期寿 命（岁）e_x
0	0.012820	100000.000	1282.00000	98833.380	7509359.900	75.093599
1 ~ 4	0.013068	98718.000	1290.10230	391259.710	7410526.500	75.067632
5 ~ 9	0.002097	97427.989	204.38398	486628.530	7019266.800	72.045758
10 ~ 14	0.001948	97223.514	189.40119	485644.070	6532638.200	67.191958
15 ~ 19	0.003294	97034.113	319.68509	484371.350	604694.200	62.318230
20 ~ 24	0.004340	96714.427	419.79471	482522.650	5562622.800	57.515957
25 ~ 29	0.004987	96294.633	480.27248	48272.480	5080100.200	52.755798
30 ~ 34	0.006230	95814.360	596.97421	477579.370	4599827.700	48.007707
35 ~ 39	0.008017	95217.386	763.42716	474178.360	4122248.300	43.293021
40 ~ 44	0.010593	94453.959	1000.60640	469768.280	3648070.000	38.622732
45 ~ 49	0.016217	93453.352	1515.57250	463477.830	3178301.700	34.009499
50 ~ 54	0.022591	91937.780	2077.04800	454496.280	2714823.900	29.528925
55 ~ 59	0.034687	89860.732	3117.06760	441510.990	2260327.600	25.153674
60 ~ 64	0.056790	86743.664	4926.19900	421402.820	1818816.600	20.967717
65 ~ 69	0.092876	81817.465	7598.95220	390089.950	1397413.800	17.079651
70 ~ 74	0.150417	74218.513	11163.74900	343183.190	1007323.800	13.572406
75 ~ 79	0.236176	63054.764	14892.02400	278043.760	664140.620	10.5327590
80 ~ 84	0.354958	48162.74	17095.78700	198074.230	386096.860	8.0165052
85 ~ 89	0.495278	31066.953	15386.80800	116867.750	188022.620	6.0521746
90 ~ 94	0.671118	15680.146	10523.23500	52092.642	71154.878	4.5378965
95 ~ 99	0.780543	5156.911	4025.19380	15721.571	19062.236	3.6964447
100 及 以上	1.0	1131.7173	1131.7173	3340.6656	3340.6656	2.9518552

注：表中死亡率数据来源于国家统计局人口和社会统计司编．中国人口统计年鉴［J］．北京：中国统计出版社，2006：152 – 154.

1. 年龄（x）

在生命表上的年龄有三个概念，亦即在生命表上将使用三个不同概念的年龄。

（1）临界年龄。

临界年龄是指刚过生日时的瞬间年龄，或称刚进入某一年龄组时的初始年龄。人的年龄是以自然年度为单位计量的，随着时间的推移，人的年龄随之增大，也就是人的年龄亦在不断地发生转组。例如，一个婴儿从呱呱坠地时起，到他过第一个生日瞬间，他的年龄正在发生转组，在这个转组的瞬间之前的年龄，在人口统计学上称为 0 岁，在这个转组的瞬间之后即称为 1 岁；同理，1 个 1 岁的小孩，在他过第二个生日时的瞬间，他的年龄同样在发生转组，在这个转组的瞬间之前的年龄为 1 岁，在这个转组的瞬间之后的年龄为 2 岁；如此等等。上述这个年龄转组的瞬间，即为年龄转组的临界点。鉴于人口年龄的上述特点，故称年龄转组瞬间所显示的那个年龄为临界年龄。临界年龄亦可称为转组年龄。对于 0 岁婴儿来说，其临界年龄即为呱呱坠地时的瞬间所显示的年龄，也就是一个新的生命刚刚开始时的年龄。在 0 岁组，在临界年龄意义下所显示的人口数，即为出生人数。

（2）周岁年龄。

当以 x 表示某岁年龄时，周岁年龄即指已满 x 岁尚未满 x+1 岁时的年龄。或者可以理解为在两个生日之间的时间状态下的年龄，即为周岁年龄。更确切地说，周岁年龄即为两个临界年龄之间的年龄，其年龄所含时间长度表现为一个年龄区间。又根据年龄变量在数学性质上为连续变量的特点，周岁年龄在数学定义上，即为半开区间年龄。当以 A 表示周岁年龄，a 表示临界年龄时，周岁年龄的数学表示为：

$$A \in [a, a+1)$$

周岁年龄是人口统计学中通常使用的年龄。现按周岁年龄的时间特征具体表述如下：

0 岁组——指出生后尚未周岁者；

1 岁组——指已满 1 岁，尚未满 2 岁者；

2 岁组——指已满 2 岁，尚未满 3 岁者；

……

x 岁组——指已满 x 岁，尚未满 $x+1$ 岁者。

（3）确切年龄。

确切年龄（x）是指一个人年龄的确切数值，例如：一个人过 1 周岁生日时的确切年龄就是 1 岁，再过三个月的确切年龄为 1.25 岁，再过半年后的确切年龄则为 1.5 岁。生命表中的年龄标识是按整数计算的确切年龄。

由于人的年龄要经历从小到大再到老的一个较长时间过程，所以在关于年龄的计量研究上，也就有上限与下限的问题。就整个人口的年龄序列来说，年龄下限为 0 岁，年龄上限为 $\omega-1$ 表示。其中希腊字母 ω 表示极限年龄。由于在实际生活中，没有任何一个人可以活到极限年龄，而总是在极限年龄之前死去，因此在人口统计学中，一般用 $\omega-1$ 表示年龄序列的上限，$\omega-1$ 称为最高年龄。

2. 尚存人数（l_x）

尚存人数是指在 x 岁组中的人，在其临界年龄时的人数，亦即为在某一临界年龄时的人数，也就是刚进入某一年龄组时的初始人数。例如：

l_0——刚出生的人数；

l_1——刚进入 1 岁组的人数；

l_2——刚进入 2 岁组的人数；

……

$l_{\omega-1}$——刚进入最高年龄组的人数。

由尚存人数 l_x 的特点可见，$l_x(x=0，1，2，\cdots)$ 可以构成一个数列：$l_0，l_1，l_2，\cdots，l_{\omega-1}$。此数列在生命表中称为生存序列。通常生命表都把生命表的出生人数，也即 0 岁（指确切年龄）人数规定为 $l_0=100000$，也叫生命表基数。

3. 表上死亡人数（d_x）

表上死亡人数是指在生命表上年龄为 x 岁的死亡人数（即非实际死亡人数）。其确切意义是指已经活到 x 岁，但尚未活到 $x+1$ 岁之前而死去的人数。

d_0——从出生后到尚未满周岁前在此期间死亡的人数；

d_1——已满 1 岁到尚未满 2 周岁前在此期间死亡的人数；

d_2——已满 2 岁到尚未满 3 周岁前在此期间死亡的人数；

……

$d_{\omega-1}$——以满 $\omega-1$ 岁到尚未满 $\omega-1+1$ 周岁前在此期间死亡的人数。

同样，$d_x(x=0, 1, 2, \cdots)$ 可以构成一个数列：d_0，d_1，d_2，$\cdots$，$d_{\omega-1}$。此数列在生命表中称为死亡序列。

上列生存序列 $l_x(x=0, 1, 2, \cdots)$ 和死亡序列 $d_x(x=0, 1, 2, \cdots)$ 间有着如下关系：

$$l_0 - d_0 = l_1$$
$$l_1 - d_1 = l_2$$
$$l_2 - d_2 = l_3$$
$$\cdots\cdots$$
$$l_{\omega-1} - d_{\omega-1} = l_{\omega-1+1} = l_\omega = 0$$

它们的上列关系也可以描述为：

$$l_1 = l_0 - d_0$$
$$l_2 = l_1 - d_1 = l_0 - d_0 - d_1 = l_0 - (d_0 + d_1)$$
$$l_3 = l_2 - d_2 = l_0 - d_0 - d_1 - d_2 = l_0 - (d_0 + d_1 + d_2)$$
$$\cdots\cdots$$
$$l_{\omega-1+1} = l_0 - (d_0 + d_1 + d_2 + \cdots + d_{\omega-1}) = l_0 - \sum_{x=0}^{\omega-1} d_x$$

由于 $l_{\omega-1+1}=0$，所以

$$l_0 = \sum_{x=0}^{\omega-1} d_x$$

这是生命表中一个重要关系式，称之为生死平衡等式。等式左端为同时出生的一批人，等式右端则表示同时出生的这批人，从 0 岁起开始陆续死去，直到最高年龄 $\omega-1$ 的人全部死完所实现的平衡关系。生死平衡等式的重要意义在于，通过这个生死平衡等式可以研究某一人口同时出生的一批人是如何陆续死去的，尚存活着的人又是如何陆续生存下来的，也就是在生存过程和死亡过程中有着什么样的规律性。

4. 死亡概率（q_x）

死亡概率（q_x）是指已经活到 x 岁的人们活满 $x+1$ 岁之前可能出现的死亡比率。死亡概率是生命表中一个最重要的元素，只要有了年龄别死亡概率分布，生命表就可以根据其特有的数理处理程序编制出来。所以，死亡概率的计算精度如何，与生命表的质量高低有着决定性的重要关系。根据死亡概率的定义，其计量描述为：

$$q_x = \frac{d_x}{l_x}$$

式中，d_x 为表上死亡人数，l_x 为尚存人数。

该式是死亡概率的理论定义，也就是说，从死亡概率的本来含义上讲应该是如此。但是，由于式中此时的 d_x 和 l_x 都是两个未知元素，因此不具有提供计算上的意义，即只有理论上的意义。

为了使死亡概率具有提供计算上的可能，更重要的是使 q_x 能够反映某一被研究的实际人口的死亡概率水平，因此围绕着如何把 q_x 中的未知元素转换成与此有联系的而又具有实际意义的已知条件，许多人口统计学家为此做了大量的努力。下面的死亡概率公式就是英国学者伐尔（Farlle）提出来的也就是较为流行的一个死亡概率公式。

$$q_x = \frac{2m_x}{2+m_x}$$

式中，m_x 表示年龄为 x 岁的死亡率，它是根据实际人口资料计算的年龄别死亡率。构成这一死亡率公式的基本要素，是实际人口年龄别死亡率。该公式使其同实际人口死亡率联系起来，又使其在计算上有了可能；同时，由此计算结果所得到的死亡概率分布，充分反映了某一实际人口的死亡人口趋势。所以，由此编制的生命表也就赋予了特定的实际意义和价值。

该公式的证明如下：

$$l_x - d_x = l_{x+1}$$

$$q_x = \frac{d_x}{l_x}$$

现定义：$m_x = \dfrac{d_x}{L_x} = \dfrac{d_x}{\dfrac{1}{2}(l_x + l_{x+1})}$

可知：$m_x = \dfrac{d_x}{\dfrac{1}{2}(l_x + l_x - d_x)} = \dfrac{2d_x}{2l_x - d_x} = \dfrac{2q_x l_x}{2l_x - q_x l_x} = \dfrac{2q_x}{2 - q_x}$

即得：$q_x = \dfrac{2m_x}{2 + m_x}$

在形式上，死亡概率是死亡人数与原有人数之比，死亡人口是原有人口中的一部分，而死亡率则是死亡人数与年平均人数之比。由于（生命表基数）是给定的，所以从数理意义上讲，只要知道了死亡概率序列 q_x 就可以由此算出所有的生存序列 l_x（$x = 0$，1，2，…）和死亡序列 d_x（$x = 0$，1，2，…）。这样，整个生命表就可以编制出来。在这个意义上，死亡概率是生命表中的一个最重要函数，是计算其他生命表函数的起点。

5. 平均生存人年数（L_X）

人年数是一个把人数和时间联系起来进行研究的复合计量单位的指标，它是人数与时间的乘积。例如一个人活了 1 年为 1 人年，五个人每个人活了 1 年与一个人活了 5 年，从时间总量上看是相等的，都是 5 人年，人年数在日常生活中有很多用途。例如，1 个本科大学生，学习时间为 4 年，即称为 4 个人学年，若 1 个班 50 名学生全部毕业，即为 200

个人学年，这对于教育经费的预算与管理具有实际意义。据此道理，生存人年数，即指具有各种生存时间的人数与对应时间的乘积。对于一个宏观人口群就某一个年龄组来说，每一个人的生存时间会各有不同，当要研究其生存人年数的一般水平时，就需要计算其生存人年数的平均数，故称平均生存人年数。所以，所谓平均生存人年数是指从某一确切年龄 x 岁到另一确切年龄 $x+n$ 岁间的生存者所具有的人年数的平均值。

由于不同年龄层次人口死亡水平的高低不同，通过平均生存人年数的计算，反映出生存时间的长度上会各有差异。

（1）0 岁组的计算。

0 岁组人口的死亡情况较为特殊，不同月龄的婴儿死亡水平很不稳定。但通过大量的统计数据观察可知，其死亡特征大体也有个一般趋势，即：其月龄距离出生时间愈近的婴儿，死亡水平越高；其月龄距离 1 岁越近的婴儿，死亡水平相对较低。这就决定了 0 岁人口在其生存时间上的特征。因此 L_0 的计算为：

$$L_0 = \frac{1}{4}l_0 + \frac{3}{4}l_1$$

式中，1/4 和 3/4 分别为 l_0 和 l_1 系数的经验值。

（2）1~4 岁各年龄组的计算。

由于 1~4 岁的儿童死亡状况较为复杂，主要表现为死亡特征很不规律，对于这个年龄段人口的平均生存人年数的计算，既不能采用 0 岁组的方法，更不能采用 5 岁以上组的方法，而需要做特殊处理，即 5 岁以上组方法的基础上再加一个修正因子，以使其计算结果尽量与实际情况接近。其为：

$$L_x = \frac{1}{2}(l_x + l_{x+1}) + \frac{1}{24}(d_{x+1} - d_{x-1}) \quad x = 1,\ 2,\ 3,\ 4$$

（3）5 岁以上各组的计算。

由于 5 岁以上人口的死亡水平逐渐趋于稳定，所以平均生存人年数的计算，即可按简单算术平均数方法进行处理，即：

$$L_x = \frac{1}{2}(l_x + l_{x+1}) \quad x \geqslant 5$$

当 $x = \omega - 1$ 时，$L_{\omega-1} = \frac{1}{2}l_{\omega-1}$

6. 平均生存总人年数（T_x）

平均生存总人年数即指平均生存人年数的累计数，也就是对平均生存人年数做累计求和处理。计算公式为：

$$T_x = L_x + L_{x+1} + \cdots + L_{\omega-1} = \sum_{i=x}^{\omega-1} L_i$$

当 $x = 0$ 时，

$$T_0 = L_0 + L_1 + \cdots + L_{\omega-1} = \sum_{x=0}^{\omega-1} L_x$$

7. 平均预期寿命

平均预期寿命是指在当前社会经济条件下同时出生的一批人预期可能生存的寿命。它是反映了一个国家社会经济生活状况的一个重要的国情指标。平均预期寿命符号 $\mathring{e}$ 上面加一个圆圈，是为了避免其同自然对数底数 e 相混。其计算方法为：

$$\mathring{e}_x = \frac{T_x}{l_x} \ (x = 0, \ 1, \ 2, \ \cdots, \ \omega-1)$$

当 $x = 0$ 时，$\mathring{e}_x = \frac{T_0}{l_0}$

关于平均预期寿命和平均剩余寿命，这是两个不同的概念。前者是指在当前社会经济条件下同时出生的一批人，在未来预期可能生存的寿命，也就是说，它是指在生命表中的 0 岁组人口预期可以存活的寿命，即专指 $\mathring{e}_0$ 而言。平均剩余寿命是指当其已经活到 x 岁时，还有多少剩下来的预期可能生存的寿命。所以，除 0 岁组外，其他年龄组可能生存的寿命，均称为平均剩余寿命。

平均预期寿命和平均死亡年龄，这是两个有着本质区别而又特别容易混淆的概念。平均死亡年龄是指按一定时期内死亡者的年龄总和除以死亡者人数所得的年龄平均数。如用 a 表示死亡者的年龄，d 表示死亡者人数，其平均死亡年龄为：

$$\bar{a} = \frac{\sum a \cdot d_a}{\sum d_a} = \sum a \cdot \frac{d_a}{\sum d_a}$$

一定时期平均死亡年龄的高低要受到当地死亡者年龄结构的直接影响，平均预期寿命则根据平均生存总人年数计算而不受人口年龄结构的影响，两者是有明显区别的，不能用平均死亡年龄来说明人口的平均寿命水平。因此，平均预期寿命和平均死亡年龄，是两个性质完全不同的概念。

二、平均预期寿命（life expectancy）

人类的死亡是不以人的意志为转移的。那么，人类到底能活多少年呢？人类的寿命到底有多长呢？研究表明，各种动物的寿命期约是本身的生长期的 5 ~ 7 倍。人的生长期为 20 ~ 25 年，那么人类自然寿命应该是 100 ~ 170 年。如果从胚胎细胞分裂次数来分析，认为人类细胞分裂次数为 50 次，平均每次分裂周期为 2.4 年，那么人类的寿命应约为 120 年。还有科学家认为，一般哺乳动物最高寿命大约相当于它的性成熟期的 8 ~ 10 倍。人的性成熟是 14 ~ 15 岁，据此推算，人的自然寿命应该在 110 ~ 150 岁之间。从理论上来看，人类自然寿命可以达到 100 岁以上甚至更高，但人类的实际寿命并没有那么长。2010 年第六次全国人口普查结果显示，2010 年我国人口实际寿命达到 74.83 岁，其中男性人口平均寿命 72.38 岁，女性为 77.37 岁。这里的人口实际寿命就是指人口平均预期寿命。

每一个人的寿命是他死亡时的确切年龄，如一个人在 1950 年 3 月出生，2015 年 11 月去世，那么他的确切寿命为 65.75 岁。对于同一年出生的一批人来说，他们的平均寿命是根据他们每一个人的寿命而计算的一个平均数。即对同时出生的一批人进行追踪调查，分别记录下他们在各个不同年龄的人数来计算人口的平均寿命。用这批人的平均寿命来假设一代人的平均寿命即为统计年份该代人的人口平均预期寿命。一般来说，人口平均寿命的长短受两方面的制约；一方面，由于体质、遗传因素、生活条件等个人差异，使得每个人的寿命长短相差悬殊；另一方面，社会经济条件、卫生医疗水平限制着人们的寿命，所以不同的社会，不同的时期，寿命的长短有着很大的差别。由于事实上要跟踪同时出生的一批人的整个完整的生命过程有很大困难，在实际计算时可以利用当前各年龄（组）的死亡概率来代替同一代人在不同年龄（组）的死亡率水平，然后计算出各年龄（组）人口的平均生存人数，由此推算出这一年的人口平均预期寿命。这就是人口平均预期寿命，通常用 $\mathring{e}_0$ 来表示。

人口平均预期寿命是生命表中的重要指标之一。它是指假若当前的分年龄（组）死亡率保持不变，同一时期出生的一批人预期能继续生存的平均年数。通常所说的平均寿命，一般是指出生时的人口平均预期寿命，故它用 $\mathring{e}_0$ 来表示。0 岁（出生时）的人口平均预期寿命具有特别重要的意义，它表示出生后的同一批人平均一生可能生存的年数。人口平均预期寿命既能综合反映全体人口的死亡水平，消除了实际人口年龄构成的影响，又能反映总人口死亡率和年龄（组）的死亡率，同时，人口平均预期寿命还能对同一时期的不同人口或者同一人口的不同时期人口的生存年限进行比较，具有非常重要的意义。1990 年，我国总人口平均预期寿命为 70.47 岁，2000 年为 71.40 岁，2010 年为 74.83 岁。这可以说明，2010 年与 1990 年相比，我国总人口的寿命提高了 4.36 岁。

综上所述，平均预期寿命表明了新出生人口平均预期可存活的年数，是度量人口健康状况的一个重要指标。它以当前分年龄死亡率为基础，但实际上，计算死亡率是不断变化的，因此平均预期寿命是一个假定的指标。这个指标与性别、年龄、种族有着紧密的联系，常常需要分别计算。为了更深入地理解平均预期寿命指标，可关注以下几点：其一，平均预期寿命是根据现有的各年龄死亡情况综合计算出来的，它取决于现实生活中的各种社会经济条件，因此它是反映客观实际的。根据哪一年或哪几年的死亡率计算，就反映这一年或这几年的情况；其二，平均预期寿命是就全体出生者平均而言的。至于具体到每一个人，则其未来寿命可能很短，也可能很长；其三，平均预期寿命是指出生时预期未来寿命的长短。它是按照现有年龄死亡率和生命表中的人口年龄构成计算的，不受现存人口年龄构成的影响。

思　考　题

1. 中华人民共和国成立后的死亡率变动及其特点。
2. 论述 21 世纪发达国家和发展中国家死因模式的异同。
3. 论述影响死亡率变动的主要因素。
4. 谈谈你对平均预期寿命的理解。

参 考 文 献

［1］ J. kitagawa and S. Hauser. Differential Mortality in the united States：A Study in Socioeconomic Epidemiology ［M］. Cambridge：Harvard University Press，1973.

［2］ P. Menchik. Economic status as a determinant of mortality among black and white older men：does poverty kill? ［J］. Population Studies，1993，47：427 -436.

［3］普雷斯顿，凯费茨，舒恩. 死亡原因：国家人口生命表 ［M］. Seminar Press，1972.

［4］W. 彼得逊. 人口学基础 ［M］. 兰州：甘肃人民出版社，1984.

［5］班迪，卡尼特尔. 人口研究原理 ［M］. 西玛拉雅出版社，1982.

［6］［法］索维．人口通论（下册）［M］．上海：商务印书馆，1983.

［7］中国卫生部编．中国卫生统计年鉴［M］．北京：人民卫生出版社，1992.

［8］赵锦辉，乔国良．人口死亡学［M］．哈尔滨：黑龙江教育出版社，1995.

［9］魏津生．现代人口学［M］．重庆：重庆出版社，1997.

［10］路遇．新中国人口五十年（上）［M］．北京：中国人口出版社，2004.

［11］李竞能．现代西方人口理论［M］．上海：复旦大学出版社，2004.

［12］游允中，郑晓瑛．中国人口的死亡和健康［M］．北京：北京大学出版社，2005.

［13］国家统计局人口和社会统计司．中国人口统计年鉴［M］．北京：中国统计出版社，2006.

［14］佟新．人口社会学［M］．北京：北京大学出版社，2012.

［15］张佳蓉．人口社会学［M］．武汉大学出版社，2010.

［16］人口统计资料集．日本国立社会保障［M］．人口问题研究所，2004.

［17］汤兆云．人口社会学［M］．华中科技大学出版社，2010.

［18］国家统计局人口和就业统计司．中国人口和就业统计年鉴［M］．北京：中国统计出版社，2014.

［19］W. J. 马丁．男女死亡率趋势的构成［J］．皇家统计学会杂志，1951：144.

［20］舒尔特夫．已婚人口死亡率［J］．美国老年病学会杂志，1956，4：654－666.

［21］麦迪甘．死亡率性别差异是由生物学原因引起的吗？［J］．米尔班克纪念基金季刊，1957，35：202－217.

［22］克劳斯，里兰弗尔德．年轻的丧偶人口高死亡率的一些流行病学方面的原因［J］．慢性病杂志，1959，10（3）：207－217．

［23］联合国．联合国人口简报［J］．1962（6）：76．

［24］联合国．人口趋势的决定因素和后果（第一卷）［M］．1973．

［25］W. H. 莫斯利．儿童存活的生物和社会经济决定因素：生育率和死亡率变量一体化最接近决定因素框架［C］．IUSSP 国际人口会议论文集．佛罗伦萨，1985，2：189－208．

［26］阎瑞，陈胜利．四十年来中国人口分年龄死亡率与寿命研究［J］．中国人口科学，1991（2）：1－10．

［27］李永胜．人口统计学［M］．西南财经大学出版社，2002．

第四章

人口迁移与城市化

　　人口迁移，是指人口分布在空间位置上的变动。由于研究角度的不同，学术界对人口迁移的概念存在多种界定。联合国《多种语言人口学辞典》对人口迁移定义为人口在两个地区之间的地理流动或者空间流动，这种流动会涉及永久性居住地由迁出地到迁入地的变化。这种迁移被称为永久性迁移，它不同于其他形式的、不涉及永久性居住地变化的人口移动。由此概念引申出人口迁移的两个重要属性：第一，人口迁移的时间属性。即只有那些居住地发生"永久性"变化的运动才能称为人口迁移，而日常通勤活动造成的居住地暂时变动则排除在外；第二，人口迁移的空间属性。即人口迁移必须迁出原居住地一定距离，一般以跨越行政界限为依据，排除了在同一行政区域内改变居住地的人口。

　　"流动人口"是中国户籍制度条件下的一个概念，指离开了户籍所在地到其他地方居住的人口，但尚无明确和统一的定义。国际上，类似的群体被称为"国内移民"（internal migration）。"人口流动"是指人口在短期离开后又返回原居住地的现象，一般指离家外出工作、读书、旅游、探亲和从军一段时间，未改变定居地的人口移动。人口流动不属于人口迁移，比人口迁移更为普遍和经常，流动的人口不能称为移民。人口流动分为周期流动和往返流动。流动与迁移是两种相似但又有区别的现象，相似的是人口流动与人口迁移都是对人口在空间上发生位移这一现象的描述。区别在于：（1）人口迁移是永久的，人口流动是非永久的或是周期的；（2）人口迁移伴有户籍的改变，人口流动没有户籍的改变而发生的"人籍分离"的现象；（3）人口迁移以定居为目的，而人口流动并不一定以定居为目的。

第一节　人口迁移理论

一、人口迁移理论的经济学分析

（一）距离模型

人口迁移是一种人口在地表空间中的移动现象，因此距离便成为衡量和影响人口迁移的一个基本地理要素。距离模型简单引用了万有引力与距离成反比的定律，即式（4-1）：

$$M_{ij} = K \frac{1}{D_{ij}^{\alpha}} \qquad\qquad (4-1)$$

式中：M_{ij} 为两地间迁移总人数；D_{ij}^{α} 为 i、j 两地间的距离；K 为模型系数；α 为距离衰减参数。

在做不同的实证研究时，距离可以理解为交通距离、直线距离、心理距离、人口重心距离、时间距离和经济距离等，也可用时间、费用等替代。

（二）引力模型

引力模型是对距离模型的深化，它将万有引力定律中的物体质量由人口规模替代而生成。最早由吉佛（Zipf G. K.）提出的人口迁移引力模型为式（4-2）：

$$M_{ij} = K\frac{P_iP_j}{D_{ij}^{\alpha}} \qquad\qquad (4-2)$$

式中：M_{ij} 是两地间迁移总人数；P_i、P_j 分别为两地人口数；D_{ij}^{α} 为 i、j 两地间的距离；K 为模型系数；α 为距离衰减参数。

引力模式是西方最早解释人口迁移的数理分析模型，也是比较成功且应用性很强的一个模型。引力模型使两地间的人口迁移总量可以用 3 个客观的指标来进行描述，也使得人口迁移的空间格局研究由定性描述开始转向定量研究。引力模型影响深远，后人以此为基础发展了众多模型，加入经济、社会等因素，但其基本假设均是相互作用强度与人口数成正比，与距离成反比。现代化交通工具的出现，空间距离相对缩小，因而吉佛模型的距离是人口迁移的主要障碍因素逐渐减弱或消失。但引力模型没有涉及人口迁移的原因和动机，不能满足对人口迁移内在机理的分析。

（三）经济引力模型

经济变量在分析人口迁移问题中是必不可少的因素。美国人口学家劳瑞（Lowry I. S.）利用统计模型，把吉佛引力模型中隐含的"一个地区的人口规模决定了该地区所能提供的就业机会"的假设具体化。提出经济引力模型，用两地非农业劳动力人数表示两个地区的人口数量，用失业率和制造业的小时工资来描述就业机会，使模型具有更为丰富的理论内涵，其模型表达式为（4-3）：

$$M_{i\to j} = K\Big[\frac{U_i}{U_j}\cdot\frac{W_i}{W_j}\cdot\frac{L_iL_j}{D_{ij}}\Big] \qquad\qquad (4-3)$$

式中：$M_{i\to j}$ 表示 i 地到 j 地的迁移人口；L_i、L_j 表示 i 地与 j 地非农业劳动力人数；U_i、U_j 分别表示 i 地、j 地的失业率；W_i、W_j 分别表示 i 地、j 地每小时制造业的工资；D_{ij} 表示 i、j 两地的距离；K 为模型系数。在实证研究中，该模型中的经济因素，随着区域的不同和时间的差异而发生变化并得到不断改进。经济引力模型比单纯引力模型的进步之处在于引入经济变量来解释人口迁移空间格局形成和演变的原因。

（四）空间相互作用模型

空间相互作用模型是由英国地理学家威尔逊（A. G. Wilson）等人以引力模型为基础建立的，是一种流量的空间分布模型。其基本假设是：设一个封闭区域内有 N 个小区，则流的线路的数量为 $N \times N$ 个。进一步假定总流量为 M，则 M_{ij} 为相互作用变量，也就是小区 i 到小区 j 的流量，即地区 i、j 之间的相互作用。设 O_i 为从 i 区出发的所有流的总和，D_j 表示流入 j 区的流的总和，$f(d_{ij})$ 为距离衰减函数，根据流的起点和终点的约束不同，模型分为四类，即：O_i、D_j 均为未知的无约束型，O_i 已知而 D_j 未知的起点约束型，D_j 已知而 O_i 未知的终点约束型，O_i、D_j 均为已知的双重约束型。其模型表达分别为式（4-4）、式（4-5）、式（4-6）、式（4-7）。式中，V_i 表示地区 i 的放出性，W_j 表示地区 j 的吸收性。

$$M_{ij} = K V_i^{\alpha} W_j^{\beta} f(d_{ij}), \ 其中 K = \frac{M}{\sum_{ij} V_i W_j f(d_{ij})} \qquad (4-4)$$

$$M_{ij} = A_i O_i W_j^{\beta} f(d_{ij}), \ 其中 A_i = \frac{1}{\sum_{j} W_j^{\beta} f(d_{ij})} \qquad (4-5)$$

$$M_{ij} = B_j V_i^{\alpha} D_j f(d_{ij}), \ 其中 B_j = \frac{1}{\sum_{i} V_i^{\alpha} f(d_{ij})} \qquad (4-6)$$

$$M_{ij} = A_i B_j O_i D_j f(d_{ij}) \qquad (4-7)$$

空间相互作用模型借鉴了统计力学的思想，把人看成是概率意义上的"平均人"，用统计特征描述其宏观运动，这是其建模思想的精华所在。模型最大不足是将人类社会系统简单类比封闭物理系统，没有从本质上区分二者的不同，因此难以做出更深层次的理论解释。

（五）"成本—效益"模型

美国经济学家舒尔茨（T. W. Schultz）于 1962 年提出，迁移是人们追求更大经济收益的行为决策过程，迁移者预期通过实施这一行为得到较大收益。当迁移收益大于成本时，迁移就可能发生。1962 年，夏斯达（L. A. Sjasstad）将该理论进行了量化，建立了成本—收益模型：

$$PV_{ij} = \sum_{t=1}^{T} \frac{(U_j - U_i - C_{ij})}{(1 + r)^t} \qquad (4-8)$$

式中：PV_{ij} 为从 i 地到 j 地净所得的价值；j 为潜在目的地；i 为原住地；U_i、U_j 分别表示在 i、j 两地时间 t 所预期的实际收入；r 为折扣率；T 为预期剩下的总生命长度；C_{ij} 为从 i 地迁往 j 地期间需要的成本。

只要至少有一个地区 j 的 PV_{ij} 值大于 0，住在 i 地的个人就可能迁移，并将选择 PV_{ij} 值最大的地方作为目的地。

"成本—效益"模型从社会学角度把微观经济理论应用到人口迁移研究中，并加入了微观的个人心理分析，拓展了人口迁移空间格局研究的领域。

（六）"预期收入"模型

托达罗（M. P. Todaro）提出的预期收入理论认为迁移能否发生及迁移流量的大小，取决于迁移者在迁入地可能获得的预期收入与迁出地实际收入的差距大小。"预期收入"愈高，迁移愿望就愈强烈，迁移流量就越大。理论模型如下：

$$M_{ij} = k(W_j - W_i) \qquad (4-9)$$

式中：M_{ij} 表示 i 地到 j 地的迁移人数；W_j 表示欲迁入地的"预期收入"；W_i 为迁出地的实际收入；W_j 的大小取决于迁入地的就业概率和迁入地的实际收入，就业概率越高，"预期收入"也越高；迁入地的实际收入越高，则"预期收入"也越高。托达罗进一步对模型做了精确化修正，建立了新的模型，如式（4-10）、式（4-11）：

$$M(t) = f[d(t)] \quad f' > 0 \qquad (4-10)$$

$$d = pw - r \qquad (4-11)$$

式（4-10）中，$M(t)$ 表示 t 时期人口从农村迁入城市的数量；$d(t)$ 表示 t 时期城乡预期收入差异；$f' > 0$ 表示人口流动时预期收入差距的增函数。式（4-11）中，w 表示城市实际工资水平；r 为农村实际收入；p 为就业概率。

托达罗模型成功构建了人口迁移量与城市就业概率与城乡收入差异之间的联系，强调"预期"是它与传统人口流动模式的主要区别。但它在过分强调个人动机的同时，忽视了社会结构等制约因素，揭示了对迁移成本的计算与预期城乡间收入的差距是影响劳动力做出迁移决策与否的重要因素，强调"预期"是它与传统人口流动模式的主要区别。但是它也存在几个缺陷，如没有量化迁移成本，也未对迁移成本的结构做出说明；没有考虑劳动力预期城乡收入偏差存在的可能性，认为劳动力会做出无偏差估计等。现在很多学者在基于本土的情况下对托达罗模型进行了剖析与改进。

（七）空间经济学模型

以克鲁格曼（P. R. Krugman）为代表的新经济地理学派从规模报酬递增、不完全竞争和路径依赖等理论出发，提出集聚经济是促使人口与产业由农村向城市集中的主要因素。空间经济学模型就是基于空间经济集聚是人口迁移集聚的主要原因的理论假设，其模型表述如式（4 - 12）、式（4 - 13）：

$$\frac{U_1}{U_2} = \frac{w_1 - T(b_1)I_2^{\mu}}{w_2 - T(b_2)I_1^{\mu}} \tag{4 - 12}$$

$$w_1 = \sum^{N_1} c_{i1}p_{i1} + \sum^{N_2} c_{i2}p_{i2}/\tau + r(k)S(k) + A + T(k) \tag{4 - 13}$$

式（4 - 13）中：U 为区域效用函数；w_1 为地区 1 代表性工人的工资水平；$T(k)$ 为向中心城区的通勤成本；I 为价格指数；p 为产品价格；$r(k)$ 为距离中心城区为 k 处的地租水平；$S(k)$ 为住房消费量；τ 是地区间的运输成本；c_{i1} 和 c_{i2} 分别代表地区制造业产品消费量。

劳动力在两个地区之间的区位选择均衡式由式（4 - 12）决定，当 $U_1/U_2 > 1$ 时，表明工人居住在地区 1 效用更大，故而劳动力有动机在两地之间迁移。空间经济学模型在解释产业集聚研究方面应用已很成熟，但应用到人口迁移中却相对较少。

二、人口迁移理论的社会学分析

社会学模型是以迁移人口个体为对象，从个体迁移的原因、机制等微观角度出发，用社会学理论考察人口迁移的空间过程，并建立了相应的模型。主要包括：

（一）中介机会模型

斯托夫（Stouffer S. A.）于 1940 年提出一个假定，即从出发地向目的地的人口迁移数，正比于目的地提供的机会，反比于目的地距离半径内出现的其他机会。即式（4-14）：

$$\delta P = \frac{K}{V} \qquad\qquad (4-14)$$

式中：K 为目的地给迁出地提供的吸引机会（如工作）；V 为目的地半径内出现的其他机会总和；δP 为从迁出地到迁入地的人口数。它把人口迁移和距离与中介机会之间的相互影响联系起来，距离通过机会得到了间接反映。所谓中介机会，就是指存在于迁出地和迁入地中间地带的就业、居住等机会。斯托夫模型中的介入机会的发现和选择很独特，其作用也非常大，但缺点在于中介机会的量化比较困难，而且只有在迁移者具有相同地位和动机时，中介机会的假说才真正有效。

（二）"推-拉"力模型

早在 1938 年，学者赫伯尔（R. Herberle）指出，迁移是一系列力量引起的，这些力量包括促使一个人离开一地方的"推力"和吸引他到另一地方的"拉力"。该理论认为，人口迁移是由于迁出地的推力或排斥力和迁入地的拉力或吸引力共同作用的结果。从迁移者个体的行为决策过程来看，推力-拉力理论的成立包含两个基本假设：一是假设人们的迁移行为是一种理性的选择；二是认为迁移者对原住地和迁入地的信息有比较充分的了解。只有这样他才能根据两地之间的推力和拉力，从比较利益的角度出发作出相应的选择。Lee（1966）在其《迁移理论》一文中系统总结了

"推力 - 拉力"理论。他将影响迁移行为的因素概括为四个方面：与迁入地有关的因素；与迁出地有关的因素；各种中间障碍；个人因素。

多瑞格（Dorigo）等给出了基于推 - 拉理论的模型，即式（4 - 15）：

$$M_{ij} = \frac{(R_i + E_j)}{D_{ij}} \quad i \neq j \tag{4 - 15}$$

式中：R_i 表示来自 i 地的推力；E_j 表示来自 j 地的拉力。由于"推 - 拉"模型把迁移过程高度概括为迁入地和迁出地两极，把人口迁移的动力归因于迁出地的推力和迁入地的拉力共同作用的结果，使复杂的迁移过程高度简化。但由于推力和拉力都是比较模糊的概念，具体到某一个人时，很难确定推力、拉力的强度，这就使其只能起到对迁移现象作一般性表象解释的作用。

在做实证研究中，该理论的前提是迁移者总能自由地选择工作，这与迁移的现实条件往往相差甚远，尤其在中国特有的户籍制度下更是如此。推拉力模型是解释农村劳动力流动的经典模型。在推拉力模型中，引起人口流动的主要因素是来自于城市和农村的相关推力、拉力。金沙（2009）通过对农村外出劳动力回流的推拉力模型分析，认为制度因素、经济因素等城市推力以及家庭事件、家乡文化环境等农村拉力是农村外出劳动力做出回流决策的重要因素，而思想观念、农村较低收入和不断扩大的城乡收入差距因素等农村推力以及城市较大的收入或收入预期等城市拉力是阻止其做出回流决策的重要因素。

（三）迁移率转变假说

泽林斯基（Wilbar Zelinsky）把经济发展、现代化进程和人口转变过程与迁移类型、方向、规模等因素加以综合考虑，提出了一个纲要式的五阶段"迁移率转变假说"。迁移率转变假说的基本出发点是从社会层次上对人口迁移率和社会变迁的关系做长期的分析研究，描述在社会经济发展的不同历史阶段人口流动与生命转变的不同特征。

泽林斯基认为：大量农村人口流入城市发生在从前工业社会向工业社会转变的早期人口流动转变阶段，在这一阶段里经济中心和外围的差别出现，现代化从变革中心向外围扩散，人口再生产处于高出生率、低死亡率的高自然增长率生命转变时期。

三、人口迁移的度量指标

测量人口迁移的指标有三个层次：迁移的数量、方向、距离。人口迁移的数量指标有：迁入率、迁出率、净迁移率等。

与粗出生率、粗死亡率的定义类似，粗迁移率是一定时期内迁移人数与总人口之比。一般以一年为时间单位，一年内同一个人发生一次以上迁移的可能性很小而且基本上可以忽略不计。因此，可假定迁移人数与迁移人次数相等，从而减少了度量的复杂性。

$$粗迁入率 = \frac{一年内迁入人数}{年中总人数} \times 100\%$$

$$粗迁出率 = \frac{一年内迁出人数}{年中总人数} \times 100\%$$

$$粗总迁移率 = \frac{一年内迁入迁出总人数}{年中总人数} \times 100\%$$

$$粗净迁移率 = \frac{一年内迁入迁出总人数之差}{年中总人数} \times 100\%$$

粗总迁移率＝粗迁入率＋粗总迁出率；粗净迁移率＝粗迁入率－粗迁出率。粗迁移率计算简便，所需数据量小，能在一定程度上反映人口迁移的强度与方向。粗迁移率与粗出生率及死亡率联系起来，可说明人口的实际增长程度。一般称由于粗出生率与粗死亡率之差造成的人口增长为自然增长，称由于粗迁入率与粗迁出率之差造成的人口增长为机械增长。

如果不具备迁移人口数据，但具有准确的出生、死亡及年初、年末总人口数据，可据此估算年内净迁移人数。

$$\frac{年末}{总人数} = \frac{年初总}{人口数} + \frac{本年出}{生人数} - \frac{本年死}{亡人数} + \frac{本年净}{迁移人数}$$

$$\frac{本年净}{迁移人数} = \frac{年末}{总人数} - \frac{年初总}{人口数} - \frac{本年出}{生人数} + \frac{本年死}{亡人数}$$

尽管粗迁移率简单明了，且有一定用途的人口统计指标，但它本身具有两方面的先天不足。一是未区分迁出地与迁入地，二是未区分迁移人口的年龄和性别。而分清迁出迁入地及迁移人口的年龄、性别对社会经济规划是十分重要的。如某地迁入人口大都来自欠发达地区的青壮年，对于行政管理部门而言，需要更多投入用于职业技术培训。如某地迁入者多为女性，应加强妇女保健机构，如某地因天气宜人而迁入者多为已退休的老年人，则必须相应加强老年医疗保健服务设施。因此，需尽可能充分考虑迁移人口的流向和性别与年龄结构。

大多数人口普查问卷都有现住地、1 年或 5 年居住地及出生地的项目。下面介绍利用此类数据估算迁移率的方法。

表 4-1　　　　某国普查人口按现住地与一年前居住地汇总　　　单位：10 万

普查时点居住地	普查时点前一年居住地			合计
	市（1）	镇（2）	农村（3）	
市（1）	$M_{11} = 950.0$	$M_{21} = 15.0$	$M_{31} = 35.0$	1000.0
镇（2）	$M_{12} = 0.5$	$M_{22} = 800.0$	$M_{32} = 20.0$	820.5
农村（3）	$M_{13} = 0.5$	$M_{23} = 0.5$	$M_{33} = 2000.0$	2001.0
合计	951.0	815.5	2055.0	3821.5

假定该国无国际迁移，普查时点前一年内的迁移数及粗迁移率的估算分别列在表 4-2 与表 4-3 中。

表 4-2　　　　某国数据估算的迁入、迁出、净迁移与总迁移人数　　　单位：10 万

区域	迁入人数	迁出人数	净迁移 = 迁入 - 迁出	总迁移 = 迁入 + 迁出
市	$M_{21} + M_{31} = 50.0$	$M_{12} + M_{13} = 1.0$	49	51.0
镇	$M_{12} + M_{32} = 20.5$	$M_{21} + M_{23} = 15.5$	5.0	36.0
农村	$M_{13} + M_{23} = 1.0$	$M_{31} + M_{32} = 55.0$	-54.0	56.0
合计	71.5	71.5	0	143.0

表 4 - 3　　　某国数据估算的粗迁入率、粗迁出率、粗净迁移率与粗总迁移率

区域	年中平均人口数	粗迁入率	粗迁出率	粗净迁移率	粗总迁移率
市	（1000 + 951）/2 = 975.5	0.0510	0.0010	0.0500	0.0520
镇	（820.5 + 815.5）/2 = 818.0	0.0250	0.0190	0.0060	0.0440
农村	（2001 + 2055）/2 = 2028.0	0.0005	0.0270	- 0.0270	0.0280

估算粗迁移率必须先估算出普查时点前一年的市、镇、农村年中平均人数，它们分别等于普查时点与普查前一年市、镇、农村人数的均值。很多国家的普查询问的是五年前的居住地。优点是可得到五年以来迁移强度与流向的信息，数据在时间上的跨度较大，包含的信息量较大，缺点是有可能受到回归迁移的影响而低估迁移的强度。

第二节　人口城市化理论

城市化是由农业为主的传统乡村社会向以工业和服务业为主的现代城市社会逐渐转变的历史过程，具体包括人口职业的转变、产业结构的转变、土地及地域空间的变化。学者们从人口学、地理学、社会学、经济学等角度对城市化予以了阐述。

一、城市化内涵

城市化概念最早出现在马克思的《政治经济学批判》中，在谈及城乡分离和城市发展时他提出了"现代的历史是乡村城市化，而不像在古代那样，是城市乡村化"的论断。由于各个学科对城市化的理解不一，关于城市化的概念还没有一个完整统一的解释。

人口学的城市化是指人口城市化，即农村人口不断涌向城市的一个地理迁移现象和过程，最终导致城市人口占总人口比重不断上升的结

果。人口由分散的乡村向城市的集中，主要有两种表现：一是城市人口数量的增加；二是城市数量的增加。对于单个城市来说，人口城市化的过程取决于两个途径：一是机械增长，即农村向城市以及城市之间的人口迁移；二是自然增长，即新出生人口超过死亡人口。

地理学的城市化是在一定地域范围内发生的一种空间过程，是由于社会生产力的变革引起的人类生活方式、生产方式和居住方式改变的一个综合性过程。具体来说，就是第二产业、第三产业在特定地理条件的地域空间集聚，并在此基础上形成消费地域，其他经济、生活用地也相应建立，多种经济用地和生活空间用地集聚的过程。社会学的城市化强调的是人类文化教育、价值观念、生活方式、宗教信仰等社会演化过程，是社会结构的变化，是各个方面更加社会化的过程，是传统性逐渐减弱，现代性逐步增强的过程。简言之，就是从农村生活方式向城市生活方式发展的全部过程。

经济学的城市化是指不同等级地区的经济结构转换过程，即农业向第二、第三产业的转换，特别重视生产要素的流动，即资本流、劳动流在城市化过程中的作用，同时也包括从全球经济体系的角度来研究一国一地区的城市化问题。新制度经济学认为城市是由农村演变而来又不同于农村的人口聚居及其活动方式的制度安排。以此为基础，认为城市化是一个农业人口转化为非农业人口、农村地域转化为城市地域，农业活动转化为非农业活动、农村价值观念转化为城市价值观念，农村生活方式转化为城市生活方式的多景观层面的综合转换过程。新制度学派把城市化这一结构变迁描述为人类社会经济活动组织及其生存社区制度安排由传统的制度安排向新型制度安排的转变，这一转变直观地体现为劳动力、资本、物质资料等经济要素在不同空间地域上的流动与重组。城市经济学认为城市化是农村自然经济向城市社会化大生产转化的过程，是第二产业、第三产业不断聚集发展的过程，这一过程必然导致农村劳动力向城市第二产业、第三产业的转移，非农产业投资及其技术、生产能力在城市的集聚。

多学科、综合视野的城市化定义是全面、准确地把握城市化含义的基础。人口空间结构，是指一定时间内人口在一定地区范围的空间分布状况。它是人口过程在空间上的表现形式。人口空间分布包括静态分布和动态分布，前者为某一时点人口在一定空间的集聚状况，反映在特定时间的人口分布特征；后者指某一时间序列人口在一定空间的集聚状况，反映人口分布特征的变化状况。人口密度是表示人口空间结构的重要指标，也是城市人口空间结构研究的主要内容。人口密度指的是单位面积土地上常住的人口数，是反映某一地区范围内人口疏密程度的指标。

二、城市发展

城市化是农村人口迁移到城市或农村地区转变为城市地区而使城市人口数量增加、比重提高的过程。农村人口为什么要迁向城市转变为城市人口而推动城市发展？经济学角度给出了丰富的解释。传统经济学中，劳动力是经典的 $C—D$ 经济增长模型中的基本要素；知识经济等新经济模型中，人力资源是经济发展的第一资源。根据产业经济学和区位科学理论，不同产业有不同的区位要求和产出效率，农业适于分散耕种，工商业需要集中经营，工商业的产出效率一般都高于农业；根据区域经济学和新空间经济学理论，作为最活跃的生产要素，同样一个人在不同地区、不同产业部门的生产力不同，一定规模的人口处于分散或集中的不同分布状态亦能创造不同的分布效益。作为基本要素和第一资源的人口，一般都要通过迁移和流动，从低生产率地区或部门迁向高生产率地区或部门，从广布农村的分散状态迁向城市转变为汇聚城市的集中状态（即城市化），从而提高生产力，创出更高的效益（即集聚），推动经济的发展。在正常情况下，农村人口向城市迁移的城市化过程正是一种生产要素空间配置的效率化过程、集聚经济的创造过程和推动经济发展的作用过程。在城市化过程中，农村人口向城市的迁移，不仅自身将发生深刻变化，还将引发整个社会经济活动、生产效率、创新能力、生活方式及价值观念等多方面的转变和提升，城市化是社会经济发展的基本动力和必然趋势，也是人类社会发展的客观规律和重要标志。

（一）大城市化是城市发展的必然结果

在城市化的推动下，城市一旦形成即成为区域发展的增长极。大城市具有大规模、高密度、多样化人口、多元化文化及异质性、流动性等特征，从而形成更大的吸引力和集聚经济效益。当然，在城市发展过程中，由于人口、经济增长也使城市的成本或费用增大但只要集聚经济效益大于增长成本，即净效益大于零，在市场经济条件下城市规模的扩大就是必然的也是合理的、有益的。如图 4−1 所示，当城市人口规模增到 N_* 时，集聚净效益（或收益）最大，这时的人口规模可称为经济最优人口规模。此后人口规模仍在增大，由于集聚经济仍净效益大于 0，所以城市人口规模仍在合理范围，当增大到 $N_{\max}$ 时，集聚经济净效益减小到 0，这时的人口规模即为经济最大人口规模。如果人口继续增长，城市集聚就会出现不经济或导致大城市病，这时市场经济就将调节人口增长。可以看出，城市实际人口规模一般都要大于其经济最大人口规模才比较稳定。从这一点来讲，市场经济有使城市数量过少、规模过大的倾向。

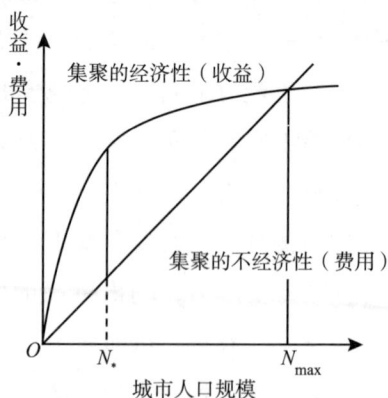

图 4−1　城市人口集聚增长的经济性与不经济性

由于城市人口规模增长可以创造更大的集聚经济效益，而且大城市也有利于碳减排，所以大城市化是城市化和城市发展的必然结果。即使纽约、东京等超级世界城市，目前仍是全球主要的人口集中迁入地，其人口规模仍呈增长趋势。

1. 大城市一定会产生大城市病吗

大城市病通常是指一个城市因规模过大而出现的人口拥挤、住房紧张、交通堵塞、环境污染等问题。一般认为，大城市病是在城市化一定发展阶段，城市人口的过度集聚超过工业化和城市经济社会发展水平造成的，有时也称大城市病为过度城市化。不少人认为大城市病是城市化和城市发展过程中必然伴生的现象，大城市病是否与城市化及大城市的发展有必然的联系？或换言之，大城市一定会产生大城市病吗？回答是否定的。

首先，纵观世界各国的大城市，并不是所有大城市都出现明显的大城市病。人们一般多认为过度城市化和大城市病主要发生在发展中国家，在发达国家并不多见。这不得不使我们深思，为什么大城市病主要眷顾发展中国家的大城市？

其次，发达国家的大城市也往往出现交通拥堵、住房紧张、环境污染等一些大城市病，但由于这些大城市集聚的经济效益仍明显大于其大城市病所带来的负效益，所以这些大城市仍将继续发展。这提醒我们，即使在这种情况下，也不能片面以大城市病来否定和阻止大城市的发展。

最后，在发展中国家，一些大城市即使一时出现大城市病，也可以通过改造来克服和治理。以上海为例，在 20 世纪七八十年代，城市基础设施建设不足，不能适应改革开放以来新形势的发展，曾一度与墨西哥、巴西等发展中国家的大城市一样，出现了严重的人口稠密、交通拥堵、住房紧张、就业困难、环境恶化等一系列所谓大城市病。但随着改革开放和经济的快速增长，上海加快了城市改造和发展步伐，疏散市中心人口稠密地区人口，大力推进交通基础设施建设，使以往的大城市病得到明显改善，虽然人口规模快速增大，但上海城市发展的各项持续性指标均呈单调递增发展态势，显示二者之间密切的正向互动关系和上海城市发展的良好持续性（王桂新，2008）。

综上所述，大城市可能产生大城市病，但大城市未必一定产生大城市病，大城市与大城市病之间并没有必然的关系；发展中国家一些大城市之所以产生大城市病并不在于其大，而主要是由于更复杂的原因；由于大城市与大城市病之间没有必然的关系，所以一些大城市的大城市病可以通过改造来得到很好的克服和治理；一些大城市的所谓大城市病，只是城市发展中的问题，只要其带来的负效应并未超过人口集中、城市发展所带来的集聚经济性，大城市仍会持续发展。所以在这种情况下，无须片面以大城市病来否定和阻止大城市的发展。

2. 为什么会产生大城市病

大城市未必一定产生大城市病，但大城市有可能产生大城市病。为什么有些大城市会产生大城市病呢？首先，大城市病只是一个国家社会经济发展到一定阶段的产物。如发展中国家开始进入快速发展阶段，或由于当时的认识水平，未能很好地从区域和城市角度进行较为前瞻的科学规划；或主要由于意识形态等方面的原因，未能很好地总结和借鉴发达国家大城市发展的经验教训；或不能正确处理好生活与生产的关系，在城市发展中片面强调先生产、后生活，忽视城市基础生活设施的建设；或在制订规划只考虑计划内户籍人口，无视外来人口剧增和城市发展的客观现实，结果五年规划的期末人口规模在制定规划当年还没有进入该五年规划就已超越。这些原因都很可能导致城市发展规划及基础设施建设跟不上城市的实际发展和扩张，从而造成所谓的大城市病。

其次，市场短期行为的作用或市场的失灵，可能造成或加剧大城市病。城市空间在平面上的摊大饼外延扩张，通常被诟病为导致大城市病的重要原因。从经济学角度来看，对城市新扩张地区来说这是一种最经济的选择。因为这些新扩张地区，紧邻城市已成熟地区，不仅不需要大规模投资新建道路、水道、煤气等公共基础设施，而且还可以直接近距离地分享城市已成熟地区的公共资源和社会资源。市场经济往往有使城市规模过大的倾向，这些短期性的市场作用可能在一定程度上造成或加剧大城市的大城市病。

政府失灵也可能造成或加剧大城市病。政府短期行为的作用也同样可能造成大城市病。如政府所在地往往优选在自己辖区内交通方便、环境优美的高档地段，基础设施等公共资源也往往主要围绕这一地区布局和发展，即使这一地区人口已十分密集，但其人均公共资源享有水平仍远远高于周边地区，所以仍然能吸引人们向这些地区进一步集中。在宏观方面，政策导向已使城乡差距越来越大，大城市自身的规模效应加上政府的政策支持，国家资源越来越向北京、上海等一些超大城市集中，尽管这些超大城市都已试图设置门槛控制外来人口入迁，但各种机会和效应预期仍然使这些超大城市成为他们的迁入城市。北京、上海的实际常住人口规模已在其严格控制中接近甚至跨越2000万，而且增势不减。

最后，空间结构规划发展不合理也是造成大城市病的重要原因。空间结构是决定城市发展潜力和发展持续性的重要因素。包括两个方面：一是大城市自身内部的空间结构，二是大城市所处区域城市体系的空间结构。从大城市自身内部空间结构来看，合理的空间结构不仅可以改善环境、有利低碳，还可以扩大城市容量，有利于人口、经济增长。从大城市所在区域城市体系的空间结构来看，如果一个地区的城市体系发育比较成熟，大、中、小不同阶层等级和空间网络分布结构比较合理，各城市相互依存，各司其职，彼此之间的福利差异比较小，就不易产生大城市病。相反，如果城市体系发育不成熟，核心城市一城独大，优势过于突出，而其他城市条件落后，对核心城市形不成反磁力中心，就难免加剧核心城市的大城市病。

（二）城市群的发展

城市群是指在城市化水平较高的一定地域空间范围内，以通畅的交通为基础，由彼此距离邻近、联系密切的众多城市密集分布而成。城市群是城市化发展到一定阶段的产物，是城市化的高级形式。经过半个世纪的发展，发达国家城市群显示了强大的经济实力和竞争优势，成为世界经济的核心区。

自 18 世纪英国工业革命以来，世界进入了一个逐渐城市化时期。18 世纪中后期至 20 世纪中期，工业化发源地英国和后继的欧美工业化国家主导着世界城市化进程。20 世纪中期以来，随着城市化在全世界范围内的普及发展，发展中国家的城市化成为主动力。根据联合国统计，全球 2007 年近 50% 的人口居住在城市，到 2050 这个比例增加到 70%。在 20 世纪中叶前后，发达国家城市化进程展现了新的发展势头，开始萌芽、发展成为一种更高级的城市化发展模式——城市群。这一模式首先被法国地理学家戈特曼（Gottman）发现。戈特曼在 1957 年研究美国东部大西洋海岸城市近三个世纪发展沿革时，发现了长 600 多公里，宽约 100 公里的狭长地带内城市密集分布的现象，戈特曼称其为大都市带（megalopolis），自此城市群（都市圈）概念开始进入人们的视线。戈特曼发现，凡是经济最发达的地区，无一例外均处于城市群内，他把当时全球最发达城市区域划分为六大城市群。从各国城市化的进程来看，当城市化进入一定阶段后，城市群（都市圈）会逐渐成为城市化进程中的主体形态。如由伦敦、巴黎、米兰、慕尼黑和汉堡组成的大都市区，集中了欧盟约 40% 的人口和约 50% 的国内生产总值；日本的东京、阪神、名古屋三大城市群，集中了全国约 65% 的人口和约 70% 的国内生产总值。

在空间上经济发展是高度聚集的，聚集的空间范围并不一定是以省份为单位，而是以某些自然条件相近、交通联系便捷、城市等级体系完善为主要特征的城市群为单位。事实上中国省域经济也是高度不均衡的，既有城市地区，也有农村地区，即便是发达省份如江苏省、浙江省内部既有发达如苏南或浙北地区，也有落后如苏北、浙西南地区。2010 年中国城市群已占所在省份 32.28% 的国土面积，聚集了所在省份

60.66%的人口，创造了75.61%的地区生产总值①。因此，省与省之间的经济比较应慢慢向城市群之间的比较转变，以城市群作为空间竞争单元更为合理。中国城市群为核心的空间发展格局基本形成，中国区域发展呈现多极带动的新格局。

从城市群空间分布来看，城市群分布最显著特征是城市群分布与经济重心分布重合，主要分布在东部沿海经济发达地区和部分中部地区。城市群空间分布与目前国内东部、中部、西部三大经济带分布是高度吻合的，东部沿海经济发达地区经济发达，城市群密布，从北至南形成了辽中南、京津冀、山东半岛、长三角、海峡西岸、珠三角等城市群，中西经济薄弱，其城市群分布较少。

东部地区作为中国经济高速增长的一个典型区域，已成为重点关注的对象。尤其是东部地区的长三角、珠三角和京津冀三大都市圈，经济发展呈现出明显的极化特征。20世纪90年代末期开始，长三角、珠三角和京津冀经济发展出现整体部署、联动发展态势，取得显著成效。2010年数据显示，中国三大都市圈以占全国3.62%的面积，集聚了18%的人口，创造的GDP占全国总值的34.69%（张蕾、王桂新，2012）②。优越的地理条件和优惠的经济政策是中国东部三大都市圈经济发展的共同力量。东部三大都市圈城市在地理区位上靠近海洋，囊括了中国最重要的多个港口城市，在对外贸易和经济发展中具有先天的地理优势。1978年中国实行改革开放政策，设立的经济特区主要位于东部三大都市圈，东部三大都市圈的多个城市率先建立起经济开发区。东部三大都市圈都享受到了沿海的地理优势和中国经济改革的优惠政策，这是带动经济快速发展的初始条件。在经济快速发展的进程中，虽然政府干预和市场力量都在都市圈的经济发展中具有重要的作用，但东部三大都

---

① 张学良. 中国区域经济转变与城市群经济发展 [J]. 学术月刊, 2013 (7)：107–112.
② 张蕾，王桂新. 中国东部三大都市圈经济发展对比研究 [J]. 城市发展研究, 2012 (3)：1–14.

市圈的主导力量呈现出一定的差异化。京津冀都市圈是政府干预主导下的经济发展，长三角都市圈是市场力量主导下的经济发展，珠三角都市圈是由政策引导和外向型经济等外在力量作用下政府干预和市场力量共同作用的经济发展。

第三节　中国人口迁移与城市化状况

一、中国省际人口迁移状况

（一）省际迁移人口规模分布

自我国由计划经济转向市场经济，经济社会持续快速发展，全球化、城市化程度不断深化，加上实行较为宽松的人口政策，人口流动越加频繁，省际人口迁移发生了显著的变化。1995～2000年我国省际迁移人口为3228.21万人，到2005～2010年增加到5499.39万人，10年间迁移人口增长了2271.18万人，年均增长率为7.05%。

以第五次全国人口普查（2000年）和第六次全国人口普查（2010年）的数据中"五年前常住地与现住地"的省际人口迁移数据为依据，这些数据统计的人口迁移时间都超过了5年。

1. 省际迁入人口的空间分布

京津冀、珠三角、长三角构成的东部三大都市圈为主要迁入地，1995～2000年迁入人口占总迁移人口的66.42%，到2005～2010年增长到69.62%。其中，长三角增长尤为显著，10年间由21.04%增长到33.03%。

1995～2000年，北京市、浙江省、上海市、江苏省、广东省是中国最主要的人口迁入地，其迁入人口规模均超过180万人，分别占总省际迁移人口的5.85%、6.72%、5.91%、8.41%、35.63%，共占全国省际迁移人口的 62.52%。人口迁入相对较为冷门的省市主要分布在东北和中西部，其中海南省、西藏自治区、青海省和宁夏回族自治区等地区迁入人口占总迁移人口的比率均低于 0.8%，居于末位。

2005~2010 年，北京市、浙江省、上海市、江苏省、广东省仍是主要迁入地，其迁入规模均超过 380 万人，分别占总省际迁移人口的 6.96%、8.91%、8.89%、15.23%、25.23%，其中广东省虽然迁入人口仍居全国之首，迁入人口比率却降低了 10% 左右。

在省际迁入人口增长量上，31 个省市中 28 个省市迁入人口规模都在增大，但是河南省、云南省和新疆维吾尔自治区人口增量呈现负增长态势，吉林省、黑龙江省和甘肃省人口增量均少于 10 万人，2005~2010 年省际人口迁入的分布进一步趋向集中。从三大都市圈来看，浙江省增量最大，高达 565.82 万人，居于全国首位，其次是江苏省和上海市，分别为 297.89 万人和 273.27 万人。广东省增速明显放缓，仅有 237.33 万人。

从省际迁入人口增长率来看，浙江省、天津市、江西省居于全国前三位，分别为 208.43%、204.29%、196.06%；北京市、内蒙古自治区、上海市、江苏省、安徽省、广西壮族自治区、贵州省、青海省等省市省际迁入人口的增长率也都超过 100%；广东省增速仅有 20.64%。

省际迁入人口规模变动情况以及迁入人口占总迁移人口的比率如表 4-4、图 4-2 所示：

表 4-4　　　　　　　　省际迁入人口规模变动情况

地区	1995~2000 年		2005~2010 年		迁入人口增量（万人）	迁入人口增长率（%）
	迁入人口（万人）	迁入人口/总迁移人口（%）	迁入人口（万人）	迁入人口/总迁移人口（%）		
北京市	188.97	5.85	382.78	6.96	193.81	102.56
天津市	49.20	1.52	149.71	2.72	100.51	204.29

续表

地区	1995~2000 年		2005~2010 年		迁入人口增量（万人）	迁入人口增长率（%）
	迁入人口（万人）	迁入人口/总迁移人口（%）	迁入人口（万人）	迁入人口/总迁移人口（%）		
河北省	76.99	2.38	92.41	1.68	15.42	20.03
山西省	38.27	1.19	49.82	0.91	11.55	30.18
内蒙古自治区	32.55	1.01	82.77	1.51	50.22	154.29
辽宁省	75.48	2.34	117.19	2.13	41.71	55.26
吉林省	25.40	0.79	33.84	0.62	8.44	33.23
黑龙江省	30.12	0.93	32.19	0.59	2.07	6.87
上海市	216.78	6.72	490.05	8.91	273.27	126.06
江苏省	190.84	5.91	488.73	8.89	297.89	156.09
浙江省	271.47	8.41	837.29	15.23	565.82	208.43
安徽省	31.35	0.97	82.21	1.49	50.86	162.23
福建省	134.62	4.17	244.99	4.45	110.37	81.99
江西省	23.59	0.73	69.84	1.27	46.25	196.06
山东省	90.41	2.80	133.56	2.43	43.15	47.73
河南省	46.99	1.46	42.97	0.78	-4.02	-8.56
湖北省	60.62	1.88	84.35	1.53	23.73	39.15
湖南省	36.27	1.12	68.84	1.25	32.57	89.80
广东省	1150.11	35.63	1387.44	25.23	237.33	20.64
广西壮族自治区	28.75	0.89	59.78	1.09	31.03	107.93
海南省	21.77	0.67	33.77	0.61	12.00	55.12
重庆市	44.78	1.39	73.56	1.34	28.78	64.27
四川省	58.96	1.83	105.28	1.91	46.32	78.56
贵州省	26.15	0.81	59.19	1.08	33.04	126.35
云南省	73.27	2.27	62.09	1.13	-11.18	-15.26
西藏自治区	7.07	0.22	9.20	0.17	2.13	30.13
陕西省	42.30	1.31	73.40	1.33	31.10	73.52
甘肃省	20.36	0.63	26.02	0.47	5.66	27.80
青海省	7.69	0.24	18.25	0.33	10.56	137.32
宁夏回族自治区	12.88	0.40	23.9	0.43	11.02	85.56
新疆维吾尔自治区	114.22	3.54	83.98	1.53	-30.24	-26.48

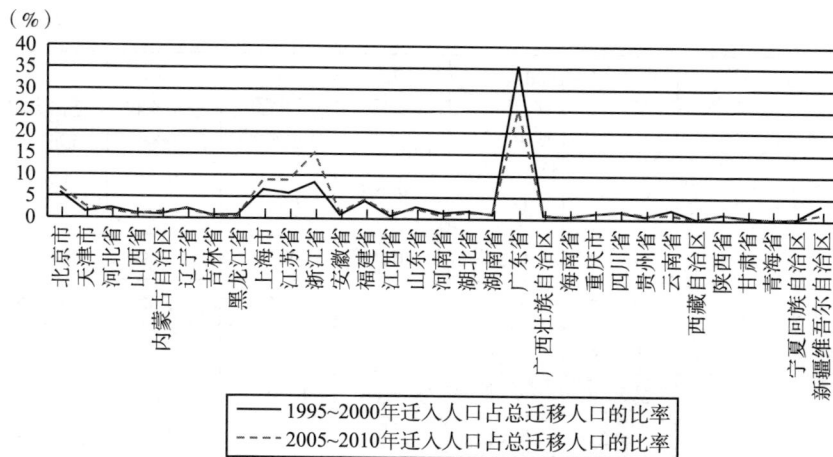

图4-2　迁入人口占总迁移人口的比率

2. 省际迁出人口空间分布

省际迁出人口与迁入人口往往相反，其格局基本呈互补的关系（省际迁出人口规模变动情况及迁出人口占总迁移人口的比率如表4-5、图4-3所示）。

表4-5　　　　　　　　　省际迁出人口规模变动情况

地区	1995~2000年		2005~2010年		迁出人口增量（万人）	迁出人口增长率（%）
	迁出人口（万人）	迁出人口/总迁移人口（%）	迁出人口（万人）	迁出人口/总迁移人口（%）		
北京市	17.44	0.54	40.60	0.74	23.16	132.80
天津市	10.43	0.32	21.34	0.39	10.91	104.60
河北省	87.22	2.70	201.74	3.67	114.52	131.30
山西省	33.36	1.03	79.37	1.44	46.01	137.92
内蒙古自治区	44.11	1.37	64.76	1.18	20.65	46.81
辽宁省	37.99	1.18	68.54	1.25	30.55	80.42
吉林省	52.93	1.64	85.39	1.55	32.46	61.33
黑龙江省	93.98	2.91	146.32	2.66	52.34	55.69

地区	1995～2000 年		2005～2010 年		迁出人口增量（万人）	迁出人口增长率（%）
	迁出人口（万人）	迁出人口/总迁移人口（%）	迁出人口（万人）	迁出人口/总迁移人口（%）		
上海市	16.29	0.50	40.10	0.73	23.81	146.16
江苏省	124.10	3.84	189.35	3.44	65.25	52.58
浙江省	96.98	3.00	133.94	2.44	36.96	38.11
安徽省	289.30	8.96	552.56	10.05	263.26	91.00
福建省	62.45	1.93	111.37	2.03	48.92	78.33
江西省	268.06	8.30	348.33	6.33	80.27	29.94
山东省	87.82	2.72	201.50	3.66	113.68	129.45
河南省	230.90	7.15	543.04	9.87	312.14	135.18
湖北省	221.02	6.85	380.42	6.92	159.40	72.12
湖南省	326.12	10.10	459.19	8.35	133.07	40.80
广东省	43.80	1.36	161.29	2.93	117.49	268.24
广西壮族自治区	183.81	5.69	282.05	5.13	98.24	53.45
海南省	12.96	0.40	23.59	0.43	10.63	82.02
重庆市	110.31	3.42	184.41	3.35	74.10	67.17
四川省	439.55	13.62	498.81	9.07	59.26	13.48
贵州省	123.19	3.82	268.08	4.87	144.89	117.62
云南省	39.81	1.23	108.91	1.98	69.10	173.57
西藏自治区	3.54	0.11	6.25	0.11	2.71	76.55
陕西省	71.93	2.23	134.75	2.45	62.82	87.33
甘肃省	56.08	1.74	104.69	1.90	48.61	86.68
青海省	12.32	0.38	15.00	0.27	2.68	21.75
宁夏回族自治区	8.74	0.27	15.07	0.27	6.33	72.43
新疆维吾尔自治区	21.68	0.67	28.67	0.52	6.99	32.24

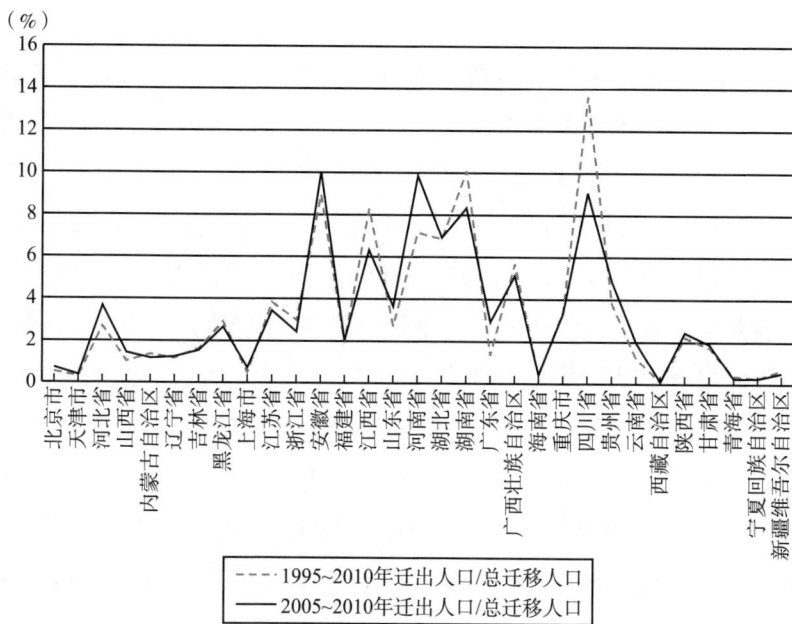

图 4 - 3　迁出人口占总迁移人口的比率

　　1995～2000 年，四川省、湖南省、安徽省迁出规模均超过 280 万人，成为我国省际迁出人口的三大主要迁出地。其中四川省迁出人口规模为 439.55 万人，占省际人口迁移的 13.62%，居于全国首位。其他省市如江苏省、广西壮族自治区、重庆市、贵州省迁出人口都在 100 万人以上。从迁出比率来看，四川省以 13.62% 高居首位，湖南省以 10.10% 紧随其后，中西部的西藏自治区、青海省、宁夏回族自治区以及南部的海南省迁入人口比率、迁出人口比率均小于 1%，处于相对较为平静的态势。

　　2005～2010 年，安徽省以 552.56 万人的规模超过四川省上升为省际迁出人口规模最大的省份，迁出人口比率达到 10.05%，位居全国首位。河南省和四川省分别以 543.04 万人和 498.81 万人的迁出规模紧随其后。湖南省迁出人口规模也达到 459.19 万人，与安徽省、河南省、四川省成为全国四大迁出地，其规模均超过 450 万人，共占总省际迁移人口的 37.34%。

从省际人口迁出规模的增长来看，各省的迁出人口规模都有所增大。31 个省市中有 8 个省市人口增长都在 100 万人以上，分别为河南省（312.14 万人）、安徽省（263.26 万人）、湖北省（159.4 万人）、湖南省（133.07 万人）、广东省（117.49 万人）、河北省（114.52 万人）、山东省（113.68 万人）。海南省、西藏自治区、青海省、宁夏回族自治区、新疆维吾尔自治区迁出人口增量不足或刚达到 10 万人，西藏自治区、青海仅有不足 3 万人的增长。

从增长速度来看，广东省以 268.24% 的比率高居首位，其次是云南省（173.57%）、上海市（146.16%）、山西省（137.92）、河南省（135.18%）。作为迁入人口大省的浙江和江苏，迁出人口增量不足 70 万人，增长率仅为 38.11% 和 52.58%，传统人口迁出大省四川省 10 年间只增长了不到 60 万人，增长率仅为 13.48%，为全国省份末位，青海省仅为 21.75%。

（二）省际人口迁移强度分布

1. 省际人口迁入率分析

根据各个省份人口迁入率，在此将其分为 5 个等级，分别为 0～1%、1%～2%、2%～4%、4%～6% 和大于 6%。由表 4-6 可知在 1995～2000 年，各个省份迁入率的地域差异比较明显，省际人口迁入率大于 4% 的省份主要分布在东部沿海地区。迁入率低于 1% 的省份主要为中西部的甘肃省、青海省、宁夏回族自治区、西藏自治区、江西省及东部的吉林省和黑龙江省。

图 4-4 可以看出，到 2005～2010 年人口迁移率差异更加明显，人口迁入率大于 4% 的省份全部集中在东部沿海地区，分别为广东省，浙江省、上海市、江苏省、北京市、福建省和天津市。相较于 1995～2000 年，人口迁入率较低的省份新增了山西省和河南省，均低于 1%，西藏自治区只有 0.17%（如表 4-6 和图 4-4 所示）。

表 4 - 6　　　　　**省际迁移人口迁入率、迁出率和净迁移率**　　　单位：%

地区	1995～2000 年			2005～2010 年			迁入增长率	迁出增长率
	迁入率	迁出率	净迁移率	迁入率	迁出率	净迁移率		
北京市	5.85	0.54	5.31	6.96	0.74	6.22	202.56	232.82
天津市	1.52	0.32	1.20	2.72	0.39	2.33	304.31	204.60
河北省	2.38	2.70	-0.32	1.68	3.67	-1.99	120.03	231.30
山西省	1.19	1.03	0.16	0.91	1.44	-0.53	130.17	237.94
内蒙古自治区	1.01	1.37	-0.36	1.51	1.18	0.33	254.29	146.83
辽宁省	2.34	1.18	1.16	2.13	1.25	0.88	155.25	180.44
吉林省	0.79	1.64	-0.85	0.62	1.55	-0.93	133.26	161.32
黑龙江省	0.93	2.91	-1.98	0.59	2.66	-2.07	106.86	155.69
上海市	6.72	0.50	6.22	8.91	0.73	8.18	226.06	246.11
江苏省	5.91	3.84	2.07	8.89	3.44	5.45	256.10	152.58
浙江省	8.41	3.00	5.41	15.23	2.44	12.79	308.43	138.11
安徽省	0.97	8.96	-7.99	1.49	10.05	-8.56	262.28	191.00
福建省	4.17	1.93	2.24	4.45	2.03	2.42	181.98	178.32
江西省	0.73	8.30	-7.57	1.27	6.33	-5.06	296.00	129.94
山东省	2.80	2.72	0.08	2.43	3.66	-1.23	147.73	229.45
河南省	1.46	7.15	-5.69	0.78	9.87	-9.09	91.44	235.19
湖北省	1.88	6.85	-4.97	1.53	6.92	-5.39	139.14	172.12
湖南省	1.12	10.10	-8.98	1.25	8.35	-7.10	189.83	140.80
广东省	35.63	1.36	34.27	25.23	2.93	22.30	120.64	368.24
广西壮族自治区	0.89	5.69	-4.80	1.09	5.13	-4.04	207.96	153.44
海南省	0.67	0.40	0.27	0.61	0.43	0.18	155.15	182.04
重庆市	1.39	3.42	-2.03	1.34	3.35	-2.01	164.28	167.17
四川省	1.83	13.62	-11.79	1.91	9.07	-7.16	178.57	113.48
贵州省	0.81	3.82	-3.01	1.08	4.87	-3.79	226.40	217.61
云南省	2.27	1.23	1.04	1.13	1.98	-0.85	84.73	273.54
西藏自治区	0.22	0.11	0.11	0.17	0.11	0.06	130.10	176.78

续表

地区	1995~2000 年			2005~2010 年			迁入增长率	迁出增长率
	迁入率	迁出率	净迁移率	迁入率	迁出率	净迁移率		
陕西省	1.31	2.23	-0.92	1.33	2.45	-1.12	173.53	187.33
甘肃省	0.63	1.74	-1.11	0.47	1.90	-1.43	127.77	186.67
青海省	0.24	0.38	-0.14	0.33	0.27	0.06	237.34	121.79
宁夏回族自治区	0.40	0.27	0.13	0.43	0.27	0.16	185.55	172.34
新疆维吾尔自治区	3.54	0.67	2.87	1.53	0.52	1.01	73.53	132.25

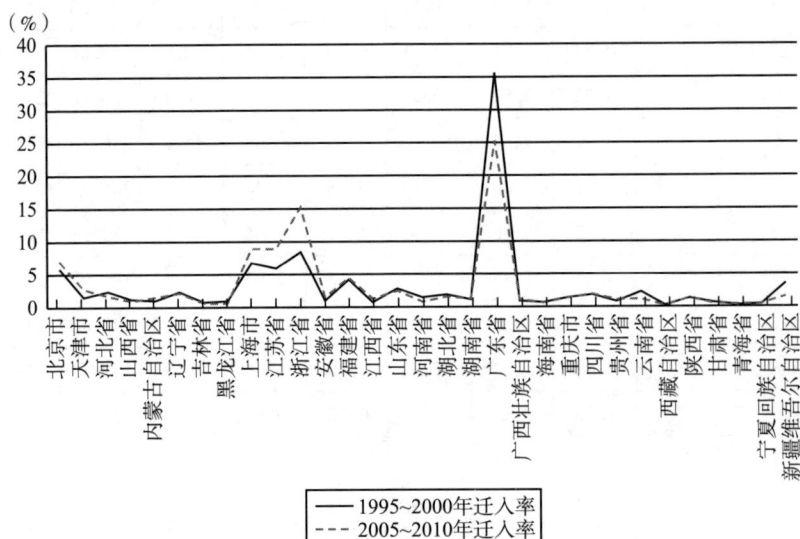

图 4-4 1995~2000 年及 2005~2010 年人口迁入率

由图 4-4 对比 1995~2000 年及 2005~2010 年人口迁入率的变化发现，对于人口迁入率小于 4% 的省份，其人口迁入率相对稳定，变化较小。人口迁入率大于 4% 的地区主要分布在东部地区，人口迁入率变化较为剧烈。其中，上海市、北京市、浙江省和天津市的人口迁入率增加较为迅速，福建省和江苏省增减较为缓慢，广东省和新疆维吾尔自治区的人口迁入率在 2000~2010 年呈现降低趋势。

2. 省际人口迁出率分析

根据各个省份人口迁出率，将其分为五个等级，分别为 0 ~ 1%、
1% ~ 2%、2% ~ 4%、4% ~ 6% 和大于 6%。1995 ~ 2000 年各个省份的
人口迁出率差异逐渐增大，并形成人口迁出区。人口迁出率较高的地区
为我国中部地区的安徽省、江西省、四川省、湖南省和广西壮族自治
区，人口迁出率在 2% ~ 4% 之间的省市有河南省、湖北省、重庆市、贵
州省、甘肃省、青海省、浙江省、黑龙江省和吉林省。

2005 ~ 2010 年人口迁出区逐渐扩大，人口迁出率大于 4% 的省份从
4 个省份扩展到 7 个省份，主要集中在我国的中部，分别为安徽省
（10.05%）、江西省（6.33%）、贵州省（4.87%）、湖南省
（8.35%）、湖北省（6.92%）、广西壮族自治区（5.13%）和河南省
（9.87%）。同时，人口迁出率 2% ~ 4% 的省份也从 9 个省份增加到了
16 个省份，主要分布在中部和东部。

对比 1995 ~ 2000 年，2005 ~ 2010 年人口迁出率的变化发现，除新
疆维吾尔自治区外，其余各省的人口迁出率都呈现增加的趋势。人口迁
出率小于 4% 的省份，迁出率相对稳定，变化较小；而对于人口迁出率
大于 4% 的省份，省际人口迁出率呈快速增加趋势（如图 4 - 5 所示）。

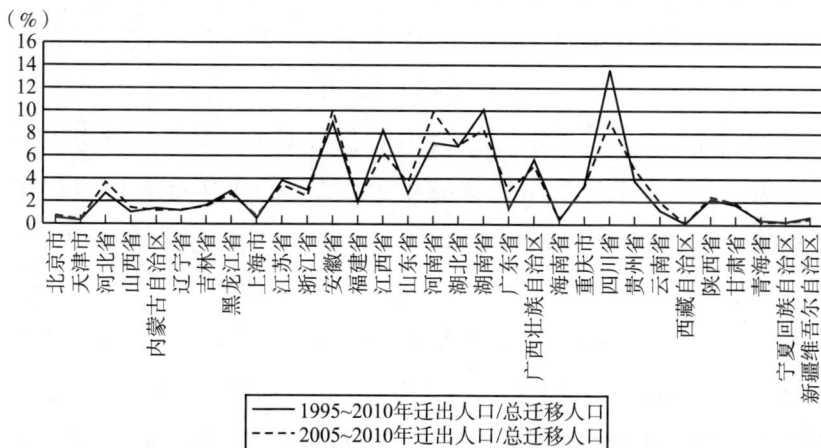

图 4 - 5　1995 ~ 2000 年及 2005 ~ 2010 年人口迁出率

3. 省际人口净迁移率分析

随着时间的推移，净迁移率的差异越来越大。

在 1995~2000 年各省净迁移率差异明显，超过 2% 净迁移率省份有广东省（34.27%）、上海市（6.22%）、浙江省（5.41%）、北京市（5.31%）、新疆维吾尔自治区（2.87%）、福建省（2.24%）和江苏省（2.07%），小于 -2% 净迁移率省份有四川省（-11.79%）、湖南省（-8.98%）、安徽省（-7.99%）、江西省（-7.57%）、河南省（-5.69%）、湖北省（-4.97%）、广西壮族自治区（-4.80%）、贵州省（-3.01%）和重庆市（-2.03%），逐渐形成了省际人口迁移的初步模型。

2005~2010 年，随着省际迁移人口规模的加大，逐渐形成了主要的人口迁入区（净迁移率大于 2%）和迁出区（净迁移率小于 -2%）。省际人口迁入的分布较为集中，主要为东部沿海地区，包括广东省（22.30%）、浙江省（12.79%），上海市（8.18%）、北京市（6.22%）、江苏省（5.45%）、福建省（2.42%）和天津市（2.33%），此外，由于国家的扶持以及生态移民等因素的影响，新疆维吾尔自治区的净迁移率也相对较高，为 1.01%。上述 8 个省市，其中 6 个省市的净迁移率呈增长趋势，且增长加快。根据 2005~2010 年数据，省际净迁移人口在 200 万人上的省份有 5 个，最高的为广东省（1226.12 万人）、依次为浙江省（703.35 万人）、上海市（449.95 万人）、北京市（342.18 万人）和江苏省（299.38 万人），这些省份占据了省际净迁移总人口的 88.07%。余下 3 个省份净迁移率在 2% 以上的净迁移人口为福建省（133.63 万人）、天津市（128.38 万人）和新疆维吾尔自治区（55.31 万人）。人口迁出地区有所增多，主要集中在我国中部地区，包括河南省（-9.09%）、安徽省（-8.56%）、四川省（-7.16%）、湖南省（-7.10%）、湖北省（-5.39%）、江西省（-5.06%）、广西壮族自治区（-4.04%）、贵州省（-3.79%）、黑龙江省（-2.07%）和重庆市（-2.01%）10 个省市。

二、中国人口城市化状况

中国城市化水平是高还是低，速度是快还是慢，变动的趋势如何？对这些问题的看法一直存在意见分歧、激烈争论。对中国城市化的水平和速度，理论界大致存在三种观点：一是认为城市化率年增长1.4%，速度太快，城市化率已达60%，太高；二是认为速度1%以内，基本适合，城市化率45%左右，不高；三是认为城市化率仍然偏低，滞后于工业化和经济发展，速度超过1%并不过快，应加快城市化进程。

（一）中国人口城市化水平

中国人口城市化水平从1949年的10%上升为2016年的57%，城市人口占比从2010年开始超过农村人口占比（如图4-6所示）。

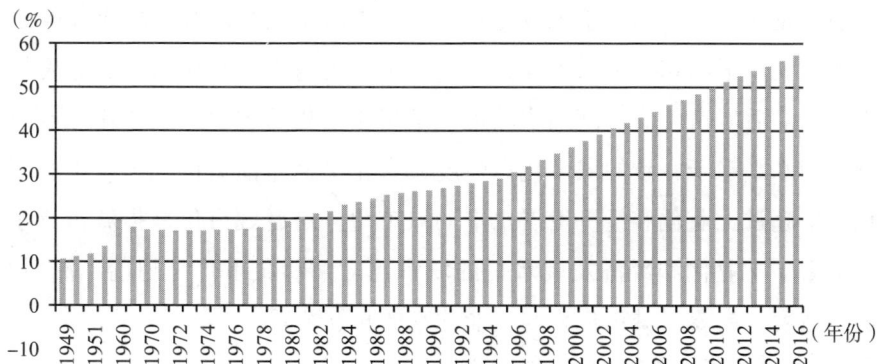

图4-6　中国城市化水平（1949~2016年）

对于中国城市化（城镇化）水平及其合理性，存在不同的观点（白南生，2003）。第一种观点认为中国城市化严重滞后，城市化水平属落后于工业化发展水平，政府对城市发展制定了限制制度和政策（夏小林、王小鲁，2000；国家计委宏观经济研究院课题组，2000；朱铁臻，2000；孙永正，1999）。第二种观点认为中国城市化水平大体合适，略微滞后。因为参与城市经济活动的近郊农民和短期进城务工经商的外地农民没有算在城市人口中，中国真实的城市化水平要比统计数据高。第三种观点认为中国不是城市化滞后，而是隐性超城市化。这种意见认为工业产值中的很大部分是乡镇企业和进城打工的农民工创造的，应当把这些农民及其供养的家庭人口也计算进城市人口才比较合理。据计算，在乡镇企业就业的劳动力加上外出打工超过 6 个月的劳动力有 2.15 亿人，加上供养人口为 3.76 亿人，占全国人口的 30.4%，他们是隐性城市人口，同国际水平相比已经是超城市化了（邓宇鹏，1999；姜波，2004）。

判断城市化率是高还是低、是超前还是滞后，可以从不同的角度、采用不同的方法。衡量城市化水平的高低和速度的快慢，主要采用城市化率即城市人口占总人口的比重这个指标，用城市化率的高低来衡量城市化水平的高低，用城市化率在一定时期内变动的多少来衡量速度的快慢。仅仅通过城市化率还不能完全反映城市化的总体状况，因为城市化还有合理与不合理之分、健康城市化与病态城市化之分。判断城市化是超前还是滞后，是相对于工业化和经济发展水平而言。按照城市化与工业化发展水平的相互关系不同，城市化可分为适度同步城市化、过度城市化和滞后城市化。适度同步城市化是指城市化的进程与工业化和经济发展的水平趋于一致的城市化。过度城市化又称超前城市化，是指城市化水平超过工业化和经济发展水平的城市化。滞后城市化是指城市化水平落后于工业化和经济发展水平的城市化。判断城市化是超前、滞后、还是适度，主要看城市化率与工业化率的相互关系。

（二）中国人口城市化速度

判断城市化的速度是快还是慢可以从不同的角度、采用不同的方法。既可以看城市化与工业化和经济发展的相互关系、城市化水平的变动、城市发展的状况、城乡关系、"城市病"和"农村病"发生的情况，又可以进行国际比较，考察同类国家或不同国家同样发展阶段的城市化情况。中国现在的城市化速度是快了还是慢了，应该适当控制城市化的速度还是加快城市化的速度，理论界也存在着较大的分歧，主要存在太快和缓慢两种观点。

第一种观点认为中国城市化速度过快，应当适当控制。周一星（2005）认为城市化水平一年提高 0.6% ~ 0.8% 比较正常，超过 0.8% 就是高速度，他指出 0.6% ~ 0.8% 的城市化速度已经远远超过世界的平均速度。陆大道等（2007）认为，中国城镇化速度虚高，特别是"土地城镇化"速度太快，经济发展、产业结构水平及就业岗位增加不能适应冒进式的城镇化，对资源、环境带来了巨大的压力乃至破坏，从国内外经验对比来看，从 20% 到 40% 的城镇化率，英国经历的时间为 120 年，法国经历的时间为 100 年，德国经历的时间为 80 年，美国经历的时间为 40 年，苏联经历的时间为 30 年，日本经历的时间为 30 年，而我国仅用了 22 年。周迪（2007）指出中国城市化过快导致了一系列问题，城乡差距拉大和郊区发展的滞后。城乡差距拉大甚至城市郊区也处于贫困状态，是我国城市化进程过快而质量较低所导致的一个独特现象。

另一种观点认为中国城市化发展缓慢且滞后，应当加快城市化进程。蔡昉（2000）提出，加快城市化步伐是扩大需求的长期战略，需利用政策手段对户籍制度作出调整，促使部分流动人口市民化。加快城市化、市民化可以解决现有产品结构与消费结构不相匹配的矛盾，城市化还可以使居民的消费模式发生转变，从而增加个体消费水平。杜鹰（2001）认为，实施城镇化战略是稳定农业基础和增加农民收入的迫切需要，加快城镇化进程是对国民经济结构进行战略性调整的内在要求。蔡继明等（2007）认为，解决"三农"问题、缩小城乡差别的根本途径是加快城市化进程；我国城市化进程长期以来大大落后于工业化进程，二者间存在结构性偏差；缩小城乡差别的途径不是建设新农村，而是加快城市化进程，把农业人口越来越多地转移到非农业部门，把农村人口越来越多地转变成城市人口。

（三）户籍制度与中国城市化进程

城市化进程中面临的诸多问题与中国独具特色的户籍制度具有密不

可分的关系①。伴随中国户籍制度确立、修订并不断变革的历程，中国的城市化进程呈现出特定的阶段性和时代特性。在中国城市化水平仍明显低于工业化水平的背景下，诸多专家和学者提出户籍制度是制约中国城市化进程的一个重要因素。不可否认的是，户籍制度曾经在中国城市发展的特定历史时期也发挥过一定的作用。在特定历史时期和阶段下，户籍制度对中国城市及区域经济发展的作用，主要表现在以下两个方面：

第一，户籍制度作为中国特殊历史时期的特定产物，对中国某些阶段经济的稳定发展起到了一定作用，防止了中国过度城市化现象的出现。在计划经济体制下，由于重工业优先工业化战略的实施伴随城市粮食供应严重紧缺，迫使政府实行了农产品统购统销制度。农产品统购统销制度的实行，拉大了工农业剪刀差，导致农村人口涌入城市，造成城市的人口负荷量骤然增大和城市公共产品的短缺。为控制劳动力从农村流出，同时保障城市居民充分就业及其他福利的不外溢，户籍制度应运而生，政府通过户籍制度控制城市人口数量。学者认为，城市户籍的控制是计划经济体制下政府所采取的低成本推动工业发展战略的一种途径。维持城乡分割的户籍制度和二元劳动力市场是经济转轨时期的一种政治安全保障。户籍制度作为一种工具，使得政府得以在长达几十年的时间内，严格限制人口的城乡流动，在当时的历史条件下，有其存在的合理性。另外，中国的户籍制度保障了城乡一系列改革的顺利进行。改革开放以来，我国实施了一系列改革措施，这些改革措施从总体上说都是在城乡两大框架下进行的，如农村土地承包责任制和城市国企改革等，都是以户籍制度为保障体系。户籍制度的积极作用还表现在它防止了过度城市化的出现。中国城市的总体状况不如西方国家问题那么严重，主要归功于户籍制度在一定程度上限制了农村人口的无序流动。

---

① 张蕾，王桂新. 中国户籍制度与城市化进程 [J]. 浙江理工大学学报，2013（2）：274 – 279.

第二，户籍制度构成了对人口自由迁移的制度约束，阻碍了农村劳动力的转移，使城市无法达到其经济发展所需的人口规模，影响了中国经济增长的效率及长期发展。学者认为传统的户籍制度既缺效率，又欠公平，户籍制度是人口流动限制的基础，政府通过各种户籍制度、人口政策控制人口流动以限制外地人口的流入。而人口流入对城市存在很多正面影响，最直接的是带来新的税基，增加了地区税收收入，优化了本地的要素配置。流动人口进入城市并没有人们想象中那样构成对城市居民就业的威胁；相反，其工作内容恰恰是城市居民所不愿意承担的工作，流动人口对城市的经济建设及城市化进程起到了至关重要的作用。由于户籍制度的存在，城市流动人口规模无法达到城市经济建设所要求的就业水平，城市无法实现其应有的集聚经济效应。现有户籍制度下，农民工的地域迁徙及其农民身份的彻底变更并没有实现，虽然"农民工"已经通过自身流动成功穿越了"显性户籍墙"，但"隐性户籍墙"构成了农民工市民化的主要障碍，阻碍了市民化进程。而且，社会分层的户口等级制和社会空间等级差别现象的存在反映了资源在城乡之间、不同级别城市之间的不均衡配置，反映了户口仍然是获得重要资源的依据。可以说，中国户籍制度从建立之日起就与城市的准入资格及公民自由迁移权利的限制密切相关，户籍制度在减缓城市人口增长的同时，也迟滞了城市化的步伐。

户籍制度对中国城市发展具有巨大的影响，这些影响具有复杂性和多样化的特征，在不同阶段、不同方面有不同的表现，不能简而化之地说户籍制度是好是坏，更不能盲目地将户籍制度对中国城市及经济发展的影响归为促进还是阻碍。在特定的历史时期它扮演了不同的角色和作用。但在中国城市化水平日益提高、高速发展的今天，户籍制度显然已经呈现出越来越多的约束作用。改革现有不合理的户籍制度，剥离附着于户籍制度的各种不公平福利，恢复其单纯用于人口动态统计和公民民事权利证明的本来面目，以灵活、多变的户籍制度促进中国的城市化进程。

思 考 题

1. 农民工属于哪种类型的人口迁移，有何规律？

2. 留学回国热潮的原因是什么？

3. 中国城市群的发展趋势如何？

4. 北京、上海这样的城市是太大了还是太小了，请说出理由。

参 考 文 献

［1］ C. Cindy Fan. Interprovincial Migration，Population Redistribution，and Regional Development in China：1990 and 2000 Census Comparisons ［J］. The Professional Geographer，2005（2）：295 – 311.

［2］ Greenwood，M. J. Research on International Migration in the United States ［J］. Journal of Economic Literature，1975（13）：397 – 433.

［3］ Henderson，V.. Urbanization in Developing Countries ［M］. The World Bank Research Observer，2002（1）：89 – 112.

［4］ Kam Wing Chan. Recent migration in China：patterns，trends and policies ［J］. Asian Perspective，2001，25（4）：127 – 155.

［5］ Micheal P. Todaro. A Model of Labor Migration and Urban Unemployment in Less Developed Countries ［J］. The American Economic Review，1970，142 – 144.

［6］ Sandra Poncet. Provincial migration dynamics in China：Borders，costs and economic motivations ［J］. Regional Science and Urban Economics，2006（36）：385 – 398.

［7］ 鲍曙明，时安卿，侯维忠. 中国人口迁移的空间形态变化分析 ［J］. 中国人口科学，2005：28 – 36.

［8］ 简新华，黄锟. 中国城镇化水平和速度的实证分析与前景预测

[J]. 经济研究，2010（3）：28 - 39.

[9] 金沙. 农村外出劳动力回流决策的推拉模型分析 [J]. 统计与决策，2009（9）：64 - 66.

[10] 李培，邓慧慧. 京津冀地区人口迁移特征及其影响因素分析 [J]. 人口与经济，2007（6）：59 - 63.

[11] 李薇. 我国人口省际迁移空间模式分析 [J]. 人口研究，2008（4）：86 - 96.

[12] 李扬，刘慧. 人口迁移空间格局模拟研究进展与展望 [J]. 地理科学进展，2010（10）：1162 - 1170.

[13] 马磊. 中国城市化与环境质量研究 [J]. 中国人口科学，2010（2）：73 - 81.

[14] 马伟，王亚华，刘生龙. 交通基础设施与中国人口迁移：基于引力模型 [J]. 中国软科学，2012（3）：69 - 77.

[15] 王桂新，潘泽瀚，陆燕秋. 中国省际人口迁移区域模式变化及其影响因素——基于2000年和2010年人口普查资料的分析 [J]. 中国人口科学，2012（5）：2 - 13.

[16] 王桂新. 中国大城市病预防及其治理 [J]. 南京社会科学，2011（12）：55 - 60.

[17] 王桂新. 改革开放以来中国人口迁移发展的几个特征 [J]. 人口与经济，2004（4）：1 - 8.

[18] 王国霞，秦志琴，程丽琳. 20世纪末中国迁移人口空间分布格局——基于城市的视角 [J]. 地理科学，2012（3）：273 - 281.

[19] 王小鲁. 中国城市化路径与城市规模的经济学分析 [J]. 经济研究，2010（10）：20 - 32.

[20] 魏星，王桂新. 中国人口迁移与城市化研究的近今发展 [J]. 人口与经济，2011（5）：1 - 8.

[21] 严善平. 中国省际人口流动的机制研究 [J]. 中国人口科学，2007（1）：71 - 77.

［22］原新，王海宁，陈媛媛．大城市外来人口迁移行为影响因素分析［J］．人口学刊，2011（1）：59 – 66.

［23］张蕾，王桂新．中国东部三大都市圈经济发展对比研究［J］．城市发展研究，2012（3）：1 – 14.

［24］张蕾，王桂新．中国户籍制度与城市化进程［J］．浙江理工大学学报，2013（2）：274 – 279.

［25］张蕾．中国东部三大都市圈城市体系演化机制研究［M］．浙江大学出版社，2012.

［26］张涛，张志良，张潜．移民规模引力模型及其应用［J］．中国人口科学，1997（4）：36 – 39.

［27］张文新，朱良．近十年来中国人口迁移研究及其评价［J］．人文地理，2004（2）：88 – 92.

［28］张学良．中国区域经济转变与城市群经济发展［J］．学术月刊，2013（7）：107 – 112.

［29］钟水映，李春香．乡城人口流动的理论解释：农村人口退出视角—托达罗模型的再修正［J］．人口研究，2015（11）：13 – 21.

［30］周皓．中国人口迁移的家庭化趋势及影响因素分析［J］．人口研究，2008（6）：60 – 69.

第五章

人口结构理论

人口结构是一个国家或地区的总人口中年龄、性别、阶级、婚姻、就业及教育程度等人口特征的分布状况和关系状况。人口结构对人口变化和社会发展具有全面影响。一方面，人口结构是人口再生产的基础，同时又是未来人口过程的基础；另一方面，人口结构是社会发展的基础和条件，对社会发展起着促进或制约的作用。人口结构是人们的社会位置及彼此之间的关系。

第一节　人口年龄构成

人口年龄结构是从年龄角度考察总人口中不同年龄或不同年龄段人口所占的比例及相互之间的关系。人口年龄构成指一定时点、一定地区各年龄组人口在全体人口中的比重，通常用百分比表示。人口年龄结构是过去几十年，甚至上百年自然增长和人口迁移变动综合作用的结果，又是今后人口再生产变动的基础和起点。它不仅对未来人口发展的类型、速度和趋势有重大影响，而且对今后的社会经济发展产生一定的作用。

一、人口年龄结构的指标

年龄组是指按照某一个年龄段对人口进行分组以方便分析的一种常用指标。采用年龄组指标，应该注意两点：一是组际之间的界限应该是明确且不重叠的，如把人口分成 0～4 岁组、5～9 岁组等，必要时应注明下（上）限是否包含在组内；二是研究某些经济社会现象要对人口进行分组时，应结合实际情况采取特殊分组的方法，尽量包含符合相关特征的所有人口。

（一）平均年龄和年龄中位数

平均年龄是反映人口总体年龄状况的一个综合指标，计算公式为：

$$平均年龄 = \frac{\sum（各年龄组的组中值 \times 各年龄组人数）}{人口总数}$$

年龄中位数是用来反映总体人口年龄状态状况的一个综合指标，它是指将全体人口按照年龄大小的顺序排列起来，正好把总人口分成相等两个部分的那个年龄。计算公式为：

$$年龄中位数 = 中位数所在组下限 + \frac{\frac{总人口}{2} - 中位数前各组累计人口数}{中位数所在组人口数} \times 组距$$

（二）少年儿童系数和老年系数

少年儿童系数和老年系数，前者指 0～14 岁少年儿童占总人口的比例，后者指 65 岁以上人口占总人口的比例。

$$少年儿童系数 = \frac{0～14 岁人口数}{总人口数} \times 100\%$$

$$老年系数 = \frac{65 岁及以上人口数}{总人口数} \times 100\%$$

（三）少年儿童抚养比和老年赡养比

少年儿童抚养比和老年赡养比，前者是指 0～14 岁需要抚养的少年儿童占 15～64 岁社会劳动年龄人口的比例，后者是指 65 岁及以上需要赡养的老年人口占 15~64 岁社会劳动年龄人口的比例。

$$少年儿童抚养比 = \frac{0 \sim 14\ 岁人口数}{15 \sim 64\ 岁劳动年龄人口} \times 100\%$$

$$老年赡养比 = \frac{65\ 岁及以上人口数}{15 \sim 64\ 岁劳动年龄人口} \times 100\%$$

（四）社会总抚养比

社会总抚养比是少年儿童抚养比和老年赡养比之和。

$$社会总抚养比 = \frac{0 \sim 14\ 岁人口数 + 65\ 岁及以上人口数}{15 \sim 64\ 岁劳动年龄人口} \times 100\%$$

（五）人口金字塔

人口金字塔是按人口年龄和性别表示人口分布的特种塔状条形图，是形象地表示某一人口的年龄和性别构成的图形。水平条代表每一年龄组男性和女性的数字或比例，金字塔中各个年龄性别组相加构成了总人口。人口金字塔图以图形来呈现人口年龄和性别的分布情形，以年龄为纵轴，以人口数为横轴，按左侧为男、右侧为女绘制图形，其形状如金字塔。人口金字塔底部代表低年龄组人口，金字塔上部代表高年龄组人口。人口金字塔图反映了过去人口的情况、如今人口的结构，以及今后人口可能出现的趋势。

从人口年龄结构对今后人口增长速度影响的角度将人口金字塔分为扩张型、静止型和收缩型，又可称为年轻型、成年型和年老型，它们的形状各不相同。扩张型：塔顶尖、塔底宽。静止型：塔顶、塔底宽度基本一致，在塔尖处逐渐收缩。收缩型：塔顶宽，塔底窄（如图 5-1 所示）。

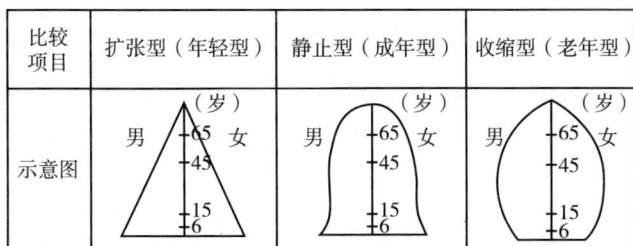

比较项目	扩张型（年轻型）	静止型（成年型）	收缩型（老年型）
示意图			

图 5-1 人口金字塔的类型

二、人口红利的概念和测算

(一) 人口红利与人口负债的由来

人类再生产类型在由"高出生率、高死亡率、低自然增长率"模式经由"高出生率、低死亡率、高自然增长率"模式的过渡（第一阶段），最终转变成为"低出生率、低死亡率、低自然增长率"模式（第二阶段）。在人口转变过程中，由于出生率与死亡率下降初始时间与速度不同步，后者先于前者发生。因而在人口转变的前一阶段，易出现人口年轻化趋势，少年儿童快速增长，而老年人口增长缓慢，其结果是总抚养比、主要是少儿抚养比快速上升，经济增长将深受其累，这时会形成所谓的"人口负债"。

而在人口转变的后一阶段，易出现人口老龄化倾向。由于出生率下降速度和人口老龄化速度不是同步发生的，前者先于后者发生，前者与后者是原因和结果的关系。在出生率下降初期，出生率下降速度快于人口老龄化速度。在这一人口变动过程中，会形成一个有利于经济发展的人口年龄结构，也就是少儿抚养比与老年抚养比在一个时期内都比较低的局面，并会持续较长一段时间。总人口"中间大，两头小"的结构，使得劳动力供给充足，而且社会负担相对较轻。年龄结构的这种变化将带来劳动力增加、储蓄和投资增长、人力投资增加和妇女就业机会增加等，从而对社会经济发展有利，人口学家称这段时期为"人口机会窗口"或"人口红利"。

在进入人口转变第二阶段的晚期，少年儿童数量在继续减少的同时，老年人口数量则快速增加，此时老年抚养比的上升速度大大快于少儿抚养比的下降速度，总抚养比上升较快，经济增长将受阻。这时又出现人口负债。

从这里的分析可看到，在人口转变的早期和晚期，当少年儿童和老年人口快速增长时，将出现人口负债，经济增长将深受其累；只有在人口变迁的中期，青壮年人口快速增长时，人口红利才会出现。因此，"人口红利"只是一个相对短暂的历史机遇。需要指出，在人口转变的早期和晚期出现的人口负债，其性质是完全不同的。在人口转变早期出现的人口负债，可看作是对未来的一种人力投资，是未来人口红利产生的基础与前提条件；在人口转变晚期出现的人口负债，可视作是在偿还前期所享有的部分人口红利，可视作真正意义上的"负债"。

（二）人口红利与人口负债的数量界定

人口负担的轻重是衡量人口红利与人口负债的唯一尺度。在对人口红利与人口负债及其相关问题研究中也需要使用这一判别尺度。值得思考的是，当总抚养比低于何种限度时才能认为该人口处在"人口红利"期？反之，当总抚养比高出何种限度时，才能认为该人口处在"人口负债"期？这里牵涉到一个人口负担轻重的判别标准问题①。实际上人口负担的轻与重是相对的，是相对于"参照人口"或"标准人口"（以下统称为标准人口）。离开"标准人口"谈论人口红利或人口负债是没有什么意义的。

选择预期寿命达到或略高于世界平均水平国家的生命表人口（静止人口是一种生命表形式的人口）作为目前及今后一段时间内研究人口红利与人口负债时的参照是合适的，并把抚养比低于或超过标准人口抚养比5%时，认为该人口处在"人口红利"或"人口负债"时期（陈友华，2015）。选择1957年瑞典生命表人口作为标准人口，主要出于三个方面的考虑：一是瑞典的生命统计质量很高；二是在瑞典不存在明显的性别偏好；三是1957年瑞典人口的预期寿命为72.5岁（其中男性70.8岁，女性74.3岁），与中国所达到的预期寿命水平非常接近。表5-1给出了以瑞典1957年生命表人口（该生命表人口中0~14岁、60岁及以上、65岁及以上人口比例分别为20.24%、21.28%与15.61%）为标准人口的目前及未来一段时间内的人口红利与人口负债的判别标准。

---

① 陈友华. 人口红利与人口负债：数量界定、经验观察与理论思考［J］. 人口研究，2015（6）：21-27.

表 5 – 1　　基于瑞典 1957 年生命表人口基础上的人口类型划分标准

人口类型	以 65 岁作为老年起始年龄			以 60 岁作为老年起始年龄			备注
	总抚养比	少儿抚养比	老年抚养比	总抚养比	少儿抚养比	老年抚养比	
人口红利	<53	<30.0	<23.0	<67	<33.0	<35.0	
	<44	<25.5	<18.5	<56	<28.5	<30.5	人口暴利
	44～7	25.5～27.0	18.5～20.0	56～60	28.5～30.0	30.5～32.0	人口高利
	47～50	27.0～28.5	20.0～21.5	60～64	30.0～31.5	32.0～33.5	人口红利
	50～53	28.5～30.0	21.5～23.0	64～67	31.5～33.0	33.5～35.0	人口微利
盈亏平衡	53～59	30.0～33.0	23.0～26.0	67～75	33.0～36.0	35.0～38.0	
	>59	>33.0	>26.0	>75	>36.0	>38.0	
人口负债	59～62	33.0～34.5	26.0～27.5	75～79	36.0～37.5	38.0～39.5	人口微债
	62～65	34.5～36.0	27.5～29.0	79～83	37.5～39.0	39.5～41.0	人口负债
	65～68	36.0～37.5	29.0～30.5	83～87	39.0～40.5	41.0～42.5	人口高债
	>68	>37.5	>30.5	>87	>40.5	>42.5	人口暴债

（三）人口红利与人口负债构成及意义

　　总抚养比由少儿抚养比与老年抚养比两部分组成。少儿抚养比与老年抚养比彼此具有相对的独立性，两者在变动时间上可以同步，也可以不同步，在变动方向上可以一致也可以不一致。人口红利既可能是由少儿抚养比低引起的，也可能是由老年抚养比低带来的。人口负债也一样，既可能是由于少儿抚养比高导致的，也可能是由于老年抚养比高造成的。出现的是人口红利、盈亏平衡、还是人口负债，取决于少儿抚养比与老年抚养比两者的共同作用。由于总抚养比由少儿抚养比与老年抚养比两个部分组成，可以引入两个概念：少儿人口红利和老年人口红利。少儿人口红利即为少年儿童人口负担轻，而老年人口红利即为老年人口负担轻。与这两概念相对应的还有少年儿童人口负债与老年人口负债，其含义分别为少儿抚养比高与老年抚养比高。

　　少年儿童人口红利是由人类以往对生育（数量）投资不足转化而来（减少数量为更替生育率与实际生育率两者之间的差额），可看作是对未来的一种透支或预支。人类因为减少对生育（数量）的投资而提前享用的这部分红利，在未来需要加倍偿还，结果是加重了未来人口的负担。少年儿童人口负债是由人类以往对生育（数量）过度投资（即超出更替生育水平的那一部分）引起的，可看作是人类对未来的一种投资。有投资就有回报或投资收益，人类因为增加对生育（数量）的投资，在未来的收获就是一段时间后出现人口红利。老年人口红利是人类以往对生育（数量）的过度投资在现时的一种收益或回报。老年人口负债是人类以往对生育（数量）的投资不足在现时的一种债务偿还现象。

　　无论是人口负债还是人口红利，都是在人口转变过程中由于生育率与死亡率变化不同步，人口年龄结构在某一特定时期出现的一种人口现象。对大多数人来说，其一生都会经历少儿期、成年期与老年期三个不同的发展阶段。今天的人口红利意味着以往对人口投资（生育率超出更替水平的那一部分）的一种回报，意味着现代人对未来的一种预支或透支。

　　无论从少儿抚养比、老年抚养比、还是从总抚养比上考察，中国目前都处在劳动人口负担最轻的一段时期，也就是中国正在分享"人口红利"。但中国人口红利的形成或产生是建立在20世纪50、60年代人口的快速增长与20世纪70年代以来人口控制取得巨大成效的基础之上，是前人（主要指20世纪50年代至70年代的劳动人口）超额付出后的一种收益（前人对生育投资的一种回报），是过去人口与计划生育工作的一种回报，也是现代人对未来的一种透支或负债。

（四）人口红利值得思考的几个问题

1. 人口红利与人口负债在人口转变过程中出现

　　在人口转变的初期，总抚养比逐年上升，并逐渐达到顶峰，随着人口转变的继续进行，总抚养比在达到峰值后开始逐渐下降，并进入谷底。随后总抚养比从谷底逐年向上爬升，到峰顶后开始下降至盈亏平衡区，并最终在盈亏平衡区稳定下来。当进入后人口转变时期的初期，总抚养比的变化似正弦曲线的一段［函数 $Sin(x)$ 在450°至540°范围内的变动曲线］，当进入后人口转变的中后期，总抚养比在盈亏平衡区逐渐稳定下来。只有在人口转变的中期，人口红利才会出现。因此，"人口红利"只是一个相对短暂的历史机遇。

2. 人口红利不是免费的午餐

计划生育政策的推行加速了中国的人口转变，使中国提前进入人口红利阶段。严格的人口控制使中国人口老龄化速度加快，人口红利也会因此加速消失，二孩政策的放开可以适当放缓人口红利的消失速度。随着人口老龄化的不断加快，我国丰富的劳动力资源将转变成对经济增长产生遏制作用的老年人口负担。现在三四十岁的一代人，三四个兄弟姐妹抚养一两个老人，仅有一两个孩子。这样少的被抚养人口可以全力以赴地发展经济。但当这代人年老以后，局面会发生转变。中国通过30年左右的时间完成了人口转变。同样的过程，在发达国家经历了上百年，这是一种成就，也潜伏着问题与挑战，生育政策的放开就是应对挑战的一种举措。

3. 伴随着人口的迁移与流动，人口红利或人口负债会在国家和地区间发生转移

珠江三角洲与长江三角洲通过青壮年源源不断的流入，保证了经济发展所必需的、充足的劳动力的供给，分享了其他地区的人口红利。对于流出地而言，难以享受到人口红利的成果，可能不仅意味着人口红利的流失，还可能意味着在人口红利消失以后，要比发达地区偿还更多的人口负债。

第二节　人口性别构成

一、人口性别结构

人口性别结构是一个国家或地区总人口中男性人口和女性人口各自

所占的比重。从生物意义上讲，与其他类型的动物和植物的各种亚种群的分布一样，人口再生产的性别有其内在规律。如果把某一人口中女性人口数量赋值为 100，男性人口数量相应的分值即为该人口的性别比。用公式表示为：

$$人口性别比 = \frac{男性人口数量}{女性人口数量} \times 100$$

除了总体人口性别结构之外，还有按照年龄组别、区域范围、行业职业范围等因素来考察某一特定人口的性别结构。从不同角度分析人口性别比有着十分现实的社会经济意义。某些特殊行业的人口性别比偏高或偏低，会产生一定的社会经济影响。如人们认为幼儿和中小学教师性别比偏低不利于孩子成长、卫生护理人员男性缺乏导致一些需求难以满足，部分流动人口集中的城市人口性别比失衡形成特殊社会问题等。

人口性别结构中，两个基本的指标是总人口性别比和出生人口性别比。出生人口性别比是影响总人口性别比的重要因素，它决定了总人口性别比变化的基础，而出生人口性别比是由人口再生产过程中纯粹生物因素决定的。按照经验，一般情况下，正常出生人口的性别比在 102～107 之间，即在 100 个女婴出生的同时，会有 102～107 个男婴出生。总人口性别比的变动幅度则较大，一般认为在 96～106 之间，总人口性别比都是正常的。

二、人口性别比变化的影响因素

总人口性别比变化的原因较多，除了出生人口性别比决定了其变化的基础外，还有其他一些因素对总人口性别比的变化有重要影响。

（一）自然因素

男性人口和女性人口在死亡率上的差异造成不同性别人口的存活时间长短不一。如在青少年年龄段，男性人口死亡率可能会高于女性人口，而女性人口在育龄期间死亡率则可能超过男性，到老年阶段，各年龄段女性人口存活人数多于男性人口成为一种普遍现象。

（二） 文化因素

受传统思想文化的影响，重视宗祠的父系传习和慎终追远的孝道观念普遍存在，人们形成重男偏男的生育观念，在农村地区更为普遍。从心理上讲，人们往往认为男孩是家庭的一种延续，并且有"养儿防老"的功能。从生理结构讲，男性体格比女性高大强健，男性劳动力更让家庭有安全感，从而使家庭对生育男孩有着较强烈的欲望。

（三） 科技因素

重男轻女思想在中国由来已久，但一直并没有造成严重的比例失衡，其主要原因在于科学技术不是很发达的时期，生育观念仅体现为一种自然生育基础上的意愿，并没有非常有效的人为干预生育行为。随着医学的不断发展和进步，重男轻女、多子多福的思想对生育行为的干预越来越严重，即使政策有此相关规定，但仍有人通过特别手段知道孩子性别不是男孩时，选择流产使很多女婴被扼杀在"萌芽"之中，这是导致男女比例失衡的一个外因。

（四） 其他社会因素

人口的迁移和流动往往造成区域人口性别比的变化超出正常幅度。如深圳市是一个典型的移民城市，迁移人口的性别选择性导致其人口性别比与全国和广东省的人口性别比具有较大不同。再如，大规模战争往往造成大量男性人口死亡，也会造成某些国家和地区人口性别比偏低。

三、中国人口性别比状况

1982 年第三次全国人口普查后，中国出生人口性别比异常偏高问题引起了社会和学术界的关注与讨论，特别是 1990 年第四次人口普查数据发表后，中国出生人口性别比异常升高更成为国内外人口学家聚焦的热点问题之一。

（一）中国出生人口性别比的阶段和特征

自1982年来，中国出生人口性别比始终处在失调中攀升、攀升中加剧的状态。根据所掌握的情况分析，得出了两个基本判断：总体恶化，局部改善。[①]

从数据来看，中国人口生态的恶化失衡现象颇似某些年度自然生态的失衡。"人口生态"是指人口的性别和年龄标识所产生的差异性，以及男女老少互补互助所支持的人口发展格局。根据联合国早年提出的一个标准，出生人口性别比一般处在102～107的范围里，这可以视为一个"大数定律"。从20世纪80年代以来，中国人口结构生态明显偏离正常值域（如图5-2所示）。

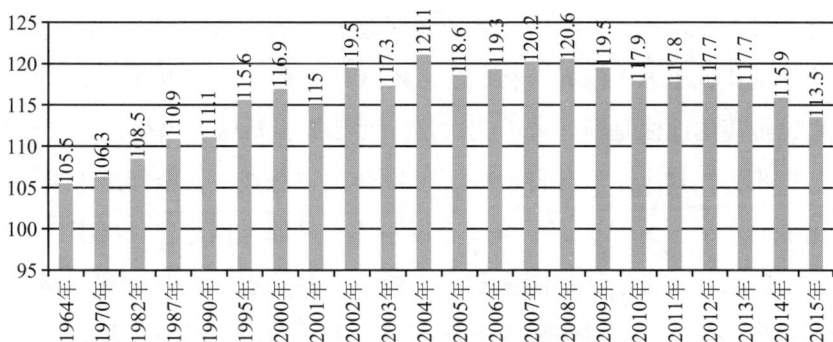

图 5-2　1964～2015 年中国出生人口性别比

国家统计局发布的数据显示，2015年年末中国大陆（不含港、澳、台地区）男性人口70414万人，女性人口67048万人，男性比女性多出3366万人，总人口性别比为105.02（以女性为100），出生人口性别比为113.51。统计数据同样是102～107却可能反映了两种不同性质的"正常"。统计正常包括了外生正常和内生正常。用公式表示为：统计正

---

①　穆光宗，余利明，杨越忠. 出生人口性别比问题治理研究［J］. 中国人口科学，2007（3）：81-88.

常＝外生正常＋内生正常。外生正常反映的只是统计数据的正常，其实还存在内在的冲突（行为约束与性别歧视的冲突），是靠外部约束形成的正常。内生正常反映的是出生人口性别比生成机理的正常，不仅统计正常，而且是在男女平等观念下自发形成的正常。在经济不够发达、传统文化影响深重的地区即便出现了暂时的统计正常，也不能掉以轻心，可能离稳定的"内生正常"还有很大距离。

（二）出生性别比地区差异和城乡差异

全国 31 个省、直辖市，56 个民族，各地区、各民族人民生活习惯不同、经济水平不同、传统习俗也不同。在历次人口普查中均发现①，各地区的出生性别比存在着较大差异（见表 5 - 3）。

从纵向看，1982 年人口普查中有 18 个省份出生性别比偏高，但均没有超过 115，出生性别比最高的地区是安徽省。1990 年人口普查中，出生性别比低于 107 的省份有 6 个，超出 110 的省份有 19 个，其中出生性别比最高的地区是浙江省，其次是广西壮族自治区；出生性别比最低的是贵州省，其次是西藏自治区。2000 年人口普查中，全国出生婴儿性别比平均水平达到 116.86，高于全国平均水平的有福建省、河南省、陕西省、广西壮族自治区、湖南省、安徽省、湖北省、广东省和海南省 9 个省和自治区。其中最高的是海南省和广东省，分别高达 135.6 和 130.3，出生性别比最低的是西藏（为 102.73）。到 2010 年，全国出生性别比为 117.96，有 9 个省份的出生性别比在 120 以上，属于严重失衡地区。出生性别比最高的地区是安徽省、福建省和海南省，分别为 128.65、125.65 和 125.49，最低的为新疆（为 106.02）。可见，出生性别比偏高的主要地区是东南沿海地区，慢慢地扩大到了中西部地区，偏高程度也在加强。

从横向看，2000 年除西藏自治区和新疆维吾尔自治区外，各省、自

① 孙琼如. 中国出生人口性别比：三十年研究回顾与述评 [J]. 人口与发展，2013，19 (5)：95 - 109.

治区和直辖市的出生婴儿性别比都高出正常范围。出生性别比在 120 以上的省份有 7 个：陕西省、广西壮族自治区、湖南省、安徽省、湖北省、广东省、海南省。这些省区主要分布在东部、中部地区，且大都是人口大省。剩下的地区出生婴儿性别比虽然也高出正常范围，但幅度小，这些地区主要是西北、西南一些经济相对不太发达的省、区及 4 个文化经济发达的直辖市。2005 年，除西藏自治区外，各省、自治区和直辖市的出生婴儿性别比都高出正常范围，且偏高程度更加严重。出生性别比在 120 以上的有 11 个省，按照由高到低的顺序是江西省、安徽省、陕西省、湖北省、湖南省、贵州省、江苏省、福建省、河南省、海南省和上海市，这 11 个省份属出生人口性别比严重失衡的地区。出生性别比在 110～120 之间的省份有 16 个，包括广东省、天津市、广西壮族自治区、河北省、北京市、内蒙古自治区、青海省、山西省、四川省、甘肃省、浙江省、山东省、云南省、重庆市、宁夏回族自治区、黑龙江省，属出生人口性别比中度失衡的地区。出生性别比在 107～110 之间轻度失衡的省份有 3 个，辽宁省、新疆维吾尔自治区和吉林省。可见，我国除了 1 个地区（西藏自治区）的出生性别比处于正常值范围外，其余地区都处于出生性别比偏高的范围。2010 年，出生性别比在 120 以上的有 9 省，按照由高到低的顺序是安徽省、福建省、海南省、湖北省、湖南省、江西省、广西壮族自治区、贵州省和广东省，这些省份属出生人口性别比严重失衡的地区。出生性别比在 110～120 之间的省份有 19 个，包括山东省、浙江省、河南省、甘肃省、江苏省、陕西省、河北省、宁夏回族自治区、天津市、重庆市、黑龙江省、青海省、内蒙古自治区、云南省、四川省、上海市、山西省、吉林省、辽宁省，属出生人口性别比中度失衡的地区。只有西藏和新疆的出生性别比在正常值范围。

出生性别比偏高的影响主要在乡村，但城市人口的出生性别比也有持续升高的迹象。1982 年第三次全国人口普查数据显示，城市出生性别比为 107.17，城镇为 109.9，乡村为 107.6；1990 年全国人口普查数据显示，城市出生性别比为 108.9，镇为 112.1，乡村为 111.7；2000 年第五次全国人口普查数据显示，城市出生性别比为 112.8，城镇为 116.5，乡村为 118.1。2005 年 1% 人口抽样调查资料显示，城市出生性别比为 115.16，城镇为 119.86，乡村为 122.85。2010 年人口普查数据显示，城市出生性别比为 114.06，城镇为 118.64，乡村为 119.09。可见农村出生性别比一直高于城市。

表 5-2 分城镇乡出生人口性别比

	合计	城市	城镇	乡村
1982 年第三次全国人口普查	108.47	107.17	109.90	107.60
1990 年第四次全国人口普查	111.87	108.90	112.10	111.70
2000 年第五次全国人口普查	116.90	112.80	116.50	118.10
2005 年 1% 人口抽样调查	120.49	115.16	119.86	122.85
2010 年第六次全国人口普查	117.96	114.06	118.64	119.09

表 5-3 六次人口普查的出生人口性别比一览表 单位：%

省份	一普	二普	三普	四普	五普	六普
北京市	105.69	105.45	107.02	107.96	110.56	109.48
河北省	105.18	104.04	108.18	114.45	113.43	114.86
天津市	104.93	—	107.67	110.18	112.51	113.62
山西省	110.73	105.94	109.35	110.07	112.52	110.28
内蒙古自治区	106.79	105.24	106.83	108.06	108.45	111.96
辽宁省	103.92	103.78	107.11	110.27	112.83	110.12
吉林省	101.76	102.70	107.77	109.13	111.23	111.15
黑龙江省	101.01	102.51	106.89	106.94	109.71	112.36
江苏省	106.02	104.81	107.87	116.13	116.51	116.21
上海市	105.09	106.34	105.37	105.37	110.64	110.45
浙江省	107.35	106.17	108.83	118.83	113.86	118.11

续表

省份	一普	二普	三普	四普	五普	六普
安徽省	106.85	105.41	112.45	110.43	127.85	128.65
福建省	107.69	105.58	108.64	112.32	117.93	125.65
山东省	104.01	103.04	109.86	116.66	112.17	119.42
江西省	103.39	104.59	107.86	111.56	114.74	122.95
河南省	105.25	102.18	110.32	117.75	118.46	117.77
湖北省	103.66	103.99	106.97	110.03	128.18	124.11
湖南省	106.30	104.49	107.61	110.46	126.16	123.23
广东省	106.66	106.32	109.68	112.92	130.30	120.38
广西壮族自治区	105.57	104.08	110.69	118.55	125.55	122.72
海南省	—	—	—	115.03	135.64	125.49
四川省	103.87	102.64	107.95	110.60	116.01	111.62
重庆市	—	—	—	—	115.13	112.46
贵州省	103.23	101.71	106.84	97.78	107.03	122.47
云南省	101.84	100.86	106.17	107.07	108.71	111.93
陕西省	104.62	104.66	109.17	112.87	122.10	115.32
甘肃省	102.34	101.54	106.27	113.98	114.82	117.56
西藏自治区	—	—	101.32	102.66	102.73	106.50
青海省	102.30	102.02	106.22	104.87	110.35	112.32
宁夏回族自治区	—	101.69	106.18	107.27	108.79	113.76
新疆维吾尔自治区	99.66	102.59	106.07	104.70	106.12	106.02

数据来源：《中国人口普查资料》。

（三）出生性别比分孩次差异显著

历次人口普查数据的结果显示我国出生婴儿性别比随孩次的升高而升高（如表 5 - 4 所示）。首先，从孩次分层来看出生性别比。1990 年第四次全国人口普查、1995 年全国 1% 人口抽样调查和 2000 年第五次全国年人口普查中的一孩的出生性别比都处于正常范围内，分别为 105.5、106.3 和 107.1，从二孩开始猛然升高，分别达到 121、141.1、151.9，三孩及以上的出生婴儿性别比更高，分别高达 127、154.3、159.4，呈现出愈演愈烈的趋势。其次，从不同年代来看出生性别比，我国不同孩次的出生性别比出现异常的时间不相同。对于第三个及以上孩次，出生性别比异常在 20 世纪 80 年代初已出现，1982 年我国一孩、二孩出生性别比正常，三孩出生性别比已出现异常，达 113.1。二孩出生性别比异常则是在 20 世纪 90 年代开始出现，且二孩以上出生性别比异常随着时间的推移越来越严重，例如第二孩次出生性别比从 1990 年的 121.30 一直上升到 2010 年的 130.29，第三孩次出生性别比从 1982 年的 113.1 一直上升到 2010 年的 161.56。而 2005 年，第二孩、第三孩的出生性别比虽略有下降，但仍异常偏高。与 2000 年以前第一孩出生性别比都处于正常范围不同，2005 年和 2010 年第一孩就已出现性别比偏高，分别为 108.41 和 113.73。

表 5-4 分孩次出生婴儿性别比

年份	合计	一孩	二孩	三孩	四孩	五孩及以上
1982	108.50	104.60	107.20	113.10	115.50 *	—
1990	114.10	105.50	121.30	125.30	132.90	130.10
1995	117.40	106.30	141.10	154.30 **	—	—
2000	116.90	107.10	151.90	160.30	161.40	148.80
2005	120.49	108.41	143.22	152.88 *	—	—
2010	121.21	113.73	130.29	161.56	146.50	143.65

注：＊第四孩及以上；＊＊第三孩及以上。
资料来源：历次人口普查和 1% 人口抽样调查。

这种现象是否正常呢？在人口再生产的生物属性里是否存在一种出生男婴的概率随母亲生育孩次增加而增加的自然规律？目前的研究表明，出生性别比随孩次的升高而升高的现象并不是它的自然属性。[1] 学

---

[1] 张翼. 中国人口出生性别比的失衡、原因与对策 [J]. 社会学研究，1997（6）：57－70.

者们通过研究认为，造成这一非正常现象的原因有：一是 B 超和选择性流、引产；二是女婴出生统计漏、瞒报；三是女婴的非正常死亡。

总之，人口性别比的失衡已经并还在形成着许多社会问题的胚芽。它给社会学、人口学和生态学带来了极具挑战性的难题。这个关系到现今和未来国人生活的问题，必须引起学术界尤其是管理者决策者更多的关注。

第三节　人口社会分层构成

社会分层是按照一定标准将人口区分为高低不同的等级序列，表现为人与人之间、集团与集团之间高低有序的若干等级层次和不平等状态。社会分层是社会制度结构深入渗透人类生活的最基本方面，每个人都必然地归属于某一社会阶级或阶层。

一、社会分层的测量

社会分层的测量有很多方面，如收入测量、贫困人口测量、职业测量等。

（一）收入分化的测量

收入不平等的测量相对于其他社会分层的测量相对易于把握，常用指标为：

1. 基尼系数

它是国际上通用的测量收入分化状态的指标，它是一个在 0 与 1 之间的数值，反映社会贫富悬殊的程度。根据国际上多年测量的数据，当基尼系数在 0.2 以下时，表示绝对平均，财产或收入等完全平均分配；当基尼系数为 1 时，表示绝对不平等，全部财产或收入都集中在 1 人手中；当基尼系数在 0.2～0.3 之间是比较平等，0.3～0.4 之间是中等不平等；高于 0.5 为极端不平等。

2. 工资报酬水平法

它是测量工资报酬不平等程度最常用的方法，首先按照年工资报酬水平的高低对人口进行排序，然后确定某一工资报酬水平的人应当归入哪一个百分位。它可以确定年工资报酬的中位数（第 50 个百分位上的工资报酬水平）。例如，1992 年美国 25～64 岁男性的年工资报酬中位数为 26934 美元，这说明在所有的男性劳动力中有一半的人每年工资报酬不到 26934 元，有一半人的年工资报酬超过这一水平；此外，年工资报酬为 12622 美元的男性处于第 20 个百分位上，即有 20% 男性比他挣得少，而 80% 的男性比他挣得多。

3. 五分位法

当确定了与每个百分位相联系的工资报酬水平后，可以对每一百分位上的人所获得的工资报酬在总工资报酬中所占的份额进行比较，五分位法是按收入水平的高低将人口分为五等份，然后测量各个 20% 人口层在全部收入中所占的比重及相互关系就构成了测量收入不平等的五分位法。

（二）贫困人口的测量

测量贫困人口的方法很多，重要的是确定贫困线，贫困线也叫最低生活保障线。各国依照本国的生活水平确定贫困线，因此不同的国家和地区具有不同标准的贫困线。生活在贫困线以下的人口就为贫困人口。

1. 市场菜篮法

根据维持家庭或个人所需要的最基本的生活必需品的物品种类和数量，根据市场价格计算出这些物品相应的货币金额，以此为贫困线。这一方法又称标准预算法，生活必需品的范围主要为食品，这一方法的优点是直观明了，易于操作，是最传统的确定贫困线的方法。

2. 恩格尔系数法

德国学者恩格尔发现，生活必需品的开支与收入的增长成反比。因此，根据居民食品支出占全部消费支出的比重可以判断家庭的贫富程度。收入水平较低的家庭，食品支出占总支出的比重较高。恩格尔系数法常被用来作为判断一个国家、地区或家庭是否贫困的标准。当一个家庭食品支出占了全部收入60%以上时，这个家庭就为贫困家庭。这个方法的优点是简单易行，易于操作，但不利于进行比较研究，因为各国人的消费习惯和物价水平的差异，对恩格尔系数法进行比较分析时应十分注意。

3. 国际贫困线标准或收入比例法

它是1976年经济合作与发展组织在对其成员国的一次大规模的调查后提出的贫困标准，以国家或地区中位收入或平均收入的50%作为这个国家或地区的贫困线。它的好处是简单易用，既考察了绝对贫困也考虑到了相对贫困，是一个较为常用的指标。1991年，美国的贫困线为年收入13924美元（四口之家）。一般发展中国家贫困线则为人均年收入300美元。但在非洲和南亚一些国家，如果按照购买力计算贫困线大概为人均年收入200元人民币。1997年，中国首次公布城市贫困线，为人均年收入1700元，但不同城市之间各不相同。

4. 贫困发生率

它是指平均人均收入低于贫困线的人口总数占社会总人口的比例，它反映了贫困的普遍程度。这一指标虽然反映了贫困的普遍程度，但无法反映贫困人口的收入降至贫困线以下的程度。

（三）人口职业分层的测量

1. 人口职业结构分类

人口职业结构是指社会中人口职业的分布状况。依据不同的标准可有不同的分类。

以就业状况分类，职业结构可分为在业人口和不在业人口。在业人口是指劳动适龄人口从事社会劳动并取得劳动报酬或经营收入的人数。不在业人口是指没有从事社会劳动的劳动适龄人口，包括在校学生、料理家务的人口、待升学待就业人口、失业人口、离退休人口和丧失劳动能力的人口。失业人口是不在业人口中的重要概念，是指城镇劳动适龄人口具有劳动能力、要求从事有报酬的工作而未获得工作职位的人口。失业率是失业人口占劳动适龄人口的百分比，是重要的社会经济指标。失业率的高低反映一个国家的经济发展状况和社会安定程度。失业可分为摩擦性失业、季节性失业、循环性失业、结构性失业和长期性失业等类型。

以产业部门分布，职业结构分为三种产业结构，第一产业为农业，第二产业为工业，第三产业为各种服务业。人口的产业结构受到社会生产力发展水平的影响。英国经济学家克拉克在 1940 年提出的"配第－克拉克定理"认为，随着社会经济的发展，一个国家的劳动力构成会逐渐由第一产业占优势逐级向第二产业和第三产业占优势的方向发展。一般来说，社会经济发展水平较高的国家或地区，从事工业和服务业劳动的人口所占比重较高。

2. 人口的职业流动

人口的职业流动包括两个方面的内容：一是劳动者从最初职业到最终职业之间的变动状况，包括职业类型、行业类型和社会经济地位的变化；二是劳动者地理位置的变动。前者反映了劳动者身份地位变化的很多方面，如从私有企业到国有企业的企业类型的变化；从农业到工业等产业结构的变化；从工人到技术人员、管理人员的身份变化等；也包括了个人与父代之间的变化。通过对一个人一生职业地位的变化及其代际间的职业地位变化，可以深入解释不同社会资源分配体系对个人地位的影响，了解社会资源分配的规则和社会结构的开放程度。

美国社会学家布劳和邓肯通过对美国职业结构的研究提出了"地位实现模型"，他们用继承和流动总量分析的方法，将注意力转向个人生命周期中一些特殊事件上。他们把代际流动和代内流动视为一个整体，二者共同构成了个人自出生至实现某种社会地位的过程。

二、人口与社会分层的关系

社会分层是在人口中发生的，人口的规模、质量影响着社会分层状况，社会分层也影响着人口的生育、死亡和迁移等人口过程。

（一）处于不同社会阶层的人口具有不同的生活质量，这种差异直接作用于人口的生产和再生产

阶级和阶层之间的剥夺与占有关系通过资源分配表现为资源占有的差别，不同社会分层的人具有不同的社会地位和资源获取能力。处于较高社会分层的人口具有优先获得资源的能力，处于较低社会分层的人口则可能被剥夺某些资源。收入差异不仅体现在消费水平的差别，还表现在享用服务、教育投资、智力开发的差别。人口增长和资源紧缺是人类社会最基本的矛盾之一，当人口增长带来资源紧缺时，社会分层的存在会加剧资源分配的不平等。

（二）不同历史条件下社会分层状况决定了不同阶级和阶层的人口生产和再生产特点

现代社会，人类生产力的发展已使人类摆脱了物质生产力水平低下的整体贫困状况，物质财富丰富程度已足以满足现有人口的衣食住行，但资源分配的不平等仍是物质丰富社会的常态。现在社会分层的机制不仅是占有物质资源的差别，还包括占有信息和知识资源的差别。在一个充满经济增衰和人口增减的社会中，不同阶层的人口经历着不同的经济增长和知识增加，社会变迁改变了不同阶层人口具有的知识增长潜能和资源占有机会，迫使社会面临结构性重组，而阶级与阶层结构的历史延续性使原来较高地位的人能够获得更多的知识和信息，加剧了不同阶层的人口群体对紧缺位置、报酬等资源的竞争能力的差异。

（三）不同社会阶层所具有的价值观念影响着人们对于人口问题和贫困问题的看法

世界上普遍存在贫困人口的问题是有目共睹的，但对贫困人口产生的原因却有天壤之别的看法。一种观点认为，贫困人口的产生是贫困落后地区没有知识的人口增长过快的结果，是人口过剩增长和贫困之间恶性循环的结果。另一种观点认为，贫困人口的产生是社会财富分配不平等的结果，不平等的分配机制导致了贫困人口不可能减少。

（四）人口增长和社会分层是一个同向增长的过程

技术进步不仅带来人口的增长，同时也促进了社会分工的发展。社会分工多样化和复杂化的结果促进了社会分层的不断升级，社会位置逐渐增多，中低阶层的人口具有了向上流动的可能，阶层间的流动概率增大。

（五）家庭通过提高子女的质量、减少生育数量可以改变家庭社会地位

研究表明，一是家庭子女数量的多少和其向上流动的机会成反比，一个家庭子女数量越多，向上流动的可能性越小；二是兄弟姐妹数与向上流动机会之间是反比关系，一个人兄弟姐妹数量越多，其向上流动的机会越少。

（六）人口增长和阶层流动之间有着微妙的关系

当某些社会阶层的人口大幅度增长时是否能够导致精英阶层或社会优势阶层被其他阶层所取代呢？这是个存在争议的问题。这里存在着一种悖论：一方面，知识和教育的普及为下层人口带来了向上流动的可能性；另一方面，如果知识和教育的普及为下层人口带来了生活水平的提高和向上流动机会，那么它会消减劣势阶层与中间阶层争取平等的要求，甚至会使人们相信劣势阶层之所以不得不处于劣势地位是因为他们自身没有利用知识和教育所带来的好处，由此使阶层结构、阶层意识的基础消失。

三、中国人口社会分层状况

改革开放40年来我国社会分层结构的变化的基本特征是从以"社会身份指标"来区分社会地位向以"非身份指标"来区分社会地位的方向转化。改革前中国社会分层的特点是非财产型的，即区分社会地位高低的标准不是财产、经济收入的多少，而是一种特殊的身份指标，包括政治身份的区别、户籍身份的区别、工人与干部身份的差异等。从社会

分层的角度看，改革开放以后的最大变化就是原有的身份制度或身份体系逐渐衰落，出现了重大的变迁，特别是表现在以下五个方面①：

（一）农民开始突破户籍身份的限制

20 世纪 80 年代后，我国户籍制度有所松动，农民被允许进城开店设坊，兴办一些为城市居民所需的服务业。起初对农民的放松还是有限度的，提出所谓"离土不离乡"的政策，即允许农民离开农业生产而从事其他行业，但要求农民只是在家乡范围内就业，而不要流入到大城市中去。但一旦放开，就很难控制住，农民实际上是既离土又离乡。根据国家统计局抽样调查结果，2015 年农民工总量为 2.8 亿人，规模宏大。农民中涌现出了一批"农民企业家"，甚至是百万、千万富翁，他们的社会地位不是户籍体制所能限制的。在户籍制度的改革中，以 2003 年 6 月 20 日国务院废止《城市流浪乞讨人员收容遣送办法》为标志，对于农村人口的城市化采取了更为积极推进的政策，将城乡居民的身份平等作为户籍改革的最终目标。

（二）以单位级别和干部级别为基础的分层机制发生变迁

改革以前的单位级别和干部级别体系是单一经济成分的产物。改革使我国的经济成分多元化，个体、私营、外资、合资等经济成分的发展快速；改革也使人们的收入构成多样化，工资收入、股份、证券收入、房地产收入、单位外收入等类型繁多。由官定的工资级别在巨额的财产分层中显得微不足道。在计划经济下，政府部门掌握着诸方面管理的最重要权力，各级政府官员成为全社会的核心群体。随着计划经济逐步转向市场经济，使得过去控制在各级政府官员手中的经济指挥权有所削弱。随着政府各种权力的逐步下放，官员不再像过去那样单独占据着社会经济运行的中心位置，与市场分享权力。同时，市场的发展也直接改变着过去的官员等级身份制度。在过去，我国每一个经营单位都有一个

---

① 李强. 改革开放 30 年来中国社会分层结构的变迁［J］. 北京社会科学，2008（5）：47－60.

级别，如科级企业、处级企业、局级企业等。在市场竞争中，企业地位的高低则以其资产、产值、利润的地位来评价。这种地位的高低是市场竞争、经营效益的结果。一些原来官定级别很低的企业，一跃成为拥有亿万资产的企业，使得原来的等级分层次序被打乱。当然，官本位机制的变迁也并不仅仅是单向度的变化，在某些方面，官员级别、身份有强化的现象。如20世纪90年代末以来，随着政府财政税收的大幅度增加，官员的级别、身份在分层中有强化的趋势。但从政府与市场的总体关系看，资源转向市场，社会分层更为多元化而不是单一的官本位化。分层机制这种变化，使干部身份不再是人们追求的唯一目标，有助于精兵简政和全社会效率、效益的提高。

（三）"档案身份"被突破

改革以前，绝大多数人几乎终生在一个单位就业，人们在单位之间的调动十分困难。难以调动的体制原因在于一套特殊的档案管理制度，或称作档案身份制度。"档案身份"是人才"单位所有"的重要基础。市场改革以后，劳动就业出现大量流动的情况下，人才的"单位所有"受到很大的冲击。随着多种经济类型单位的出现，档案身份变得不那么重要，人们在就业时不再为档案身份所困，社会上出现了负责保管档案的"人才交流中心"以衔接不同体制之间的差异。档案身份对于城镇就业者的束缚已大大松解，流动为社会带来了活力。

（四）文凭、学历、技术证书等作为社会分层、社会屏蔽和筛选的功能越来越突出

自1977年我国恢复高考以来，文凭、学历在社会地位的区分中起到越来越重要的作用。20世纪80年代以来，中央在制定干部提升的标准上也强调学历的重要性。20世纪80年代中期以后，我国正式恢复了学位制度，建立了学士、硕士、博士等一系列学位体制。20世纪90年代以来，逐步建立了一系列的技术证书制度，如会计证书、律师证书、资产评估员证书等，与国际接轨的技术证书越来越成为区分社会地位的新依据。

第四节 人口转变理论

人口转变作为人类由农业社会向工业社会迈进的社会转型的一个组成部分，与工业化、现代化有着紧密的联系。它在人口研究的历史上得到了比任何一种别的人口现象都重要的地位。人口转变论是以对欧洲国家在社会经济转变的同时发生的死亡率、生育率由高水平向低水平转变的经历的描述与概括为开始的，它经历了历史上最杰出的人口学家的论述与修订。

一、人口转变的出现和发展

（一）人口转变出现

1909 年朗德里（Adolphe Landry）对欧洲人口变化过程的描述，经汤普森（Warren Thompson）润色加工，由诺特思坦（Frank Notestein）在 1945 年引进"转变"（transition）一词而逐步发展完善。朗德里认为，描述和理解从一种高生育率、高死亡率的人口体系向一种低生育率、低死亡率的人口体系的长期变化是人口理论的一项中心任务。为了强调这种根本的转变，朗德里冠以"革命"的称号。朗德里描述的转变模式分为三个阶段：第一阶段以自然生育率为特征，即经济因素对生育率没有限制作用，人口增长由死亡率波动所决定；第二阶段，为了努力维持已经取得的生活水平，人们开始限制婚姻——晚婚或者不婚。虽然这两个阶段展示的人口模式都是均衡模式，但不排除一些时期生育率提高、死亡率下降带来的人口增长。相反，第三阶段与过去相比有了根本性突破：不断追求更高的生活水平导致夫妇限制其婚内生育率，人口均衡不复存在，"人口减少"成为一种实际可能性。

汤普森试图把欧洲人口发展的经历应用于其他地区的理论结构中

来。他将世界各国在 1908～1927 年的数据按他们的人口增长模式划分为三类：第一类国家包括北欧、西欧和美国，从 19 世纪后半叶至 1927 年，他们的自然增长率从很高水平降到了很低水平，并且不久将变成静止人口并开始出现人口下降；第二类国家包括意大利、西班牙和中欧一些地区，出生率、死亡率都发生了下降，但在未来一定时期里，死亡率将与出生率同样快速下降，甚至比出生率下降得更快。这些国家将保持稳定的或是逐渐增大的人口增长率；第三类国家指世界其他地区，此地区很少看到对出生、死亡进行控制的事实。由于缺乏对出生、死亡的自愿控制，这类国家（当时占世界人口 70%～75%）的人口增长将继续主要由其增加生存手段的机会来决定。正如马尔萨斯所描述的，在这些国家只要生存资料增长，人口就一定增加。1945 年诺特斯坦对他文章的思想给予了极大的关注，并将汤普森所划分的 A、B、C 三类增长模式分别命名。诺特斯坦称 A 模式为早期下降（incipient decline），B 模式为转变增长（transitional growth），C 模式为高增长潜力（high growth potential）。人口转变（demographic transition）这一术语也随之诞生。诺特斯坦将空间上三种模式拼接为时间上依次发生的转变阶段，那正是一个国家从高出生率、高死亡率，走向低出生率、低死亡率（即从潜在的高增长走向早期下降）的时期，是人口快速增长（即转变增长）时期。

（二）人口转变理论的发展

在 20 世纪 50 年代之前，人口转变只是一种人口变化的描述，而不是一种理论。但每一个经历人口变化的国家都表现出人口转变的一些共同特点，这似乎表明人口转变是一种普遍的人口增长规律。经典的人口转变理论认为，随着工业化，农业、运输业、制造业和医疗卫生上的技术进步带来食物供应、生活水平的提高和健康状况的改善，死亡率出现下降。人类寿命增加是工业化的第一个人口学效应，它实现了人类在千万年中一直在努力但从未实现的梦想。由于长寿总是人们所盼望的，而且它主要是一个生理、技术问题，因此降低死亡率不是困难的事。但生育率的降低更多受到制度性因素影响，它主要是一个文化心理问题，因此它比死亡率下降困难得多。生育率下降往往滞后于死亡率下降，一方面是因为社会需要花时间去认识和适应死亡率确已降低的事实，另一方面是因为有利于高生育率的社会经济机制也需要花时间去朝着与低死亡率相一致的低生育率的新观念进行适应与调整。生育率只有在因全面工业化和现代化带来的一系列累积的、相互加强的效应下才出现下降，这些效应主要包括：存活水平提高，个人主义文化的增长，消费愿望的上升，大量地进行着社会流动的城市人口的出现，家庭诸多功能的丧失而转移到了工厂、学校，城市生活方式下孩子的高成本低效益等。一旦生育率出现下降，其下降速度总是快于死亡率下降，结果人口最终要么停止增长，要么增长十分缓慢，进一步的结果是，老年人口及其比例大量增长。

根据这种人口转变过程，世界各国可以区分为三大类：第一类，已经经历了三个阶段到达低位均衡（low pressure equilibrium）的欧洲国家及若干东亚国家。从人口增长角度看，它们将面临"早期下降"；第二类，处于人口革命早期阶段的国家，它们正在发生转变增长。由于现代化的力量还没有充分发挥作用，虽然死亡率下降了，但传统的高出生率继续存在；第三类是尚未进入人口转变的国家。尽管它们现在的人口增长很少，因为高死亡率抵消着高生育率，但它们代表着"高增长潜力"，一旦出现经济发展和现代化，人口转变就会发生。

人口转变理论不同于一般的人口理论，它主要来自对历史经验和实践的分析，而不是纯理论演绎的结果。从人口均衡发展的角度看，人口转变是指随着经济社会的不断发展和资源环境的持续变化，人口运行不断打破原有均衡状态，在新的平台上构建新的均衡状态，由低级人口均衡转变为高级人口均衡的跃迁过程。人口转变是人类社会发展的必然现象，人类历史相继经历了渔猎经济主导的原始社会向小农经济主导的传统社会、再向工业化主导的现代社会的人口转变，表现为人口由一种社会形态下的出生率与死亡率的高位均衡向另一种社会形态下的出生率与死亡率的低位均衡转变的历史事实。

二、中国人口转变状况

人口转变是一个多维动态历史过程,是一系列特定人口指标转变的集合(刘爽,2010)。其中,人口出生率、死亡率和自然增长率的变动仅仅是人口转变的外在表现。其内在动力则是通过制度、文化和技术等承载的人口行为,引致的人口内在转变。我国育龄妇女总和生育率于20世纪90年代初降至更替水平以下,人口增长的势能逐步减弱,人口从低增长走向零增长。综合考虑预期寿命、人口自然增长率,中国人口转变在20世纪末已经完成(李建民,2000)。

(一)中国人口转变历程分析

从人口发展与社会经济发展的关系看中国人口转变历程,可以分为如下两个阶段①:

第一阶段:2000年以前,中国人口发展主动适应社会经济发展,人口转变超前于社会经济发展。

中国处于以经济建设为中心的工业化初期阶段,国家提出"翻两番""三步走"蓝图,为实现这个目标,提高在经济总量既定前提下的人均占有份额,主要从加快经济增长角度考虑人口问题,严格控制人口增长成为核心任务,这一时期的实践被概括为"经济要上去,人口要下来"。严格控制人口增长是走出"马尔萨斯人口陷阱"、启动经济快速发展的引擎。中国主动实施人口数量控制、抑制人口供给的发展战略,改变西方发达国家伴随现代化进程递进地进行人口转变、实现人口均衡发展的模式,通过人口政策、法律制度、计划生育等促使生育率下降以适应经济发展,缩短人口转变周期、压缩进入人口均衡发展的时间,为实现国家提出"翻两番""三步走"蓝图提供了良好的人口环境。实践证明,中国人口发展的外推型外生模式与制度创新助推经济发展效果明

① 马力,桂江丰. 中国特色的人口转变 [J]. 人口学刊,2012(1):2-7.

显。人口对经济增长的促进作用日益显著，创造了丰富的劳动资源，较低的抚养水平产生巨大的人口红利。1970 年中国的人均 GDP 约 100 美元，而 2000 年已超过 1000 美元，增长 10 倍。

第二阶段：进入 21 世纪以来，人口发展与社会经济发展互动发展，人口转变与社会经济发展协调发展。

我国处于工业化中期，开始步入发展型社会新阶段，提出达到中等发达国家水平目标，伴随现代化建设"三步走"战略的前两步战略目标的实现，发展目标聚焦人口的全面发展，人口发展与经济社会作用方向更趋一致。经济高速增长，社会发展全面加速为人口发展注入动力，日益完善的社会福利制度聚焦于人口的全面发展，父母对子女的经济效益不断降低。而人口发展既有利于促进宏观经济社会发展，也使微观家庭普遍得到实惠，低生育水平更趋稳定。人口系统与经济系统、社会系统、资源系统和环境系统之间关系进入相辅相成又相互促进时期。

社会经济作用于人口发展。①低生育水平的宏观环境逐步成熟。随着工业化的深度发展，社会的生产以资本密集型、技术密集型为主，并向知识经济转化，体力劳动与脑力劳动比在机械化条件下是 6∶4，在自动化条件下是 1∶9，迫使人们更加注重优生优育，加大对人力资本投资，从生育数量向生育质量转变。城镇化的加速发展，改变着传统生活方式，出现非婚生育、晚婚晚育、离婚率上升等新情况，个体更加注重自我实现，弱化传统生育观念，延长了学习年限，缩短生育年限，干扰了 25～35 岁最佳的生育阶段，客观降低人口出生数量。②低生育水平的微观机制逐步形成。生育的成本—效益发生深刻变化。家庭生育行为是经济理性行为，以追求效用最大化为基本原则。随着经济发展和生活水平提高，养育孩子的货币成本不断增长；随着妇女受教育程度的提高和就业水平的提升，养育孩子的时间成本也大幅升高；随着社会转型和教育期望上升，父母担忧子女成长、成才的心理成本也与日俱增。而在社会福利制度日益完善的时代，父母对子女的经济效益不断降低，期望效益聚焦于精神效益，在生育子女数量方面表现为由"多"和"少"转变为"有"和"无"。

人口发展作用于社会经济发展。①抚养比大幅下降导致储蓄率迅猛上升。随着低生育水平的持续稳定，抚养系数持续降低。人口结构变化意味着劳动年龄人口所承担的抚养和赡养等经济负担大大减轻，从而减少家庭支出，提高储蓄能力；同时在人口迅速转型的过程中，无子女政策及养老保险体系不健全，渐渐打破了子女在赡养老人方面的传统家庭作用，提升储蓄动机，与丰富的劳动力共同创造了长时期的人口红利。②人口素质提高倒逼产业结构升级。生育水平的持续下降，带来人口素质对人口数量的替代，2009年国民平均受教育年限达8.9年，新增劳动力平均受教育年限超过11年，以初中及以上文化程度为主的80、90后新生代农民工达1.38亿，占农民工总数的60%。由于产业结构优化速度远远滞后于劳动力素质提高速度，一方面初中及以下劳动力居高不下，低文化素质农民工大面积短缺；另一方面劳动力成本上升，以往30年以劳动力数量为特征的"低劳动力成本"竞争优势难以为继，出现低附加值产业需求与人力资本迅速提高间的失衡。自2003年出现"民工荒"，使得劳动力由"无限供给"转变为"结构选择"，倒逼产业结构升级，推进发展方式转变，同时教育收益率提高，促进人力资本投资进入"高投资、高回报"的良性循环体系。

（二）中国人口转变的简略国际比较

各国人口转变发生的时空条件不同，人口转变的历程不同。西方人口转变是一种自发的过程，在现代化的进程中，人口结果是工业化主导的经济、社会发展的产物，由生育决策主体根据自身所处的具体条件进行理性选择的结果，这一过程具有自发性、长期性和稳定性的特点。中国的人口转变虽然也遵循人口转变的一般规律，但具有鲜明的中国特色（如表5-5所示）。

表 5 - 5　　　　　　中国和部分国家（地区）人口转变过程的比较

国家或地区	转变开始和结束年份	转变持续期（年）	人口转变乘数
瑞典	1810～1960	150	3.83
德国	1876～1965	90	2.11
意大利	1876～965	90	2.26
苏联	1896～965	70	2.05
法国	1785～1970	185	1.62
中国	1930～2000	70	2.46
墨西哥	1920～2000	80	7.02

数据来源：转引自马西姆·利维巴茨。世界人口简史，北京大学出版社，2005.

　　中国人口转变的独特性，不仅在于中国是世界第一人口大国，是经济社会尚不发达的发展中国家，有独特的文化背景，更在于根据中国经济社会发展的需要采取了严格的生育政策，并取得了显著效果。将发达国家和发展中国家的人口转变过程进行比较，由于死亡率下降具有刚性，发展中国家通过技术引进使死亡率迅猛下降，而生育率下降相对滞后，导致人口增长幅度较大，人口转变周期仍然较长，一般具有较大的人口转变乘数。但中国例外，政策干预使得生育率紧随迅猛下降的死亡率急剧下降，导致人口转变周期大大缩短，其人口转变乘数为2.46，与多数欧洲国家相差无几。综合来说，中国的人口转变是在社会发展、经济发展与计划生育政策三股主要力量推进下实现的。

思 考 题

1. 中国人口老龄化的程度及其影响？

2. 中国人口性别差异体现在哪些地方？

3. 人口流动和社会分层之间有什么关系？

4. 中国计划生育政策对人口转变有什么影响，二孩放开政策对人口转变有何影响？

参 考 文 献

［1］Caldwell, J. C.. Three Fertility Compromises and Two Transitions [J]. Population Research and Policy Review, 2008, 27 (4): 427 - 446.

［2］Lesthaeghe, R. and Neels K.. From the First to the Second Demographic Transition: An Interpretation of the Spatial Continuity of Demographic Innovation in France, Belgium and Switzerland [J]. European Journal of Population, 2002, 18 (4): 325 - 360.

［3］Sobotka, T.. The Diverse Faces of the Second Demographic Transition in Europe [J]. Demographic Research, 2008, 19 (9): 171 - 224.

［4］蔡昉. 人口转变、人口红利与经济增长可持续性——兼论充分就业如何促进经济增长 [J]. 人口研究, 2004 (2): 2 - 9.

［5］曾毅, 顾宝昌, 涂平, 徐毅, 李伯华, 李涌平. 我国近年来出生性别比升高原因及其后果分析 [J]. 人口与经济, 1993 (1): 3 - 15.

［6］陈友华. 人口红利与人口负债：数量界定、经验观察与理论思考 [J]. 人口研究, 2015 (6): 21 - 27.

［7］冯占联. 出生性别比异常的非统计含义：一个社会学的解释 [J]. 人口学刊, 1995 (3): 34 - 39.

［8］蒋耒文. "欧洲第二次人口转变" 理论及其思考 [J]. 人口研究, 2002 (3): 45 - 49.

［9］李强. 改革开放 30 年来中国社会分层结构的变迁 [J]. 北京社会科学, 2008 (5), 47 - 60.

［10］刘爽, 卫银霞, 任慧. 一次人口转变到二次人口转变——现代人口转变及其启示 [J]. 人口研究, 2012 (1): 15 - 24.

［11］穆光宗, 余利明, 杨越忠. 出生人口性别比问题治理研究

［J］. 中国人口科学，2007（3）：81－88.

　［12］乔晓春. 性别偏好、性别选择与出生性别比［J］. 中国人口
科学，2004（1）：14－22.

　［13］孙琼如. 中国出生人口性别比：30 年研究回顾与述评［J］.
人口与发展，2013（5）：95－109.

　［14］于弘文. 出生婴儿性别比偏高：是统计失实还是事实偏高
［J］. 人口研究，2003（5）：38－41.

　［15］于学军. 中国人口转变与"战略机遇期"［J］. 中国人口科
学，2003（1）：9－14.

　［16］张翼. 中国人口出生性别比的失衡、原因与对策［J］. 社会
学研究，1997（6）：57－70.

　［17］马力，桂江丰. 中国特色的人口转变［J］. 人口学刊，2012
（1）：2－7.

第六章

人口与可持续发展

　　人口、资源与环境三者是一个具有内在联系的系统工程。这三者之间的关系错综复杂，组成了一个相互作用、相互依赖的整体。它们关系到人类社会的生存与发展，人口、资源、环境与发展问题的实质是发展问题。人口、资源、环境与发展关系中，人口是核心关键因素，人口数量、密度、结构的变化会引发环境、资源、经济状况、社会变动等方面的一系列变化。人口均衡社会和资源节约型社会及环境友好型社会的关系构成了可持续发展。人口均衡型社会是主体，在可持续发展中居核心地位，人口均衡型社会包含了资源节约型社会和环境友好型社会的部分内涵，而且人口均衡型社会与资源节约型社会、环境友好型社会是紧密相关和密切关联的。

第一节　人口、资源与环境的关系

　　人口、资源、环境是紧密联系的统一整体。有限的资源养活着有限的人口，人口依赖着生存环境，人口增多，资源减少，环境污染加剧。环境污染加剧，造成资源进一步减少，经济发展就要受到制约。人口增长的越快，恶性循环就越快。

一、人口增长与自然资源

人口增长对环境资源的压力主要表现在两个方面：一是人口增长通过对自然资源的过度开发利用，造成自然生态系统的破坏；二是人口增长造成环境的污染。

（一）自然资源

自然资源是自然界中在不同空间范围内有可能为人类提供福利的物质和能量的总称。它是人类生活和生产资料的来源，是人类社会和经济发展的物质基础，也是人类生存环境的基本要素。按照自然资源本身固有的特征（如再生性、可更新性、可变性、重新使用性及发生起源等）通常可分为耗竭性资源和非耗竭性资源两大类。耗竭性资源按其是否可以更新或再生，分成再生性资源和非再生性资源。非耗竭性资源又可分为恒定性资源和易误用及污染的资源（如图6-1所示）。

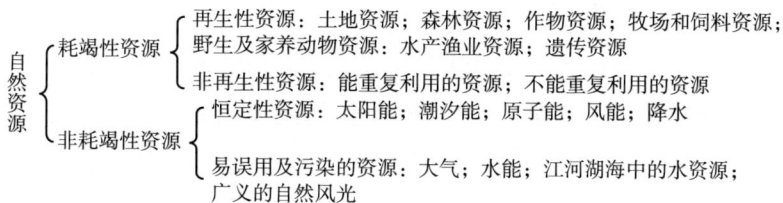

自然资源 {
　耗竭性资源 {
　　再生性资源：土地资源；森林资源；作物资源；牧场和饲料资源；野生及家养动物资源；水产渔业资源；遗传资源
　　非再生性资源：能重复利用的资源；不能重复利用的资源
　}
　非耗竭性资源 {
　　恒定性资源：太阳能；潮汐能；原子能；风能；降水
　　易误用及污染的资源：大气；水能；江河湖海中的水资源；广义的自然风光
　}
}

图6-1　自然资源系统

作为一种物质，自然资源和其他物质一样具有两种属性：一是其实物的属性，是人类生产活动用以作为能源和原材料的物质消耗；二是其"场所"属性，是人类赖以维系生产、生活的场所和环境。自然资源具有实物资源和环境资源的两重性。由此决定了自然资源在社会经济发展中具有两个方面的作用：一是生产活动中的原料作用，二是它的环境和社会作用。自然资源既可用之于社会生产，作为发展生产力的物质投入，同时对自然环境系统也起着不可忽视的保护作用。

与某一种物质的属性不同，把自然资源作为一个整体来考察，自然资源又有其自身的特性。其一是它的有限性。自然资源并不是取之不尽、用之不竭的，这是自然资源最重要的特性。如在一定的时间和空间内自然资源的数量是有限的；某些自然资源就其总量来说虽然相当巨大，但人类可以利用的部分却是有限的。在一定的社会经济和科技水平条件下，人类利用自然资源的能力和范围也是有限的。其二是它的潜力的无限性。如随着科学技术的进步和发展，自然资源将不断拓广其范围；某些非再生性资源，从它本身蕴藏的能量来看，供人类长期使用是可能的；某些再生性资源虽然其数量有限，但提高其生产潜力的前景也是广阔的；社会发展和科技进步也将使废物资源化，污染物资源化。

因此，明确自然资源的这些属性和特性，对于我们合理开发利用自然资源，保持自然资源的永续利用和保护人类生存发展环境有着非常重要的意义。

(二) 自然资源的开发与利用

人口的增长与自然资源的开发和利用是分不开的。从历史的发展来看，在原始采集狩猎时期，人类的生活资源主要依靠大自然的恩赐。简单的生产工具对丰富的自然资源只能进行极低的价值利用和效益转化，以维持人口的简单再生产。在这种状态下，人口的增长率极低。进入新石器时代之后，人类不仅依靠自然界的恩赐获得生活资料，而且开始开发利用自然资源，发展农业和一些采掘业及粗加工业。伴随着生产能力的提高和技术的进步，社会物质财富增加，因而对自然资源的需求开始扩张，人口数量随之迅速增加。从新石器时代到产业革命前的这一历史阶段，自然资源的开发利用价值和转化效益与人口增长率两者之间基本呈缓慢的线性增长趋势。产业革命以后，人类改造自然环境的能力大大提高，对自然资源开发利用的深度和广度都大大增强，由自然资源转化的物质财富日趋增长，从而推动了社会经济的迅速增长。这种生产规模的不断扩大，需要投入大量具有一定素质的劳动力，而社会财富的增多又进一步刺激了人口的增长。这样，工农业的迅速发展、自然资源的耗竭和环境污染以及人口的迅速增长就同步发展。世界经济的增长带来了人类生存空间的扩张和生活水平的提高，但人口数量和生活消费需求增长的双重压力又给自然资源的有效供给和生态环境的保障带来了沉重的负荷和危机，人类在对自然资源的开发和利用中发现了一些独特的理论规律。

资源诅咒指与矿业资源相关的经济社会问题。丰富的自然资源可能是经济发展的诅咒而不是祝福，大多数自然资源丰富的国家比那些资源稀缺的国家增长得更慢。经济学家将原因归结为贸易条件的恶化，荷兰病（dutch disease）是指自然资源的丰富反而拖累经济发展的一种经济现象。经济学家们常常以此来警示经济和发展对某种相对丰富的资源过分依赖的危险性。资源丰裕度的测量是实证研究中一个重要难题，学者们纷纷引入了一些替代变量，包括初级产品的出口与 GDP 的比值（Sachs and Warner，1995），初级产品部门的就业比例（Glyfason，1999），人均耕地数量（Wood and Berger，1997），能源储量（Stijns，2000），资源租占 GDP 的比值（K. Hamilton，2003）。虽然度量方法存在着较大的差异，但研究结果一致表明，资源丰裕度与经济增长的负相关关系普遍存在。大多数研究都支持这样一个命题：自然资源如果对其他要素产生挤出效应，就会间接地对经济增长产生负面影响。高夫森（Gylfason）称之为"资源诅咒"的传导机制。常见的传导机制包括：荷兰病、资源寻租和腐败、轻视人力资本投资、可持续发展能力衰退。

200 多年以来，世界经济的发展取得了人类社会前所未有的巨大成就，也使世界人口、经济与自然资源和环境之间的物质、能量的转化和循环陷入了重重危机。危机的根源在于人口数量增长的不适度和人类改造自然环境、利用自然资源的盲目性、掠夺性、破坏性和技术上的落后性。人口过多与资源短缺是世界发展的主要矛盾之一。由于人口迅猛增长和人类过度利用自然资源已导致了地球上许多资源特别是生物资源量的迅速衰减，许多资源的人均占有量大幅度下降，且矛盾日趋尖锐。要摆脱人类危机，解决人口与资源的矛盾，最重要的是要寻找和遵守同地球上有限的生物物理资源有关的"外部极限"；寻找和克服人类对自身自然界认识与行为控制上适应外部世界极限的"内部极限"约束。人类在认识自然和自身的发展中，对不可再生资源的开采速率不得超过科学技术发现替代资源的发展速度，对可再生资源的开发利用必须限制在其可再生或恢复的限度内，以保持其永续利用和可持续发展；通过控制人口生产和改进物质生产方式，来合理利用自然资源与改造环境，来合理地进行人口地域分布与资源的合理消费分配，从而达到人与自然的协调发展。

造成人口、资源、环境矛盾日趋尖锐的主要原因有：一是人口增长过快。过快的人口增长，不仅限制了科学技术的发展速度，而且破坏了人类与生态环境的平衡。这种不平衡引发和导致了有限资源的耗竭，破坏了资源再生的基础，有的甚至完全毁灭了资源再生的希望。二是经济增长的粗放型。传统的经济增长方式是数量扩张的粗放型经营方式，在很大程度上是一种资源浪费型的经济增长模式，过热的经济增长依赖于过量的资源消耗来支撑。粗放型的经济增长方式的必然结果是国民经济发展的高投入、低产出，高消耗、低效率，高浪费、低效益。人类在对自然资源的开发利用上，应该正确处理人口增长与自然资源的关系，以保持资源的永续利用和可持续发展。

二、人口增长与环境污染

人口增长不仅造成资源的过度开发利用，破坏生态平衡，人口增长也造成了环境污染，生态环境恶化。关于人口增长和环境污染两者之间的关系，国际社会存在两种截然不同的片面观点。一种是人口悲观论，一种是技术乐观论。① 人口悲观论往往认为，环境污染是由于人口增长过多过快造成的，是"人口爆炸"的直接后果。甚至有人认为，工业生产、人口增长、污染排放都应达到零值，否则人类将面临崩溃。这种观点把复杂的问题简单化。技术乐观论认为，人口增长对环境污染无足轻重，有了切实设计的技术，人口增长不会使环境污染，而且还能供养更多的人口。在人口增长与环境污染的关系上既不能把人口因素看成是影响环境污染的决定性因素，又不能忽视人口数量及其增长对环境污染的各种直接或间接的作用，走向任何一个极端都是不可取的。

　　环境库兹涅茨曲线是环境污染研究的一个重要理论。库兹涅茨曲线（Kuznets curve），又称倒 U 曲线（inverted U curve）。美国经济学家西蒙·史密斯·库兹涅茨于 1955 年提出的收入分配状况随经济发展过程而变化的曲线，是发展经济学中重要的概念。环境库兹涅兹曲线认为，一个国家经济发展水平较低的时候，环境污染的程度较轻，但是随着人均收入的增加，环境污染由低趋高，环境恶化程度随经济的增长而加剧；当经济发展达到一定水平后，也就是说，到达某个临界点或称"拐点"以后，随着人均收入的进一步增加，环境污染又由高趋低，其环境污染的程度逐渐减缓，环境质量逐渐得到改善，这种现象被称为环境库兹涅茨曲线。1991 年美国经济学家格罗斯曼和克鲁格（Grossman and Krueger）针对北美自由贸易区谈判中，美国人担心自由贸易恶化墨西哥环境并影响美国本土环境的问题，首次实证研究了环境质量与人均收入之间的关系，指出了污染与人均收入间的关系为"污染在低收入水平上随人均 GDP 增加而上升，高收入水平上随 GDP 增长而下降"。1996 年帕纳约托（Panayotou）借用 1955 年库兹涅茨界定的人均收入与收入不均等之间的倒 U 型曲线，首次将这种环境质量与人均收入间的关系称为环境库兹涅茨曲线（EKC）。EKC 揭示出环境质量开始随着收入增加而

---

① 林成策. 试论人口对环境污染的影响［J］. 南方人口，1993（2）：42－43.

退化，收入水平上升到一定程度后随收入增加而改善，即环境质量与收入为倒 U 型关系。

资源过度开发利用和环境污染破坏这两个方面是难以分开的。人口与污染的关系，不单单在于人口数量的增加，主要在于人口的消费水平及消费方式，这在西方发达国家表现得尤为突出。对广大发展中国家尤其是从中国来看，由于人多地少，又处于工业化时期，人口与污染以及人口与生态环境方面都呈现出很大的相关关系。中国人口与生态环境的关系突出表现为生态环境恶化的根源在于不断增长的人口压力。例如，围湖造田导致水生生态的破坏，开垦草原造成土地沙化。中国人口增长增加了对森林资源的需求，人类不断挤占野生生物的生存环境，不仅使森林面积锐减，而且也使野生生物生存的地盘越来越小。中国用不足世界 7% 的耕地养活了约占世界 22% 的人口，人口增长引起的耕地减少、森林草原退化、土壤污染、肥力下降等潜在危机，都是中国经济与社会可持续发展中要面对的重要问题。

（一）土地资源破坏

人口增长造成土地资源的污染和破坏。土地资源污染和破坏的主要标志是：土地被侵蚀，失去肥力，严重的岩石裸露。它主要有四种类型：土地植被被破坏和水土流失；草原退化与土地沙漠化；土地盐渍化；土壤板结。土地资源被破坏有其自然的原因，这是地球存在亿万年都存在的现实。从国内外发展的历史来看，土地资源被破坏的直接原因大都是由于违反客观规律、扩大耕地面积和过度从土地索取"报酬"所造成，由于人口增长对食物提出更大需求；植被破坏和水土流失常常是在平原或山坡开荒或盲目砍伐森林所造成；耕地退化常常是由于种植单一作物或连续耕作而不作任何休耕、轮耕所造成；草原退化和沙漠化常常是由于超载放牧和开荒造成；土地盐渍化和土壤板结大多是为了增加产量长期过度灌溉和使用化肥所造成。

　　　人口增长不仅破坏了人类赖以生存的有限土地资源，也污染了土地资源。人口增长要使土地增产就必须施肥，施肥常常会给农田带来污染。如施用家肥或污水作为肥料，难免会把病原菌带入土壤。普遍使用化肥、农药会把一些有害元素带进土壤，并在土壤中积累成为新的土壤污染源。此外，人口的增长也加剧了把处理的垃圾、废渣、污水倾注土壤的行为，从而引起新的土地污染。同时，水污染和降尘等也造成了一些重金属元素对土地的污染。土地资源被破坏和污染的直接后果是：缩小了耕地面积；降低了土壤的肥力；减少了野生物种的多样性，最终威胁到人类的生存和发展。

（二）水污染

人类在工业化和城市化进程中带来的环境问题不容忽视。由于人口城市化和工农业的迅速发展及市场经济的逐利性，大量污水、废物排入水域，使水体受到污染，水质变化。水污染主要来源于工业的废水和农业使用化肥、农药所造成的污染渗入水体，生活垃圾和生活废水也是重要的污染源。尽管工业污染比生活污染危害程度更大，但由于生产集中，能够通过排污来解决，通过立法和加强管理来限制。所以，相对来说还比较容易控制。但农业污染和生活污染对水体的污染较难控制，这种污染同人口的增长、人口密度增加和人口消费水平提高有着直接的关系。

中国工业化和城市化带来了人口增长和人民生活水平的提高，但全国和城市的废水中有机物排放量一直在持续上升，城市居民的生活污水已成为重要的水污染源。针对这一越来越严重的现象，地方政府出台了一系列对应的政策，如浙江省五水共治、剿灭劣 V 类水等，都体现了治理水污染的决心。

（三）大气污染

大气污染包括烟雾、大气粉尘、大气微生物、光化学烟雾等。一部分大气污染是由于燃烧化石燃料排放出的污染物，主要是由于工业排放所造成；另一部分是由家庭生活需要燃烧各种燃料而加剧的大气污染。从长远来看，对工业排放造成的大气污染可以加强控制，而家庭排放所造成的大气污染比较难以控制，因为大气污染与人口增长和人口密度有关。伴随人口城市化，其主要污染除大气污染和水污染外，还有一些特殊性质的污染，如光化学烟雾污染、陆地下沉、城市不断扩展占用土地而造成土地的破坏和污染以及温室效应和热岛效应等。从世界各国来看，人口城市化程度高的地方，其环境污染的程度一般都较为严重，而一些人口"过度"城市化的发展中国家的贫民区，情况更为恶劣。人口越是密集的地方，提高人们关于环境保护的意识的重要性就越能体现出来。自然资源所受到的污染，最终都会在人类的生活中反映出来，后果始终还是由人类自己来承担。

为了降低经济社会发展对环境造成的破坏，提高生态文明建设水平，我国相继出台了《大气污染防治行动计划》《水污染防治行动计划》《土壤污染防治行动计划》等政策措施。日益完备的环境保护政策法律法规体系为改善环境质量打下了重要基础。

第二节　人口承载力及适度人口

一、人口承载力的相关研究

人口承载力的内涵及人口承载力研究属于跨学科范畴，在人口学、生态环境学、经济学、社会学及城市规划等各领域均有涉及。基于研究视角的差异，与人口承载力（population/human carrying capacity）有关或相近的概念还包括：人口承载量（population load-bearing capacity）、人口规模（population size）、人口容量（population capacity）、人口吸纳能力（population absorption capacity）、人口密度（population density）及基于人口角度的资源承载力（resources carrying capacity）等。

（一）人口承载力的基本理论

1. 人口承载力的概念

人口承载力研究的思想萌芽可追溯到 1798 年托马斯·马尔萨斯（Thomas Malthus）所著的《人口论》，其中提到人口增长率与食物增长率存在不一致性，建议通过不婚、节欲等方式减少人口数量，从而保持人口适度规模。1949 年，艾伦（W. Allen）首次正式提出"人口承载力"，即一个地区在一定的技术条件和消费习惯下，在不引起环境退化的前提下，永久支持的最大人口数量。1985 年，联合国教科文组织提到，一个国家或地区的人口承载力是指在可以预见到的时期内，利用本地能源、自然资源、智力、技术等条件，在保证符合其社会文化准则的物质生活水平条件下，该国家或地区能持续供养的人口数量。这一定义是对人口承载力基本内涵表述较为规范、权威的表达，得到了国际学术界上的普遍认同。

诠释城市人口承载力要充分考虑以下几个方面：一是时空界定，即可预见的时期或某一发展阶段，以及特定的城市地域范围；二是自然环境界定，即一定的生态容量作为承载人口的环境基础，如土地、水资源、气候环境等；三是经济和社会要素支撑，包括城市经济发展、基础设施建设、技术进步及一切为人口生存和发展提供供给的社会要素；四是承载的基本目标，即在符合社会文化与道德准则的前提下，居民生产、生活等各种活动能正常进行，满足人们对生活质量的要求；五是容量上限，满足以上条件或要求的城市人口数量一定有一个容量限制，也即城市人口不能无限制地膨胀。综上所述，合理的城市人口承载力要求在特定时期内，特定的城市区域中，人口、资源、经济、社会等要素协调并可持续发展。总的来说，基于可持续发展的思想，学术界对人口承载力的认识逐渐达成一致，对城市人口承载力的研究也由浅入深。

表 6 - 1　　　　人口承载力及城市人口承载力概念的研究进展

	代表文献	前提条件或决定要素	人口承载目标
人口承载力	艾伦 （Allen W.，1949）	特定地区：特定技术条件和消费习惯；环境不退化	永久供养的最大人口数量
	联合国教科文组织 （UNESCO，1985）	特定区域：可预测时间内；特定能源资源与技术等条件；符合社会文化准则	一定物质生活水平下持续供养的人口数量
	世界资源研究所和国际环境与发展研究所 （WRI/IIED，1986）	给定数量的土地	可供养的人口数
	卡顿 （Catton，1986）	特定环境范围内安全地承载人口	满足快速增长的人口消费
	潘纪一（1988），朱宝树（1989），曲格平等（1992），张志良（1993），贾绍凤（2000）	特定区域的自然与社会要素；特定的技术条件；特定的消费习惯与消费水平	可持续发展的人口数量
城市人口承载力	沈清基（1994）	特点时期：一定的生态，社会环境质量水平及活动强度	相对持续容纳的城市人口数量
	冯蔚东、贺国光、马寿峰（1997）	一定时段：满足居民活动正常运行；受城市综合发展水平约束	容许限度内的城市人口规模
	张利华、陈刚等（2008）	城市由人口、资源、经济、社会四个子系统组成	人口系统与其他系统匹配
	童玉芬、齐明珠（2009）	特定的城市区域，可预见时间内，不破坏环境；所有的物质与社会经济条件共同决定	充分满足人口生活要求的人口规模

资料来源：张燕，张喜玲. 城市人口承载力的研究进展与理论前沿［J］. 国际城市规划，2013（1）：37 - 43.

2. 人口承载力的特点

人口承载力的特点在某些方面与动物的环境容量相似，例如生态系统的初级生产能力是决定环境容量的基础，环境容量具有强烈的变动性等。人口承载力表现的特殊点包括：

第一，人类在人口承载力上具有主观能动性。人类可以通过自己的创造性劳动，增强对周围环境的适应能力，提高对资源的利用率，提高自然系统的人口承载力。

第二，人口承载力与现实人口规模之间关系的不稳定性。人类种群虽然已经增长了几百万年，但不论是种群规模本身，还是地球环境的人口承载力，还没有达到一个稳定的状态，没有能够与环境容量保持基本的平衡。

第三，人口承载力对人口制约作用的不确定性。一般动物的数量规模与环境容量是基本平衡的，种群的数量会受到环境的制约，即环境容量对动物种群规模的制约比较直接和明显，但是人口承载力要复杂得多：一方面，人口承载力的制约因素很多，不能只从环境和人口两个方面来衡量；另一方面，人口承载力不是直接对人口规模发生制约作用，人口承载力的制约作用往往具有很大的滞后性、曲折性和隐蔽性。

第四，人口承载力制约下的人口变化并不是单纯的表现为人口数目的增减变化，人口的增减也并不仅仅取决于环境容量的制约。

3. 人口承载力的影响因素

第一，土地及其生产力。包括可用土地数量、土地生态环境、土地利用现状、土地所有制与分配机制、土地开发的战略规划、科技水平、食物供给及其他各类生产力的提高等。土地资源是人类赖以生存和发展的无法替代的自然资源，一个地区的土地资源及其生产力水平，从根本上决定了一定时期、一定生活标准下该地区所能供养的人口的限度。

第二，区域要素投入与消耗。在优胜劣汰机制作用下，人类通过不断地淘汰其他竞争物种，消耗当地资源，人口承载力会持续增大。一定程度上，能源资源（包括可再生资源与不可再生资源）决定着一个区域的人口承载力以及该区域的可持续发展；技术的发展对资源的利用程度和产出水平有很大影响，随着技术水平和生产力的提升，人口承载力也会提高；并且不同生活水平要求下的人口承载力具有差异性，如发达地区的人口对能源资源的消耗要远远大于欠发达地区；当然，要注意的是同一个地区在不同阶段，人民的生活水平也不一样。大多时候，通过资本与技术的投入，从区外输入能源和原材料等都会使人口承载力不断提高。

第三，自然资源与人口选择"二元"决定论，即自然资源与人口选择（包括经济、环境、价值观与政治文化）支撑人口的发展。人口承载力不同于传统的生态承载力，人口承载力更与经济、技术、社会、政治、文化、法律体制、时间范围有关；人口承载力大小取决于被选择的发展模式；人口问题的本质不是人口数量问题而是人们的生活方式问题。

第四，地区综合系统。人口承载力由自然资源及其开发利用支持系统、生态环境及其演变支持系统、经济及其发展支持系统、人口增长及其消费福利支持系统等组成。系统决定论较为全面地总结了人口承载力的影响要素。系统论中的影响因素变量包括空间与时间维度、资源密度（土地面积）、生态系统类型、经济发展、物质供给、政策决策、社会组织、竞争效应、人口规模等。

（二）人口承载力的测度方法

人口承载力由其影响因素的不同，可以分为资源人口承载力、环境人口承载力和经济人口承载力。

1. 资源人口承载力测度

资源人口承载力的测算方法的研究通常集中于水资源、耕地资源、能源等重要资源的研究，由于各种资源的性质、功能的不同，使用的测算方法也不同。

（1）土地资源承载力。

在资源、环境与人口之间的矛盾日益突出的情况下，由于土地资源的不可移动性，土地资源的稀缺性日益明显，土地资源的承载力越来越受到各国政府和学者们的关注。土地资源承载力的测算方法可以分为两种，一种是以系统动力学为主的直接计算法，另一种是以生产潜力计算为主的间接推算法。

1984 年，英国科学家马尔科姆·斯莱瑟（Malcom Slesser）等提出了承载能力估算的 ECCO（Enhangcement of Carrying Capacity Options）模型，它在联合国教科文组织提出的人口承载力定义的基础上，对人口、资源、环境和经济发展间多种因子之间的相互关系进行了综合考虑，分析系统结构，明确系统因素间的关联作用，画出因果反馈图和系统流程图，建立起系统动力学模型，通过模拟不同发展战略得出人口增长、区域资源承载力和经济发展间的动态变化趋势及其发展目标。

生产潜力法首先需要计算一定条件下土地的生产潜力，这一点最为关键。然后，计算在一定生活水平下的土地资源的人口承载力。计算土地生产潜力有两种方式：机理法和数理统计法。机理法是根据作物生产力的形成机理，同时需要将光照、温度等自然因子与施肥、耕作等农业技术因子考虑进去，依据作物能量转化及粮食生产形成的过程来估算粮食生产潜力。数理统计法主要是根据一些统计数据资料，通过拟合土地生产潜力和其他因子的相关关系来建立模型，从而推算土地生产潜力。

（2）水资源承载力测度。

水资源承载力的研究方法较多，大致可以分为对比平衡法、综合评价法和多目标决策法。

第一，对比平衡法。对比平衡法主要包括背景分析法和相对承载力方法。背景分析法是将在自然条件和社会经济方面具有类似背景的区域的实际情况进行对比和研究，从而推算区域的承载能力。相对承载力方法的测度指标一般是水资源的丰裕度，以比研究区更大的一个或数个参照区作为对比标准，根据参照区的人均水资源占有量，计算出研究区的相对承载力。

第二，综合评价法。综合评价法不仅考虑水资源的丰裕度，还将生态环境状况、科技发展因素和社会制度等多种因素纳入考虑范围，全面地反映水资源的承载能力。

第三，多目标决策法。多目标决策法选取能够反映水资源承载力的社会、经济、人口、生态环境等若干目标，用系统分析的方法研究不同策略方案下水资源所能承载的人口规模。

2. 环境人口承载力测度

（1）承载率法。

承载率法也称承载力饱和度法，是指区域环境承载量（环境承载力指标体系中各项指标的现实取值）与该区域环境承载量阈值（各项指标的上限值）的比值。

（2）生态足迹法。

生态足迹法是由瓦克尔纳格等（Wackernagel et al.）提出的测量环境承载力的方法。该方法首先测定一定区域内维持人类生存的自然资源消费量与吸收人类产生废物所需的生物生产性土地面积的大小，然后将其与给定的一定人口的区域生态承载能力进行比较，来评估人类对生态环境的影响，测量区域的发展是否在环境承载力范围内。

3. 经济人口承载力测度

经济人口承载力的测算方法主要有两种，一种是相对经济承载力方法，另一种是就业人口承载力方法。

（1）相对经济承载力方法。

这种方法借鉴的仍是相对承载力的思路和公式，只是将测度的指标替换成收入或资本指标，通过区域实际值与更高区域层次的平均值或指标的理想值对比，得到区域合适的经济人口规模。

（2）就业人口承载力方法。

这种方法认为人口实际上是由劳动力来供养的，劳动力的需求量构成了人口承载力最重要的基础，因此一个区域可以提供的就业岗位数量基本决定了该区域的人口承载力[1]，相应的计算公式为：

人口承载力 = 就业人口数量 × (1 + 平均抚养系数)

---

① 贾绍风. 开放条件下的区域人口承载力 [J]. 市场与人口分析，2000，6（6）：7 - 14.

（三）人口承载力的争论

1. 人口承载力研究的必要性之争

1975 年，海登（Brian Hayden）提出"承载力困境"，认为"承载力"无法被有效测算，建立在给定生活水平基础上的"人口效率"所反映的"承载力"没有实际意义；更重要的是，"人口承载力"作为一个概念和测算手段从一开始的构建就存在弊端，它没有充分的理论与学科支撑，应该被取代。相反，里斯（William E. Rees）认为，城市经济发展过程中，传统的经济分析忽视了"生态足迹"与"适度规模的人口承载力"，快速城镇化进程中的生态不确定性与城市人口承载关系密切，要加强人口承载力研究。虽然目前没有一个非常精准的"人口容量"诠释，但是没有必要过分地批判"人口容量"这一提法的科学性，人口容量研究具有重要现实意义，特别是其研究成果能为区域经济发展、生态保护、居民安居乐业等提供科学决策参考。

2. 人口承载力的展望

尽管对于承载力的研究已经经过了两百多年的发展，但是直到今天，人口承载力的研究在方法和理论上仍然不够成熟和完善，处于一个争论与探索的启蒙阶段。

在可持续发展理念被全球普遍接受的情况下，人类所进行的大量的活动（如区域经济发展、城市规划与区域开发）都需要这一理论来进行指导。人口承载力是客观存在的，不能因为认知能力和研究能力有限而放弃人口承载力研究。尽管对于人口承载力的很多方面还无法很好地解释与测量，存在着科学知识水平无法解决的大量难题，但不能因为这些困难而否定它的客观存在。地球只有一个，人类赖以生存的很多资源是有限的、不可再生的，例如地球上的水资源、土地资源等，无论技术如何进步，科学如何发展，资源与环境对人口的限制和影响是人类终究需要面对的，这是任何人都无法否认的。随着对人口承载力本身规律和内在机制认识的深入，以及研究方法和手段的改进，学者们终将能够进一步增强研究判断依据的客观性、科学性与可操作性，充分考虑到人类生态系统的开放性、技术、文化等因素的影响，从动态变化的角度来对人口承载力进行研究，使得研究结果真正能够为区域资源、环境、经济的可持续发展提供科学的参考依据。

二、适度人口的相关研究

适度人口是人口与社会经济系统和资源环境系统相互适应的最佳状态，这是人口可持续发展研究必须关注的重要方面。

（一）适度人口理论及其演进

适度人口（Optimum Population）是能够达到一个特定或一系列目标的"最佳"或"最理想"的人口规模，这样的人口可以获得最大的经济利益和社会福利。显然，这是建立在人口与经济的适度关系基础上的。

1. 早期适度人口学说

早期的适度人口只具有规模概念。坎南（Edwin Cannan）最早系统地分析了适度人口，创立了适度人口论。他把产业最大收益作为达到适度人口的标准，在任何一定时期，或者在任何特定的条件下，或其他条件都保持不变，总有一个可以称之为获得产业最大收益的时点，此时人口数量刚好如此恰当地适应环境，以致不论人口是多于或少于此时的人口，其收益（或劳动生产率）都会下降（递减）。这种人口则被定名为"适度"人口。维克塞尔（Knut Wecksell）把边际分析方法引进适度人口理论，认为适度人口是人口达到其数量稍许增加就会导致繁荣不再增加而是减少的那一点。当人口增长时，两种相反的力量会发生作用。一方面，当每个人所占用的土地份额或一般性的自然资源变少时，劳动生产率便下降；另一方面，人类的共同努力、劳动分工与合作、产业组织等总是非常重要的，在特定的重要情形下，可以征服自然力。这两种相反的力量正好相互抵消时，真正的适度人口便达到了。卡尔—桑德斯（A. M. Carr – Saunders）认为确定适度人口数量的唯一标准是经济标准—可据此确定可取人数的唯一验证是以每人平均收入为基础，他认为一个国家整个人口的情况是经济因素所制约的。如人口有所增长，这一增长会接近于经济情况所需要的那种增长，以便取得每个人应有的最大收入，即人口的变化与国民经济变化相适应。他还提出了适度人口密度的概念，认为一个国家的人口在所支配范围内，达到居民获得最好生活水平的人口密度，或获得最高生活水平的密度，即为适度人口密度。

早期适度人口理论的主要缺陷：其一，主要局限于对当时人口与经济关系的静态描述，把理论建立在假设知识、科学技术、物质资源、人口年龄结构等要素不变的基础之上。现实中的这些要素不但是不断变化的，而且有些要素的变化是非常剧烈的。所以，早期的适度人口理论被称为静态适度人口论；其二，把人口要素视为外生变量，人口的变动纯粹只是其他经济要素变动的被动反应，看问题的视角是单向的，即如何通过社会经济变动来扩大适度人口的规模，以便为快速增长的人口提供适当的社会经济环境；其三，早期的适度人口理论是建立在报酬递减规律的基础之上的，随着人类科学技术的进步，文明的深化，社会生产力的发展，人类可以不断地克服和减轻该法则的作用；其四，只涉及人口规模的适度，而几乎没有讨论人口增长率和人口结构的变动。

2. 现代适度人口论

现代适度人口论以阿尔弗雷·索维（Alfred Sauvy）为代表。与早期的适度人口论相比，现代适度人口理论涉及的领域更宽泛，确定适度人口的标准趋于多元化，从静态走向动态，使适度人口论更实用、更切合实际。索维探索在各种社会经济条件下，人口数量与经济变量之间的一种最适宜的关系，寻求人口增长与经济增长之间的适宜关系。定义适度人口为"一个以最令人满意的方式达到某项特定目标的人口"。既强调了目标，又关注达到目标的方式或途径。认为目标有多少个，"适度"也相应有多少个。他为适度人口设立了9个目标：个人福利、福利总和、财富增加、就业、实力、健康长寿、寿命总和、文化知识、居民人数等，可以根据不同的标准确定目标。在如何达到适度目标的途径上，突破了早期适度人口思想单纯提高人口适度规模的局限，主张从提高适度人口规模和适当控制人口增长两个方面，提高社会经济系统对人口增长的适应能力。

这一时期的重要发展是把适度人口规模的研究延伸到适度人口增长率的领域。所谓适度人口规模是指一定国土范围内的人口数量，对于获得一定的最先进的目标（如最大人均收入），可能太少，也可能太多，在太少和太多之间，总有一个既不太少又不太多的适度人口数量。而适度人口增长率是一个完全类似的概念，对达到既定的目标来说，人口增长可能太慢或者可能太快，总有一种既不是太慢又不是太快的适度人口增长率。按照索维的思想，人口增长会给社会和家庭带来一定的负担，同时也会带来一定的经济效益，可以从人口增长的负担和效益之间寻找均衡点，以这一均衡点来确定适度人口增长率。适度人口增长率不是一成不变的，不能把适度人口增长率归结为选择一种永恒不变的适度增长率。短期内，以静态均衡为条件，人口增长率朝适度点方向靠近，可以把人口规模处于静态适度时的增长率视为适度人口增长率；中期内，假定人口的年龄结构不变，给定劳动人口的变动趋势，达到某一经济目标的劳动人口适度增长率，即为人口的适度增长率。此时的适度人口增长率与人口密度无关；长期内，人口增长率为正值但较低，适度人口增长率会随人口密度的上升而递减，随经济发展水平提高而递减；超长期内，由于地球空间有限，环境资源有限，即使较低的人口增长率，其增长的时期也不可能无限长，人口最终会趋向于零增长，达到稳定状态。零增长被认为是一种最终趋于稳定的静态人口适度增长率。这样就把某一点的适度人口（静态）研究推向了某一时期的适度人口（动态）研究，并把二者有机地结合起来。

适度人口的影响因素不仅仅是经济，还包括技术进步与生产率提高，技术进步可以使最高人口与生活水平都有所提高，因为通过技术进步人们可以生产更多的产品，再加上合理的分配和必要的社会协作，可以养活更多的人口，还可以提高适度人口规模。基哈德·斯密特—林克（J. Schmitt – Rink）在讨论适度人口增长率的存在和性质时，把适度的指标选择为：①总人口的抚养率最小化，即平均每个劳动力人口所负担的少年儿童和老年人的数量越小越好；②经济负担率最小化，是指平均每个劳动力人口花费在抚养少年儿童和老年人口的支出占人均收入的相对份额越少越好，当然这种抚养未成年人和赡养老年人的支出本身也应该是适度的，要满足他们追求美好生活的需求；③净人均消费最大化，就是说人均收入与平均劳动力人口的总抚养支出之差趋于最大。显然，后两个准则是建立在前一个条件之上的，只有适度的人口增长率，才可能形成最佳的人口年龄结构，使人口的总抚养率最小。

（二）适度人口理论的阶段性

适度人口不是常数，而是随科学技术与经济发展尺度的变化而变化，总趋势是不断提高的。正因为如此，对适度人口不能只考察某一时点的状况，要用动态的眼光分析适度人口在某一时段的变化情况，由此把适度人口问题的研究，从单一的适度人口规律扩展到适度人口增长率。从演进过程分析，适度人口论已经经历了两个演进时期（如图 6 – 2 所示）：

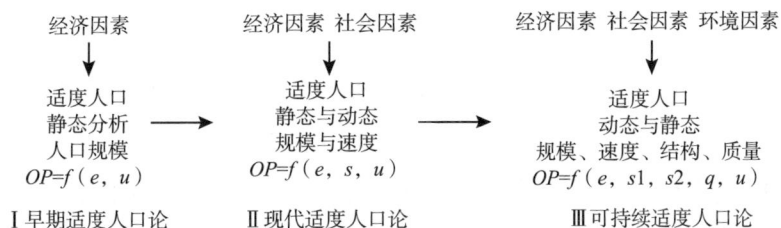

图 6 – 2　适度人口理论的演进

资料来源：原新. 可持续适度人口的理论构想［J］. 人口与经济，1999（4）：34 – 40.

第一阶段：早期适度人口论，主要从经济因素（产业收益最大化，人均收入）讨论静态的适度人口规模问题，经济利益是判断适度人口规模的唯一尺度。确切地说，应该是静态经济适度人口。

第二阶段：现代适度人口论，把社会因素（主要是技术进步）引入适度人口分析中，不但探讨适度人口数量，还研究适度人口增长速度，将适度人口的静态分析推进到动态分析，在影响适度人口的自变量因素中又加入了社会要素，即适度人口是经济因素和社会因素双重作用的结果。

第三阶段：可持续适度人口论，以可持续发展理论为基础，充分认识资源环境系统对人类生存与发展的重要性和限制作用，适度人口不仅要与社会经济变化相互适应，还必须与资源环境系统的生产能力和供养能力相互协调。适度人口是人口数量、增长速度、质量与结构的全面适度。因此，决定适度人口的要素涵盖范围更广，涉及的领域更多，测量难度也更大，但更接近于客观现实。

（三）资源环境约束下的适度人口

1. 资源环境约束下适度人口的影响因素

决定资源环境约束下的适度人口，主要受到两个方面因素的影响①：

一方面，是支撑人口可持续发展的资源与环境条件。与一般的资源环境承载力研究不同，这里既包括决定人们生产和生活基础的天然自然资源，还包括与人们生活密切相关的人造物质资源及社会经济软资源。此外，环境作为影响生活质量的基础，也可以被看作是一种环境资源。制约适度人口的各类因素，统称为资源环境因素，这是一种广义的界定。

另一方面，是各种人均资源占有或者人均资源的利用指标，这是我们需要确定的一系列目标值。适度人口是达到一定目标下的人口，因此确定某种目标至关重要。从可持续发展的概念上说，要摒弃了单纯追求经济增长目标，兼顾资源环境支撑和约束，同时还要以人类社会全面发

---

① 童玉芬，王静文，梁钊. 资源环境约束下的中国适度人口研究［J］. 人口研究，2016（2）：3－11.

展为目标。也就是说，按照可持续发展的理念，既要考虑到经济目标，同时要考虑资源环境的支撑，以及人类社会的发展和进步。由此可知，适度人口的目标必须全面兼顾这三个方面的发展。

2. 资源环境下适度人口的构成因素

一定资源环境约束下的适度人口，是由两大类因素共同构成的：

第一类是资源环境条件与基础。资源是在一定历史条件下，能够被人类开发利用得以提高自己福利水平或生存能力的、具有某种稀缺性的、受社会约束的各种环境要素或者事物的总和。这里的资源，既可以是自然资源，也可以是社会资源，还可以是经济资源或环境资源。由于各类资源本身的禀赋不同，对人类生产生活的作用程度不一样，同时在不同的时期或发展阶段可利用的各种资源量也在发生着变化。因此，相对于特定的地区和特定的时间，各种资源对适度人口的制约程度或者说重要性是很不一样的。

第二类是人们的生活质量，用各类资源环境的人均占有量表示，其大小正好反映了适度人口的目标。人们对各类资源的占有水平越高，则在同样的资源总量约束下，所能容纳的人口也就越少；反之，能容纳更多的人口。因此，选择不同的人均资源占有量，是决定一个城市或区域适度人口非常关键的因素。人均占有水平并不是指实际的人均占有水平，而是符合当地社会文化生活准则或标准的人均占有水平，也就是所说的适度目标。

思　考　题

1. 中国人口环境资源面临的主要问题有哪些？

2. 美丽中国的提出和人口资源环境经济学之间有什么关系？

3. 国家主体功能区规划对人口承载力有何影响？

参 考 文 献

［1］ Brian Hayden. The Carrying Capacity Dilemma: An Alternate Approach. Memoirs of the Society for American Archaeology ［J］. Population Studies in Archaeology and Biological Anthropology: A Symposium, 1975 (30): 11－21.

［2］ Catton W. Carrying Capacity and the Limits to Freedom ［M］. Paper Prepared for Social Ecology Session 1, New Delhi, India: XI World Congress of Sociology, 1986.

［3］ Dwight W Read. Steven A LeBlanc. Population Growth, Carrying Capacity, and Conflict ［J］. Current Anthropology, 2003, 44 (1): 59－85.

［4］ Edward Miller. Highway Usage, Needs and Pollution as a Function of City Size and Population Density ［J］. American Journal of Economics and Sociology, 1978, 37 (3): 295－307.

［5］ Joel E Cohen. Population Growth and Earth's Human Carrying Capacity ［J］. Science, New Series, 1995, 269 (5222): 431－346.

［6］ Joel E Cohen. Population, Economics, Environment and Culture: Introduction to Human Carrying Capacity ［J］. Journal of Applied Ecology, 1997 (34): 1325－1333.

［7］ M L M Graymore, Neil G Sipe, Roy E Rickson. Sustaining Human Carrying Capacity: A Tool for Regional Sustainability Assessment ［J］. Ecological Economics, 2010 (69): 459－468.

［8］ UNESCO & FAO. Carrying Capacity Assessment with a Pilot Study of Kenya: A Resource Accounting Methodology for Sustainable Development ［M］. Paris and Rome, 1985.

［9］ William E Rees. Ecological Footprints and Appropriated Carrying Capacity: What Urban Economics ［J］. Environment and Urbanization, 1992,

4（2）：121－130.

［10］Xiao－Ping Zheng. Measurement of Optimal City Sizes in Japan：A Surplus Function Approach［J］. Urban Studie, 2007, 44（5/6）：939－951.

［11］陈卫，孟向京. 中国人口容量与适度人口问题研究［J］. 市场与人口分析，2000，6（1）：21－31.

［12］邓永新. 人口承载力系统及其研究［J］. 干旱区研究，1994，11（2）：28－34.

［13］冯蔚东，贺国光，马寿峰. 一种新的城市人口规模演化模型——分支模型研究［J］. 系统工程理论与实践，1997（9）：71－79.

［14］傅鸿源，胡焱. 城市综合承载力研究综述［J］. 城市问题，2009（5）：27－31.

［15］贾绍凤. 开放条件下的区域人口承载力［J］. 市场与人口分析，2000，6（6）：7－14.

［16］李涌平，扬化. 社会动态人口承载力的预测［J］. 中国人口科学，2002（1）：43－50.

［17］刘耀彬. 人口、资源与环境经济学模型与案例分析［M］. 科学出版社，2013.11.

［18］曲格平，李金昌. 中国人口与环境［M］. 北京：中国环境科学出版社，1992.

［19］沈清基. 城市人口容量问题的探讨［J］. 同济大学学报（人文社会科学版），1994（9）：19－22.

［20］唐国平，杨志峰. 人口容量理论与量化方法研究进展［J］. 世界环境，1999（2）：12－14.

［21］童玉芬，王静文，梁钊. 资源环境约束下的中国适度人口研究［J］. 人口研究，2016（2）：3－11.

［22］夏海勇. 城市人口的合理承载量及其测定研究［M］. 人口研究，2002，26（1）：15－21.

［23］原新．可持续适度人口的理论构想［J］．人口与经济，1999
（4）：34－40.

［24］张利华，陈钢等．城市人口承载力的理论与实证研究［M］.
管理评论，2008，20（5）：28－32.

［25］张燕，张喜玲．城市人口承载力的研究进展与理论前沿［J］.
国际城市规划，2013（1）：37－43.

［26］张耀军，张正峰．关于人口承载力的几个问题［J］．生态经
济（学术版），2008（1）：388－390.

［27］张子珩等．基于可能——满意度法的城市人口承载力研究
［J］．自然资源学报，2009，24（3）：457－465.

［28］钟水映，简新华．人口、资源与环境经济学［M］．科学出版
社，2006.9.

［29］周海春，许江萍．城市适度人口规模研究［J］．数量经济技
术研究，2001（11）：9－12.

［30］周一星．论中国城市发展的规模政策［J］．管理世界，1992
（6）：160－165.

后　　记

　　本书是在浙江理工大学开展了十多年的《人口学》教学基础上不断积累形成的。在教学的过程中，笔者发现，人口学是一门非常重要的课程，它是其他很多专业知识开展的基础，当我们对人口的理论和方法有了基本的认识之后，再去了解某个具体的社会现象或问题才能有更深入的认识。本书从人口现象出发，先对人口思想发展历史进行了梳理，进而从生育和死亡两个最基本又最重要的人口现象展开阐述，然后从人口迁移与城市化、人口结构、人口与可持续发展等专题角度探讨重要的人口现象和人口问题。本书的编写过程中试图把不同学科的学者对同一种人口现象的不同观点进行整合，比如生育理论中把经济学、社会学、人口学和生物学者的分析视角和分析结论均放在第二章内，便于读者对生育现象有一个较为全面、系统的认识。同时，本书在每一种人口现象中都对相应的人口统计方法进行了必要的解释和说明，比如把生命周期表和平均预期寿命的测算放在第三章中，便于读者更好地理解和认识相关理论中的数据来源和数据内涵。

　　本书的编写过程中，由张蕾对全书的框架、章节进行选定，承担了第四章、第五章、第六章的主要内容写作，并进行全文的统稿和最后的审定。单小波承担了第一章、第二章、第三章的写作，石玉祥、潘思瑶、张璇珂、林小娟、赵冰、王方璇协助完成了部分章节的内容写作。感谢浙江省生态文明研究中心李一老师的支持，感谢经济科学出版社李雪老师的支持。

　　本书的写作将不同学科的观点进行了整合，并把相应的人口统计方法纳入相应的章节，便于读者尽快地对某一现象和人口问题有较为全面的认识，是一个非常重要的尝试。但由于人口学本身是一个庞大而丰富的学科，在理论筛选的过程难免会有些遗漏或偏颇，敬请领域内的专家学者和读者朋友们批评指正。

张 蕾

2018 - 5 - 18